“十三五”江苏省高等学校重点教材（编号 2018-2-167）

大学生创意创新创业实用教程

李焦明　主编

赵　喆　唐国龙　滕铭明　袁和荣　副主编

電子工業出版社
Publishing House of Electronics Industry
北京 · BEIJING

内 容 简 介

本教材在内容上，针对大学生的特点，提供了从创意创新到创业一条龙的具体、实用、可操作性强的学习内容；在编写体例上，案例丰富，学习目标、重点与难点醒目，既提高学生的学习兴趣，又方便学生的学习。第 1 章大学生创新创业精神，第 2 章大学生创新思维与创新方法，第 3 章知识产权与创新成果，第 4 章到第 7 章则分别向同学们介绍了如何组建创业团队、如何识别创业机会与风险、如何制定创业计划、如何开办一个新企业。

图书在版编目（CIP）数据

大学生创意创新创业实用教程/李焦明主编. —北京：电子工业出版社，2020.3

ISBN 978-7-121-38498-1

Ⅰ. ①大… Ⅱ. ①李… Ⅲ. ①大学生—创业—高等学校—教材 Ⅳ. ①G647.38

中国版本图书馆 CIP 数据核字（2020）第 029371 号

责任编辑：贺志洪
印　　刷：北京天宇星印刷厂
装　　订：北京天宇星印刷厂
出版发行：电子工业出版社
　　　　　北京市海淀区万寿路 173 信箱　邮编 100036
开　　本：787×1092　1/16　印张：13.75　字数：352 千字
版　　次：2020 年 3 月第 1 版
印　　次：2025 年 7 月第 4 次印刷
定　　价：37.00 元

凡所购买电子工业出版社图书有缺损问题，请向购买书店调换。若书店售缺，请与本社发行部联系，联系及邮购电话：（010）88254888，88258888。

质量投诉请发邮件至 zlts@phei.com.cn，盗版侵权举报请发邮件至 dbqq@phei.com.cn。

本书咨询联系方式：（010）88254609 或 hzh@phei.com.cn。

前　言

创新无处不在，创新的力量无可限量，可以让大学生变得更加自信，犹如一把利剑，划破长空，突破禁锢，绞杀一切拦路虎，吸引着寻梦人去追寻。

现实中，有不少大学生对创新活动有心理包袱，认为创新是科学家和天才的“专利”，对普通大学生来说像遥远星空一样，神秘而遥不可及、高不可攀。其实不然，创新，就是“人无我有、人有我优、人优我特”，对社会有意义、有价值，促进社会进步，使人类社会变得更美好。它没有格式，只有新颖和独特。

本教材第 1 章大学生创新创业精神，可使同学们深刻地认识到这一点。创意创新，不能没有创新精神，但只有创新精神，是远远不够的，还需要有创新思维和创新方法。掌握了第 2 章介绍的大学生创新思维与创新方法，就会觉得创新其实可以很简单，例如，找出某些事物的一些缺点，然后去改进它、去完善它，这便是一个小小的创新。其实人与人之间的差别甚微，而人的大脑的潜力却是相当巨大的。同学们要做生活的有心人，用一双善于发现问题的眼睛，一颗勤于思考的大脑，只要有梦、有想法、有实践，就能获得创新的成果。创新，每个人都会！有了创新成果，就需要申请专利和发表论文，将自己的创新成果向社会呈现出来。本教材第 3 章知识产权与创新成果，向同学们介绍了如何申请专利及如何撰写并发表学术论文。

同时大学生要做生活中的有心人，当发现生活中的商机的时候，要抓住机会大胆创业。有创业欲望的大学生，在校学习期间即可选择自己最擅长、最热爱、最感兴趣的领域，直接对准创业目标，进入创业过程，为自己的梦想而奋斗，然后根据创业需要反过来补充相关知识，边创业边学习，在创业实践中学习、成长，用信心和毅力去创造成功。

大学生用自己的知识产权、用自己所学的专业知识创办一个具有创新创造元素的高科技公司是创业，与所学专业八竿子打不着地在菜市场摆个摊、在路边工商部门指定地点弄个早点铺也是创业。各种尝试没有高低之分，如果能淘到第一桶金，那很好。体验创业的艰辛、创业的环节，思考和验证自己是否真正适合创业，为以后实施高水平的创业打下基础，这种经历同样是可贵的。大学生不能做创业计划比赛的“高手”，企业运作的“低能儿”。这需要大学生们用挫折经历来积累经验为下一次的成功创造基础。

为减少创业的风险，提高创业的成功率，就要认真学习创业知识。本教材第 4 章到第 7 章，分别向同学们介绍了如何组建创业团队、如何识别创业机会与风险、如何制定创业计划、如何开办一个新企业。

在内容上，本教材针对大学生的特点，提供了从创意创新到创业一条龙具体、实用、可操作性强的学习内容；在编写体例上，案例丰富，学习目标、重点与难点醒目，既提高学生兴趣，又方便学生的学习。

南京科技职业学院李焦明教授任本书主编，负责全书内容的设计和统稿工作；沈阳药科大学副教授赵喆、青岛求实职业技术学院副教授唐国龙、南京科技职业学院助理研究员滕铭明、实验师袁和荣担任副主编；南京科技职业学院副院长张小军教授担任主审；沈阳药科大学副教授赵喆编写了第 1 章和第 5 章，黑龙江八一大学张颖讲师编写了第 2 章，南京科技职业学院讲师王颖、实验师袁和荣、助理研究员滕铭明分别编写了第 3 章、第 4 章、第 6 章，青岛求实职业技术学院副教授唐国龙编写了第 7 章。本书在编写过程中参阅了大量同类教材，在此对相关人员一并表示衷心的感谢！

限于编者的水平，书中难免有不妥之处，恳请专家和读者批评指正。

编者

2020 年 3 月

目　录

第 1 章　大学生创新创业精神

学习目标

通过本章的学习，使学生了解创新精神并有意识地培养自己的创新精神；掌握创业的基本知识，正确认识创业在职业规划中的作用。

学习重点与难点

重点： 创业的概念、创业的核心要素、创业过程、创业时机与途径。

难点： 自身创业精神的培养，创业在职业规划中的作用。

1.1　大学生创新精神的培养

案例分析 1-1

王永庆卖米

2008 年 5 月 12 日，汶川发生特大地震。灾情牵动了大陆人民的心，也牵动了台湾同胞的心。你还能想起来台湾同胞中是谁，或是哪家企业第一个向灾区捐款的吗？那就是著名的台塑集团，捐款数额达 1 亿元人民币。大家知道，台塑集团的创始人王永庆先生倍受各界推崇，是令人尊敬的华人企业家，被誉为“经营之神”。

虽然现在台塑集团的生意做得很大，但早年王永庆却是从卖米开始的。下面我们看看王永庆早年卖米的故事，看看他卖米和别人卖米有什么不同。

王永庆早年因家贫读不起书，只好去做买卖。16 岁的王永庆从老家来到嘉义开了一家米店。那时，小小的嘉义已有近 30 家米店了，竞争非常激烈。而他的米店开办得最晚，规模最小，没有任何优势。怎么办呢？怎样才能打开销路呢？

那时，所有的米店都是坐等顾客上门的，只有王永庆沿街去推销。那时候的台湾，农业还处于手工作业状态，由于稻谷收割与加工技术落后，很多小石子之类的杂物很容易掺杂在米里。人们在做饭之前，都要淘洗好几次米，还得拣出石子，很不方便。但大家都已见怪不怪，习以为常。王永庆就从这司空见惯中找到了突破口。他和两个弟弟一起动手，一点一点地将夹杂在米里的砂石之类的杂物拣出来，然后再卖。一时间，小镇上的主妇们都说，王永庆卖的米质量好，用他家的米做饭省去了很多麻烦。这样，一传十，十传百，王永庆米店的生意日渐红火起来。

另外，王永庆还增加了“送货上门”的服务，这在当时也是一项创举。更重要的是，在送货上门时，他还做了以下工作。

第一，在送米上门的同时，他还总是见缝插针地做一些精心的统计，如这户人家有几口人，每天用米量是多少，需要多长时间送一次，每次送多少，他都列在本子上，据此估计该户人家下次买米的时间，到时候，不等顾客上门，他就主动将相应数量的米送到对方的家里了。

第二，在送米的时候，王永庆还细心地为顾客擦洗米缸，记下米缸的容量；如果米缸里还有陈米，他就将陈米倒出来，把米缸擦干净后，再把新米倒进去，然后将陈米放回米缸上层，这样陈米就不至于因存放过久而变质。王永庆这一细心的服务令顾客深受感动，赢得了很多顾客的心。

第三，王永庆还会了解顾客家发工资的日子，并记录下来，然后在他们发工资后一两天内去收米钱。王永庆这些精细、务实、跟别人不同的服务，使嘉义人都知道在米市马路尽头的巷子里，有一个卖好米并且送到家的王永庆。王永庆就是这样从小小的米店生意开始了他后来问鼎台湾首富的事业。

课堂思考与讨论：

1. 面对激烈的市场竞争，王永庆是如何寻找突破口，打开销路的？他采取了哪些别人没有采取的创新举措？

2. 王永庆的创新属于什么创新？对你有什么启发？

1.1.1 创新的定义与内涵

我国经济发展进入新常态，一个重要的趋势性变化就是要素的规模驱动力减弱，经济增长将更多依靠人力资本质量提升和技术进步。当前，传统增长动力在减弱，资源环境约束在加剧，要素成本越来越高，我国要在世界新技术革命和产业变革的新格局中占据主动，必须依靠创新。

在 2015 年《政府工作报告》中，38 次提到“创新”，13 次提到“创业”，尤其是 2 次专门提到“大众创业，万众创新”。只有通过万众创新，才能创造出更多的新技术、新产品和新市场，才能提高经济发展的质量和效益；只有通过大众创业，才能增加更多的市场主体，才能增强市场的动力、活力和竞争力。

可以说，人类社会是伴随着创新而诞生和发展的，人类的发展史就是一部创新的历史。那么什么是创新呢？

创新是人脑的一种机能和属性——与生俱来，是以新思维、新发明和新描述为特征的概念化过程。“创新”一词起源于拉丁语，原意有 3 层含义：第一，更新；第二，创造新的东西；第三，改变。创新是人类特有的认识能力和实践能力，是人类主观能动性的高级表现形式，是推动人类进步和社会发展的不竭动力。创新是人与生俱来的一种能力，同时也是可以在后天依靠培训而重新激发和提升的一种能力。

在经济学上，创新的概念起源于美籍奥地利经济学家熊彼特在 1912 年出版的《经济发展概论》。熊彼特在其著作中提出：创新是指把一种新的生产要素和生产条件的“新结合”引入生产体系。它包括 5 种情况：① 引入一种新产品；② 引入一种新的生产方法；③ 开辟一个新的市场；④ 获得原材料或半成品的一种新的供应来源；⑤ 采用新的组织形式。

其实，创新还应包括观念和思维的创新，这也是很重要的。有位教授曾总结道，深圳特区之所以能取得今天的成绩，首先归功于制度的创新。如果没有特区拓荒者的观念和思维的创新，就不可能有制度的创新，更谈不上深圳的惊人发展成就。

1.1.2　创新的意义与作用

虽然创业与创新是两个不同的概念，但是两个范畴之间却存在本质上的契合，以及内涵上的相互包容和实践过程中的互动发展。第一个提出创新概念的美籍奥地利著名经济学家熊彼特认为，创新是生产要素和生产条件的一种从未有过的新组合，这种新组合能够使原来的成本曲线不断更新，由此会产生超额利润或潜在的超额利润。创新活动的这些本质内涵，体现着它与创业活动性质上的一致性和关联性。

（1）创新是创业的基础，而创业推动着创新

从总体上说，一方面，科学技术、思想观念的创新，促进了人们物质生产和生活方式的变革，产生了新的生产、生活方式，进而为整个社会不断地提供新的消费需求，这是创业活动之所以源源不断的根本动因；另一方面，创业在本质上是人们的一种创新性实践活动。无论是何种性质、类型的创业活动，它们都有一个共同的特征，那就是创业是主体的一种能动的、开创性的实践活动，是一种高度的自主行为，在创业实践的过程中，主体的主观能动性将会得到充分的发挥，正是这种主观能动性充分体现了创业的创新性特征。

（2）创新是创业的本质与源泉

熊彼特曾提出："创业包括创新和未曾尝试过的技术"，创业者只有在创业的过程中具备持续不断的创新思维和创新意识，才可能产生新的富有创意的想法和方案，才可能不断寻求新的模式、新的思路，最终获得创业的成功。

（3）创新的价值在于创业

从一定程度上讲，创新的价值就在于将潜在的知识、技术和市场机会转变为现实的生产力，实现社会财富的增长，造福于人类社会。而实现这种转化的根本途径就是创业。

（4）创业推动并深化创新

创业可以推动新发明、新产品或新服务的不断涌现，创造出新的市场需求，从而进一步推动和深化各方面的创新，因而也就提高了企业甚至是整个国家的创新能力，推动了经济的增长。

通过以上对创业与创新关系的论述，我们知道二者密不可分，并且了解了创业与创新的联合对于解决我国目前的就业问题至关重要。由于创新与创业的密切关系，我国高等院校的创业与创新教育应该相互渗透融合，我们应弘扬创新与创业的精神，健全创新与创业的机制，完善创新与创业的环境，加强产、学、研相结合，加强创新与创业的交叉渗透和集成融合，并且不断地与实践相结合，推动社会的可持续发展。

1.1.3　大学生创新精神培育

大学生创新精神的培养应着重从以下几个方面做起。

1. 知识是产生创新的必要前提

创新是建立在广博的知识基础之上的。没有厚实的知识积累，即使有了创新点子，也无法将点子转变为解决问题的方法。科幻小说中有许多相当新颖的创新思想，但限于科技知识水平，许多想法无法实现。牛顿有句名言："我之所以看得更远，是因为我站在巨人的肩上。""巨人的肩膀"就是前人知识的积淀，所以培养创新的第一步，就是做好知识的积累。科学的创新来不得半点虚假，没有任何捷径可走。知识基础是对前人智慧成果的集成，是形成创造力的必要条件，离开了扎实深厚的知识基础，就不可能顺利开展创新活动。现代社会的发展要求我们每个人不能只拥有单一的学科知识，而必须拥有跨学科的知识结构。只有如此，才能从多个角度去分析问题、解决问题，也更加容易形成创新思维。

创新小贴士

对一个问题的思考，不能只从一个角度入手，要力争从众多的新角度去观察思考，以求获得更多的新认识，提出更多解决问题的新方法。当我们不能直接解决问题时，可以尝试运用逆向思维、侧向思维、求异思维、类比思维、综合思维、发散思维、联想思维的方式，从不同的方向提出解决问题的方法。

2. 破除创新思维枷锁是培养大学生创新的基础

影响大学生进行创新的枷锁大致有 4 种：从众型思维枷锁、权威型思维枷锁、经验型思维枷锁和书本型思维枷锁，这 4 种思维枷锁就是"2.2.1 克服思维定势"小节中介绍的 4 种思维定势。对于大学生来说思维的枷锁就像一座监狱，只有将守旧观念丢掉，勇于冲破思维藩篱，才能走进创新的世界。可见，要想培养大学生的创新能力，就必须破除创新思维枷锁。

3. 充分激发创新潜能是培养大学生创新的关键

激发大学生创新潜能的方法大致有以下 6 种。

（1）良性暗示

暗示可分为良性暗示和负面暗示，学者们认为暗示通过显意识进入潜意识，到达意识的深层部分，它深刻地从根本上影响着、折射着、塑造着人的生命。良性暗示能够开发头脑中的创新潜能，大学生应该尽可能多地从周围环境和别人那里得到良性暗示，或者直截了当地对自己进行良性暗示，同时要拒绝和抛弃那些抑制创新潜能的负面暗示。

（2）幽默氛围

幽默是个人生活的“味精”，它对于缓解生活紧张、协调人际关系，都有着重要的作用。从创新的角度来说，各种类型的幽默都是言谈举止方面表现出来的一种创意。也就是说，能够引起我们发笑的地方，一定是出乎意料的新东西，对于众所周知的事物，人们是不会发笑的。幽默与创新之间存在着密切的关系，个人为了激发出幽默，必然要摆脱理性思考和固有结论的束缚，而这正是创新的必要条件。

（3）梦境顿悟

学者们认为梦是一种形象思维，梦会给我们带来许许多多的启示和创新意念。因为当我们做梦时，我们超越了白天清醒状态缠绕于头脑中的“可能与不可能”“合理与不合理”“逻辑与非逻辑”的界限，而进入一个超越理性、横跨时空的自由自在的思维状态。柴可夫斯基梦中谱曲、凯库勒发现苯分子结构都是梦境创新的结果。

（4）快乐心灵

快乐是主体自我感觉到的一种自在、舒服的心理状态。快乐与创新密不可分，因为快乐与主体的需求有关，而需求可以通过外界事物来改变，也可以通过内心的调节来改变。所谓内心的调节也就是思维视角的转变。一个没有忧虑烦恼、心地宽容、永远心灵快乐的人，头脑中的创意就会源源不断地涌出。

（5）制造绝境

人在绝境或遇险的时候，会展示出非凡的能力。没有退路就会产生爆发力，这种爆发力就是潜能。所以，只要你能给自己制造绝境，就有可能开发出无穷无尽的潜能。在任何困难面前，你认为你行，你就会面对困境想出有效对策，激发头脑中潜在的能量，从而产生有效行动。

（6）成果激励

每一个人都希望自己的体力劳动或脑力劳动能够获得成果，因而用未来的成果便能很好地激发一个人的积极性，使他的大脑高速运转起来。明白这个道理后，我们要让大学生的创新潜能得到充分的开发，就要用将来的学习成果激励他们，使他们精神上有强烈的收获感，这对他们的头脑和精神是一种莫大的鼓舞。

4. 投身社会实践是培养大学生创新的落脚点

“实践是检验真理的唯一标准”，所以，要开发大学生的创新思维，培养大学生的创新能力，就必须让他们投身到社会实践中。每一项发明，无论是成功与失败，都是无数次创新实践的结果。现代高校应针对大学生创新的培养，多组织开展行之有效的社会实践活动，让广大同学在课堂学习之余，充分走向社会，融入实践劳动，进行创新锻炼。只有在实践中才能找出想与做的差距，只有在实践中创新理念才能变为现实，也只有在实践中才能让大学生的创新意识、创新能力得到真正的发展。

5. 应用创新思维应避免的几个误区

在应用创新思维时，我们还应当尽量避免以下几个误区。

（1）思维过度发散，舍近求远

有一个很经典的例子，就是用高度表测量楼房高度的问题。实验者提出了诸如以高度表为单摆，通过单摆在楼顶的摆动频率计算楼房高度；将高度表从楼顶自由垂直下落，通过高度表下落所用时间计算楼房高度等十来种方法，就是没有使用高度表直接读出楼房高度的方法。虽然这只是一个体现利用发散思维解决问题的例子，但是创新思维应当尽量避免这种思维方式。我们要牢记：创新的目的就是要以最简单、最直接的方法解决问题。舍近求远解决问题不利于创新思维。

（2）过度求新，忽视创新成本

在创新过程中，还应当避免过度求新，而忽视了创新的实现代价与实现的价值之间的关系。某些人在创新活动中一味求新，似乎不采用最新技术，不使用最新方法，就不能体现出创新水平。但是，创新毕竟还属于社会活动，与社会条件密切相关，太“超前”的创新技术，如果实现的成本太高，远超它实现的价值，就不会在短时间内得到社会的认可和应用。

20 世纪 90 年代初，某食品厂从国外引进了一套蔬菜水果脱水技术，用来生产脱水蔬菜和水果。这种技术在当时很先进，既保持了蔬菜、水果的营养，又可以使其长期存放，照理应当很有市场竞争力。但厂家忽视了这套技术及设备的高额引进成本。由于引进成本高，产品价格超出当时人们的消费承受力，导致产品卖不出去，引进的设备长期闲置，最后成了一堆废铁。20 年后，技术成熟了，脱水蔬菜、水果的生产成本已接近消费者的承受力，但原来最先引进这项技术的食品厂已经从市场上消失了。

1.2 大学生创业的基本知识

创业名言

“只要有50个企业家，就可以从危难中拯救美国。”

——艾柯卡（美国现代著名企业家）

创业，无疑是当今时代极具吸引力的一个字眼，因为它不仅意味着创造出更丰富的产品、服务，为我们自身和社会创造财富，还可以让创业者施展才能，实现自身价值和人生理想。当今的时代是一个全民创业的时代，大学生创业已成为毕业生流向社会的一种全新的就业方式。那么，什么是创业呢？

1.2.1 创业的定义与内涵

1. 创业的定义

“创业”一词最早出现于《孟子·梁惠王下》：“君子创业垂统，为可继也。”故《辞海》将“创业”解释为“开创基业”，《汉语成语词典》将“创业”解释为“创办事业”。杰弗里·蒂蒙斯（Jeffry A. Timmons）所著的创业教育领域的经典教科书——《创业创造》（*New Venture Creation*）中将“创业”定义为：创业是一种思考、推理结合运气的行为方式，它为运气带来的机会所驱动，需要在方法上全盘考虑并拥有和谐的领导能力。

综合国内外学者的观点，关于什么是“创业”，可以从狭义和广义两个层面来理解。

（1）广义的创业

广义的创业泛指在各个领域开创事业并且在特定领域内造成较大的影响，一般强调关系到国计民生的事业。战国七雄为了实现霸业而东征西战，历代开国君臣为建立新的国家而运筹帷幄，斗智斗勇，他们是在创业；汉唐的文治武功是创业；唐宋的休养生息、发展经济也是创业。创业总是以价值实现为终极目标的，创业的价值是个人价值与社会价值的统一。

（2）狭义的创业

狭义的创业也称为自主创业，是指创办企业，可定义为：创业是创业者在不确定的环境中，通过发现、识别和捕捉创业机会并有效整合资源，获取商业利润，创造个人价值与社会价值的过程。

2. 创业的内涵

对创业的内涵，可以从以下 5 个方面进行理解。

① 创业是一个复杂的创造过程，它创造出某种有价值的新事物。这种新事物不仅要对创业者本身有价值，而且对社会也要有价值。价值属性是创业的重要属性，同时也是创业活动的意义所在。没有增值，创业就没有意义，初创企业也不可能存活。

② 创业需要创业者贡献必要的时间和大量的精力，付出极大的努力。要完成整个创业过程，要创造新的有价值的事物，就需要大量的时间；而要获得成功，更需要坚韧不拔的意志和坚持不懈的努力，而且很多创业活动的创业初期都是在非常艰苦的环境下度过的。当然，创业的渐进和成功也会带来很大的成就感。

③ 创业需要面对资源难题，设法突破资源束缚。一般情况下，创业者可以直接控制的可用资源往往很少，创业几乎都会经历白手起家、从无到有的过程。例如，牛根生和他的创业团队把一个一无奶源、二无工厂、三无市场的“三无企业”发展成了年销售额达 21 亿元的大型企业，成功的核心因素之一就是借助别人的资源。因此，创业者只有努力创新资源整合手段和资源获取渠道，才能真正摆脱资源约束的困境。

④ 创业需要寻求有效机会。创业通常离不开创业者识别机会、把握机会和实现价值的有效活动。创业者从创业起始就需要努力识别商业机会，只有发现了商业机会，才有可能更好地整合资源和创造价值。因此，一般认为寻求有效机会是产生创业活动的前提。

⑤ 创业要承担必然的风险。创业的风险可能有各种不同的形式，这取决于创业的领域和创业团队的资源。通常的创业风险主要有人力资源风险、市场风险、财务风险、技术风险、外部风险、合同风险等几个方面。创业者应具备超人的胆识，甘冒风险，勇于承担多数人望而却步的风险。

1.2.2　创业的核心要素

1. 创业的要素简介

人们研究创业活动的一个基本方法就是分析创业要素，即具备了哪些要素就可以进行创业活动了。尽管研究的成果很多，如“三要素说”：技术、创新模式和创业团队，产品、资金、团队，也有人认为是资金、策划、市场；“四要素说”：创业者、创业机会、创业组织、创业资源；“五要素说”：眼光、思想、魄力、资本、关系。但迄今为止，人们对创业要素的认识和分析中，最为典型和公认的创业要素模型为蒂蒙斯模型。该模型提炼出了创业的三大核心要素，即创业机会、创始人及其创业团队、创业资源，如图 1-1 所示。这三个核心要素是创业活动中不可或缺的。

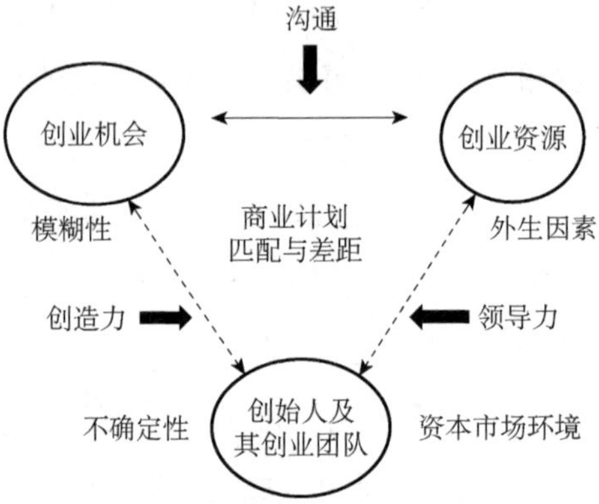

图 1-1　蒂蒙斯模型

蒂蒙斯认为：

① 创业机会是创业过程的核心驱动力，如果没有机会，创业活动就成了盲动，难以创造真正的价值。创业过程始于创业机会，而不是钱、战略、网络、团队或商业计划。开始创业时，商业机会比资金、团队的才干和能力及适当的资源更重要。在创业过程中，资源与商业机会间经历着一个适应—差距—适应的动态过程。商业计划为创始人及其创业团队、创业机会和创业资源三个要素的质量与相互间匹配与平衡提供了语言和规则。

② 创始人及其创业团队是创业过程的主导者和核心，如果没有创始人及其创业团队的主观努力，创业活动是不可能发生的。创始人及其创业团队的作用就是利用其自身的创造力在模糊、不确定的环境中发现机会，并利用企业网络和社会资本等外界因素组织和整合资源，主导企业利用搜寻到的创业机会创造价值。

③ 创业资源是创业成功的必要保证，创始人及其创业团队把握住合适的机会后，还需要有相应的资金和设备等资源；如果没有必要的资源，机会也就难以被开发和实现。

④ 创业过程实际上是三个要素之间相互作用、由不平衡向平衡发展的过程。

在三个要素中绝对的平衡是不存在的，但企业要保持发展，必须追求一种动态的平衡。处于模型底部的创始人及其创业团队要善于平衡，借此推进创业过程，他们必须做的核心工作是：对创业机会的理性分析和把握，对风险的认识和规避，对资源的合理利用和配置，对工作团队适应性的分析和认识。用保持平衡的观念展望企业未来时，创业者必须思量的问题是：目前的团队能否领导公司在未来成长得越来越好；下一阶段要想取得成功会面临怎样的困难。这些问题在不同的阶段以不同的形式出现，关系企业的可持续发展。

总之，创业者要在千变万化的环境中依靠创业机会、创始人及其创业团队和创业资源三要素之间的和谐和平衡，分析解决各种问题，努力协调创业中各种资源的配置，从而保证创业成功。

1.2.3　创业的分类与过程

1. 创业的类型

创业活动涉及各行各业，创业者的创业动机千差万别，创业项目和领域多种多样，创业的类型也因此呈现多样化，可以从不同角度对其进行分类。

（1）基于创业形式的分类

根据创业形式，可以将创业分成复制型创业、模仿型创业、安定型创业和冒险型创业。

① 复制型创业。复制型创业即在现有的经营模式的基础上，简单复制原有公司的经营模式进行的创业。例如，某人原本在餐厅里担任厨师，后来辞职自行创立了一家与原服务餐厅类似的新餐厅。在现实社会中，新企业中属于复制型创业的比例很高，且由于前期经验的积累，创业者创业的成功率较高。例如，1998 年，牛根生（时任伊利副总裁）从伊利集团离开后，带领手下几名干将启动了一场“复制一个伊利”的计划，创办了蒙牛乳业集团。

② 模仿型创业。这种形式的创业虽然创新的成分也很低，但与复制型创业的不同之处在于，其创业过程对于创业者而言还是具有很大冒险成分的。例如，某一制鞋公司的经理辞掉工作，开设了一家当下流行的网络咖啡店。这种形式的创业具有较高的不确定性，学习过程长，犯错机会多，代价也较高昂。这种创业者

如果具有合适的创业人格特性，经过系统的创业管理培训，掌握了正确的市场进入时机，还是有很大机会获得成功的。

③ 安定型创业。这种形式的创业，虽然为市场创造了新的价值，但对创业者而言，无太大的改变，做的也是比较熟悉的工作。这种类型的创业强调的是创业精神的体现，也就是创新的活动，而不是新组织的创造，企业内创业即属于这一类型。例如，研发单位的某小组在开发完成一个新产品后，继续在该企业部门开发另一个新产品。

④ 冒险型创业。冒险型创业是一种难度很高的创业活动，有较高的失败率，但一旦创业成功，投资回报也很高。这种类型的创业想要获得成功，对创业者能力、创业时机、创业精神发挥、创业策略研究拟定、商业模式创新、经营模式设计、创业过程管理等各方面都有很高的要求。

（2）基于创业动机的分类

2001 年，全球创业观察报告最先提出了生存型创业和机会型创业的概念，并逐年对其进行了丰富。依据创业者的创业动机，可以将创业分成生存型创业和机会型创业。

① 生存型创业。生存型创业是指创业者受生活所迫，由于没有其他更好的选择，不得不参与创业活动来解决其所面临的困难。这种类型的创业者，最初或许根本就没有什么创业的概念及伟大的理想与梦想，只是出于生存的需要，在现有市场中捕捉机会，从事低成本、低门槛、低风险、低利润的创业。例如，我国 20 世纪 80 年代初期的创业者及下岗职工的创业行为大都属于这种类型。清华大学的一份调查报告指出，这一类型的创业者占我国创业者总数的 90%。

生存型创业大多属于复制型和模仿型创业，创业项目多集中在餐饮、美容美发、商业零售、房地产经纪等比较容易进入的生活服务业，创业企业一般规模较小，其面临的市场竞争比较激烈。对生存型创业者来说，要想做大做强，必须克服小富即安的惰性思想，善抓机遇，走机会型创业的道路。

② 机会型创业。机会型创业是指创业者基于实现自我价值的强烈愿望，在发现或创造新的市场机会下进行的创业活动。从事机会型创业的人通常不会选择自我雇佣的形式，而是具有明确的创业梦想，进行了创业机会的识别和把握，有备而来。例如，李彦宏创办百度公司就是典型的机会型创业。他舍弃在美国的高薪岗位，毅然回国创业，其主要原因是他发现了互联网搜索引擎存在的巨大商机，

同时期望实现自我人生的更大发展。相比生存型创业，机会型创业不仅能解决创业者自己的就业问题，而且能解决更多人的就业问题，有可能创造更大的经济效益和社会价值。所以，无论是从缓解就业压力的角度还是创造社会和经济价值的角度，政府和社会都应该更加关注机会型创业，大力倡导机会型创业。

（3）基于创业起点的分类

依据创业者的创业起点，可将创业分为创建新企业和企业内创业。

① 创建新企业。创建新企业是指创业者或团体从无到有地创建全新的企业组织。这个过程充满机遇，创业者和团队的想象力、创造力可以得到最大限度的发挥，但创业的风险和难度较大，创业者会遇到缺乏资源、经验和相关方支持的困境。

② 企业内创业。企业内创业是指在企业内进行创新创造的过程，意指现有的企业为了适应市场环境的变化，开发新的产品或者服务，为了提高企业竞争力和盈利能力而开展的创业活动。通常情况下，企业内创业是由有创意的员工发起的，其在企业的支持下进行企业内部新项目的创业，并与企业分享创业成果。

在创业领域，企业内创业由于其独特的优势而受到越来越多创业者和企业的关注。例如，2000 年，华为集团为了解决机构庞大的问题和老员工的问题，鼓励内部创业，将华为非核心业务与服务业务（公交、餐饮）“分离”出去，以内部创业方式先后成立了广州市鼎兴通讯技术有限公司、深圳市华创通电子有限公司等。这些内创公司依托华为强大的经济实力与市场占有率为其产品提供相关技术服务等，同时也成就了企业内部员工的创业梦。

2. 创业的一般过程

创业的一般过程包括创业者从产生创业想法开始的自我评估到创建新企业并获取回报，通常分为以下 6 个主要的过程环节，如图 1-2 所示。

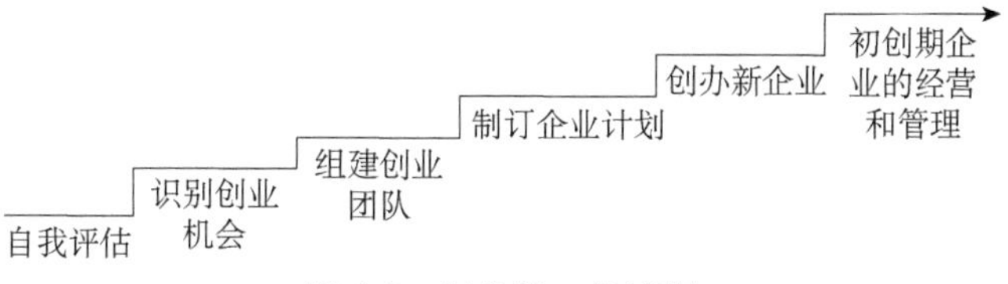

图 1-2　创业的一般过程

（1）自我评估

“想创业不一定能创业，能创业不一定能成功创业。”创业者的性格、技能和资源往往决定了创业的成败。当你产生了创业动机后，在打算创办一家企业之前，你需要全面而客观地评价自己，判断自己是否适合创办和经营企业，是否具备了创办和经营企业的基本能力，因为创业是一项极大的挑战。

（2）识别创业机会

识别创业机会是创业过程的核心环节。李嘉诚说过："机会存在是客观的，机会发现是主观的，只要做一个有心人，发现机会的存在不是一件困难的事情。"创业者在识别创业机会阶段应有敏锐的嗅觉，能够广泛结交朋友并与他们交流沟通，以便准确地寻找和识别创业机会，分析并判断其商业价值，最终抓住创业机会，确定创业项目。

（3）组建创业团队

创业活动的复杂性决定了不可能由创业者一个人包揽所有的事务，而要通过组建分工明确的创业团队来完成各自的任务。创业团队的优劣，基本上决定了创业能否成功。因此，对于创业公司来说，团队的重要性不言而喻。然而大多数创业者却没有认识到这一点，他们觉得只要项目好，就会有好的市场前景。事实上并非如此，再好的项目也是需要人来运作的。所以创业者需要构建一个分工合作、步调一致的团队，如新东方三剑客、腾讯五虎将、阿里巴巴十八罗汉等。

（4）制定创业计划

创业计划是对与创业项目有关的事项进行全方位安排的一份书面文摘，用以描述创办一个企业时所有相关的外部及内部要素，包括商业前景的展望，人员、资金、物质等各种资源的整合，以及经营思想、战略的确定等，是为创业项目制定的一份完整、具体、深入的行动指南。因此，创业者在创办企业之前，必须撰写一份创业计划书，来帮助创业者进行自我评价，以及判断项目的可行性、竞争力与盈利能力。

（5）创办新企业

企业是创业行为的产物，是创业者实现创业梦想的实体基础。创办新企业包括选择适当的企业法律形式和经营地址、公司制度设计、企业注册、确定进入市场的途径（包括是选择完全创办新企业还是加入现有企业等）。值得注意的是，许多创业者在创业初期迫于生存的压力，以及对未来缺乏准确预判，往往容易忽视这部分工作，结果给以后的发展留下了隐患。

（6）初创期企业的经营和管理

企业一经建立，首先面临的是经营和管理问题，包括创业初期的市场营销、产品设计和规划、财务和售后服务体系的建立等。这一阶段包括选择正确的管理模式、明确创业成功的关键、及时发现运作中出现的问题，并完善相应的管理和控制系统，确保企业或店铺的正常运作。在安全度过生存期后，创业者需要了解新创企业成长的一般规律，预判可能面临的问题及如何防范和解决问题，如何实现新企业的发展。

3. 创业的阶段

从新创企业发展的性质来看，创业可分为 4 个基本阶段。

第一阶段，即生存阶段。以产品、技术和服务来占领市场，重点是要有想法，会销售。

第二阶段，即公司化阶段。以规范管理来增加企业效益，这需要创业者提高思维层次，要从企业战略的高度来思考问题。

第三阶段，即集团化阶段。以产业化的核心竞争力为硬实力，依靠一个个团队的合作，构建子公司和整个集团的系统平台，通过系统平台来完成管理。

第四阶段，即总部阶段。以一种无国界的经营方式构建集团总部，依靠一种可跨越行业边界的无边界核心竞争力，让企业发展达到最高层级。

1.2.4　创业的时机与途径

对于大学生来说，创业时机有以下几个。

1. 在校创业

在校创业，是指边读书边创业的活动。有的学生想出了好的创业点子，有的学生申请了专利，想把专利技术转化成实实在在的产品，但他们又都不愿意放弃学业，于是出现了在校创业的现象，如清华大学的王科、邱虹云和徐中就是典型的在校创业的例子。这种做法的优点是能够在创业的同时继续完成学业，但不足之处是可能难以处理好创业和学习的矛盾，有时会顾此失彼。

2. 毕业即创业

毕业即创业是当前大学生在就业过程中积极倡导的一种“就业”选择。这样，可减轻国家、社会的负担，及早为社会、个人创造财富，并能在大学毕业生中形成一种激励。只要条件具备，大学毕业生完全可以成为创业者。

3. 就业后创业

有着创业理想的大学生，在条件还不成熟时，如没有合适的项目，没有足够的资金，没有一定的社会阅历和社会经验，难以应对社会复杂的人际关系的时候，没有必要急着创业，而可以先到一些公司去工作，获得实践经验，积累一定资金，并策划一些好的创业项目之后，再图发展。

在把握正确的创业时机的同时，选择合适的创业途径也十分重要。大学生创业主要有下面几种。

（1）利用专利技术入股，寻找投资人

大学生在大学期间拥有发明专利，即可利用专利技术去寻找投资人，如果能获得风险投资家的青睐，则更容易迅速成为老板；如果公司的经营管理科学合理，则可较快获得成功。如丁磊在创办网易公司的过程中、张朝阳在创办搜狐公司的过程中，都获得了风险投资的支持。

（2）首先进入欲创业的行业学习技术，然后再创业

有的大学生希望在技术领域创业，但又缺乏实践经验，技术不够精湛。在这种情况下，大学生可先进入希望进行创业的行业，学习技术，了解现状，等到条件成熟时，再开始创业。

如学机电维修的大学生，可先进机械制造厂打工，学习机械设计、制造技术，再到机械设备应用企业实习一段时间，等到技术成熟后，再自己开办机械配件加工厂或机电维修中心。有一位学习电力技术的大学生毕业之后在广东的一家公司打工，那家公司的业务是承接电力设备系统的建设工作。他在那家公司工作三年之后，熟悉了公司的业务运作程序和全部的技术，于是他回到家乡自己筹资创办了一家类似的公司，每年可承接几百万元的业务。几年下来，他拥有了 500 多万元的资本。

（3）通过推销，积累原始资本，再创办公司

推销是一个充满挑战与机遇的职业，有的大学生毕业之后先从事仪器、药品、机械、电子设备等的推销工作，当推销的商品数量大时，可获得高额的业务提成。有了一定的资本和经验之后，他们就注册成立贸易公司，为一些企业做产品销售代理，因为做销售代理可采用先销售产品后付款的形式，所以对新创办公司的资金周转非常有帮助。

（4）看准市场，创办实体

有的大学生有灵活的经济头脑，能洞悉市场的需求，则可采用贷款、集资的方式创办自己的实体创业。四川省的欧阳晓玲，中专毕业后，辞职筹资创办了四川省第一个民营林业园艺科技企业——永川园艺植物研究所，她带领全所员工从事果树良种的引种、繁育和配套栽培等技术研究、技术服务，承包经营荒地，将荒山秃岭变成了生“金”长“银”的示范园林，带领 5 万多名农民致富，取得了巨大的经济效益和社会效益。

（5）从小事做起，由小利起步

历史上，有不少企业家开始做的都是很不起眼的小本生意，很快就完成了资本积累。1928 年，有一对叫麦当劳的年轻兄弟，他们在加利福尼亚开了一个小电影院，同时兼营一个小食品店专卖汉堡包。说来也怪，汉堡包的生意比电影院的生意好得多。这种 15 美分一个的汉堡包看来不起眼，可由其创造的年营业额竟高达 25 万美元，于是麦当劳兄弟便干脆专营汉堡包，并成立了麦当劳公司。

大学生创业普遍面临缺乏资金的困难，从小事做起，从求小利做起，不失为一条稳妥的途径。投入小，风险就小，但积小利成大利，聚沙成塔。

（6）“借鸡生蛋”，借钱赚钱

大学生开始创业时，资金都比较少，有时看准了机会，自己也没有力量去干，或者自己有一定的资金，但缺乏经验，难把事情办好。在这种情况下，最好能“借鸡生蛋”，即利用别人的资金、关系、组织机构和人员去干事，事成之后参加利润分成。例如，有个学模具设计与制造的大学生掌握了制造先进模具的技术，便联系了一个学经营管理的大学同学，他们与某乡政府合作，由该乡政府出资 60 万元，创办了一个模具厂，由两位大学生承包经营，模具厂的业务很快扩大，获得了良好的经济效益。

1.3　大学生的创业与职业规划

案例分析 1–2

一名身患尿毒症的大学生的创业故事

2015 年 5 月中旬，华南理工大学的基金会账号收到 20 万元。当看到捐款人的姓名是蒲少涛时，负责基金会账号管理的老师有些吃惊：这位2005级的校友在大学二年级时被检查出患有尿毒症，在学校、老师和同学的帮助下，凭借着自强不息的毅力完成了学业。他的病维持治疗就已花销不菲，20万元从何而来？

在记者采访蒲少涛的当天，他从清远市来到广州的中山大学附属第一医院进行例行检查和取药，虽脸色稍差，但精神不错。记者了解到：毕业后，蒲少涛因病工作无望才选择了创业，他经营的天猫网店年营业额目前已经达到2 000万元。

“起初，创业是为了生存。”这位2007年度“中国大学生自强之星”这样说道。他不仅在毕业后成功创业，还找到了志同道合的爱人，并有了自己的宝宝。

一边敲键盘，一边治疗

2005年，蒲少涛从陕西农村考入华南理工大学，成了一名光荣的国防生，踌躇满志之时，却在2006年年底查出患有尿毒症。

蒲少涛没有怨天尤人，而是坚强地面对病情。在医院接受治疗期间，为配合治疗，他一天只喝一口水；前前后后10余次血液透析治疗，每次都疼得全身发抖，却从没喊过一声苦。

蒲少涛也有感觉绝望的时候，那时他会一个人偷偷哭，“感觉自己像用药物维持的肉体，少做一次透析治疗就是慢性自杀”。

出院后蒲少涛重返学校，坚持每天治疗 4 次。未来看似黯淡，但蒲少涛并未自暴自弃，总是尽力做好力所能及的事。由于身体原因，蒲少涛不得不放弃国防生资格，由此课余时间多了起来，蒲少涛开始为自己的将来考虑，“我得学个一技之长”。他开始自学钟爱的计算机编程，选修了计算机专业的课程，还上网寻找相关的资料进行学习。

如果那时有人经过蒲少涛的宿舍，就会经常看到他一边做治疗，一边敲键盘。“学编程的时候，感觉治疗的时间过得飞快。”蒲少涛笑着说，学习也转移了他的治疗压力。

有一次，听到老师说想找人改版国防生网站，蒲少涛心头一热，便毛遂自荐。当他把作品交上去时，老师觉得新网站效果挺好。得知蒲少涛具备网页设计的技能后，老师们不断地介绍新的“客户”给他。就这样，在校期间蒲少涛就设计完成了十几个网站。

网页设计这一兼职让蒲少涛赚取了一定的生活费，缓解了部分治疗压力，更重要的是让他增强了生活下去的信心。这时，蒲少涛对未来的期许是，找一份工作养活自己。他从未想过创业，直到面临“毕业即失业”的尴尬。

工作无望，只能创业

在当时全球金融风暴的影响下，毕业生们面临着前所未有的就业艰难的压力。然而，凭借着扎实的编程技术，好几个不错的软件开发公司向蒲少涛抛来了橄榄枝。当时有一家公司对他非常感兴趣，而他也很想进那家公司，可是，他向公司说明病情，并再三保证不会影响工作，此后病情的发展也与公司无任何关系之后，该公司还是回绝了他。至此，蒲少涛打消了找工作的念头。

别人创业大多是出于兴趣，或追逐理想，但对蒲少涛而言，创业却是无奈的选择。

恰在这时，学校老师给蒲少涛带来了一个好消息：省里支持大学生自主创业，对于符合条件的学生可以提供一笔启动资金。因此，蒲少涛申请并拿到了 10 万元的创业启动资金，走上了创业之路。

刚刚毕业，在与别人合租的民宅里，“光杆司令”蒲少涛开始了网站设计与维护的创业项目。由于缺少资金，他一直在犹豫是否招人，担心人来了没项目。但不迈出第一步，就永远不能获得成功。最终，蒲少涛破釜沉舟，招了 4 名员工，搬进了另一所 140 平方米的民宅。

创业压力大，很多事情蒲少涛必须亲力亲为，使他的身体备受考验。有一天他给客户送展板，晚上 10 点钟才送到，没有公交车了，那天还下着大雨，他走了半个小时才到家，腿都抽筋了。蒲少涛很拼命，经常为了几百元的订单熬夜，因为他没有退路。

一年多下来，去掉员工工资和各项投入，蒲少涛发现自己并没有赚到钱。

2011 年，听从哥哥的建议，蒲少涛把目光投向了电商，成为天猫最早做建材与家居产品网上定制与销售的商家。由于发展需要，他将创业战场从广州搬迁到了清远，注册成立了清新乐友家居用品有限公司，存储仓库从最初的一两百平方米，扩大到 1 000 多平方米。公司发展至今，已成为一家专业的窗轨供应商。

不断转型升级冲业绩

随着同类型网店越来越多，价格战导致利润降低，不利于公司长久发展。蒲少涛从营销模式和服务质量上进行突破，希望成就独一无二的品牌。公司在全国布局了 1 000 个线下服务网络，“从在广州找第一个师傅开始，半年时间新疆、西藏都有了人，只要订单一下，师傅就上门进行窗帘的专业安装服务”。

蒲少涛还开发了一套 ERP 系统，专门用于定制类订单管理。早期用普通的网店销售系统时，客户每提出一个意见，网店这边就需要人工对照表格进行定价改动，效率低且容易出错。系统改进后，工作量大大减轻了，“之前得 15 个销售人员才能完成的工作，目前只需要 10 个人”。

为了更好地为顾客服务，公司还提出了“20 元规则”，即顾客收货发现产品有不满意之处（如颜色有差别），公司会给予顾客几元到 20 元的赔偿。因此，即便有的顾客只买了 10 元的产品，也有可能获得 20 元的赔偿。

优质的产品与客户体验，使蒲少涛的“致尚家居”旗舰店成为天猫窗帘配件销售第一品牌。从 2012 年开始，“致尚家居”已是天猫 KA 级商家。产品可以复制，服务可以模仿，公司要长久发展，转型升级、掌握核心技术是关键。蒲少涛把目光转向智能家居，尝试通过手机控制整个家居的带“电”产品。蒲少涛说：“如果可行，顾客回家前就可以通过手机 App 先开好空调、放好洗澡水。”蒲少涛形容，“这就像给现在的产品装上大脑。”

步入正轨不忘反哺

公司走上正轨后，蒲少涛以更加实在的方式回报社会。在粤北的清远市，蒲少涛公司的员工大多数学历不高，许多都是高中毕业生，但平均每月能拿到四五千元，勤奋一些的甚至能拿到上万元，“买房都不是难事”。每年公司会给员工安排体检，还设立奖金奖励优秀员工。另外，网店每一笔订单成交额的千分之一，都将捐助给贫困山区的孩子们供其上学。蒲少涛还想为陕西农村的农产品打通网上销售渠道，希望帮助农民多挣一点钱。

2015 年 5 月 19 日，蒲少涛不声不响地给华南理工大学基金会账号汇款 20 万元，希望用于重病学生的帮扶。蒲少涛说：“在我最困难的时候，学校和社会给了我巨大的关爱和帮助，现在我有了一定的能力，要将这份关爱和帮助传递下去。”

由于尿毒症，蒲少涛非常容易疲惫，经常失眠。每 3 个月他就得到广州进行全面的复查，每个月要拿一次药。为了方便透析治疗，他将工作的方式转变成上午在公司上班，下午在家用远程网络操控管理。

目前，蒲少涛还在等待合适的肾源。即便如此，他依然对未来充满期许，“病好了以后还要继续进修学习，继续创业”。

课堂思考与讨论：

1. 谈谈蒲少涛创业成功的原因。你从蒲少涛身上看到了哪些创业精神？
2. 蒲少涛创业成功后不忘回报社会，对你有什么启发？

1.3.1　大学生创业的意义

随着高等教育学校数量的增多和规模的扩张，大学毕业生的就业问题也日渐突出。据教育部统计，我国应届高校毕业生人数多年来持续增长，不断创历史新高，就业形势十分严峻。2015 年应届大学毕业生达 749 万人，2016 年达 765 万人，2017 年高达 795 万人，2018 年超过 820 万人，2018 年堪称史上更难就业季。根据人社部的毕业生数据，如果加上中职毕业生和 2017 年尚未就业的大学生数量，2018 年待就业的加在一起约有惊人的 1 500 万，大学生就业“僧多粥少”的现象越来越严重。为了解决大学生就业难题，近年来从中央到地方都出台了一些应对措施，其中鼓励大学生创业被摆在了突出的位置，“大力支持自主创业、促进以创业带动就业”成为应对就业难题的重大战略。因此，创业对大学毕业生来说具有十分重要的意义。

① 以创业带动就业是缓解大学生就业难的有效途径。创业具有扩大就业的倍增效应，大学生创业不仅是就业的重要形式，而且能带动就业，为更多的人解决就业问题。调查结果表明：一个大学生创业，平均可以带动 8 个大学生或社会待业人员的就业。因此，培育大学生的创业精神和创业技能，提倡和鼓励大学生自主创业，通过创业来解决大学生就业问题无疑是一条可行且有效的途径。

② 大学毕业生创业有利于大学生自我价值的实现。随着社会的不断发展，创办企业越来越需要创业者具有较高的知识水平和技术能力，而拥有专业知识和具有人力资本的大学生更有能力通过创业来实现价值创造。大学毕业生通过自主创业，可以把自己的兴趣与职业紧密结合起来，做自己最感兴趣、最愿意做和自己认为最值得做的事情。创业为大学生创造了发展的机会，提供了增加个人财富的可能性，这有利于大学生提高自己的社会地位。对许许多多梦想着开创自己事业的大学生而言，创业不但是一种充分实现自我价值的机会，更是发挥个人潜能的舞台。

③ 大学毕业生创业有利于培养大学生的创新精神。创业的本质是创新，而创

新是一个民族的灵魂，是一个国家兴旺发达的不竭动力。青年大学生作为最具活力的群体，是未来社会的精英，如果大学生失去了创造的冲动和欲望，那么国家最终将失去发展的不竭动力。大学生的创业活动，有利于培养其勇于开拓创新的精神，使其把就业压力转化为创业动力，有利于培养出越来越多的各行各业的创新型人才，是我国实现发展创业型经济的重要途径，能够为创业型经济的发展提供根本性支撑。

④ 大学毕业生创业有利于促进中小企业的快速发展。从国际经验来看，等量资金投资于小企业所创造的就业机会是大企业的 4 倍。我国约有 99.5%的企业属于小企业，65%～80%的劳动者在其中就业。美国对中小企业的发展一直比较重视，称其为“美国经济的脊梁”。美国企业的创新产品有 82%来自中小企业。因此，应鼓励大学生自主创业。

⑤ 大学毕业生创业有利于培养其艰苦奋斗的作风。大学生自主创业的过程中，困难和挫折，甚至失败都在所难免，这就要求自主创业的大学毕业生具备顽强的意志和良好的品格，勇于承担风险，自立自强，艰苦拼搏，通过创业培养自立自强的意识、风险意识、拼搏精神和艰苦奋斗的作风。

1.3.2 大学生创业精神培养

创业既是一种能力，也是一种精神。提高人的主观能动性、提高辩证思维能力和提高自主创新思维能力，是培养创业精神的新思路。培育大学生的创新精神，是一个系统工程，全社会都应该热心地关注和支持大学生创新创业。政府、高校、教师、大学生及家庭应各尽其责，构建“五位一体”互相协作的创业精神培养机制。

1. 宣扬优秀的创业文化

校园是学生成长的外部环境，校园文化对学生具有陶冶功能、激励功能、导向功能。高校应想方设法将创业精神有机地融入文化活动、科技活动等活动中，以培养学生的创业精神。

具体来说，可以经常邀请成功的企业家或成功的校友来学校做报告，增强大学生的创业信心，利用他们的创业激情感染大学生，使他们成为激励大学生创业的榜样；还可以借鉴国外发达国家大学生创业精神的培养方式，着力营造鼓励创业的校园文化环境。当代著名教育家张楚廷先生曾说，学校不应只强调教育，还应重视文化；有了文化，教育自然就在其中。高校要在社会主义核心价值体系教育中融入创业精神的教育，加强对学生的创业教育及相关风险意识的教育，在校园中形成推崇创新、尊重创业、宽容失败的文化环境。

2. 培育创业人格

美国斯坦福大学教授推孟（1877—1956）曾在 30 年中追踪研究了 800 人的成长过程，结果发现，他们中成就最大的 20%与成就最小的 20%最明显的差异就是个性方面的不同。高成就者具有谨慎、自信、不屈不挠、积极进取、坚持不懈等心理特征。这说明个性特征对个体的创业来说是非常重要的，尤其是“独立性”“坚持性”“敢为性”等。人格教育同创业精神与创业能力的培养是相辅相成的。高校要依据大学生的心理特点，有针对性地讲授心理健康知识，帮助大学生树立心理健康意识，优化心理素质，增强心理调适能力和对社会生活的适应能力，自觉培养坚韧不拔的意志品质和艰苦奋斗的精神，提高承受和应对挫折的能力。此外，高校还可以采用创业案例剖析创业者的人格特征、进行心理训练等，让学生掌握形成良好心理素质与优良人格的方法。

3. 培养创新能力

创新是创业精神的核心，高校必须强调对学生创新能力的培养。要尊重学生的个性发展，爱护和培养学生的好奇心、求知欲，为学生的天赋和潜能的充分开发创造一种宽松的环境。通过开设创新创造类课程、举办主题技能竞赛让学生感受、理解知识产生和发展的过程，培养学生的科学精神和创新思维。

4. 强化创业实践

学校要鼓励学生利用课余时间参加一定的创业模拟和社会实践活动，增强学生对企业的了解和对社会的适应能力。例如，在校内外开展创业竞赛活动、与社会企业联合开展学生的实习见习等。“纸上得来终觉浅，绝知此事要躬行”，我们应让学生在实践中磨炼自己，形成正确的创业认知，培养创业精神和提高解决问题的能力。

1.3.3　大学生创业在职业规划中的作用

创业名言

人生一辈子不创一次业一定是一件非常糟糕的事情。人一辈子总是要为自己干件事情，创业就是为自己干的事情。

——俞敏洪（新东方创始人）

创业是可以规划的，创业能力对个人职业生涯的发展起着积极的作用。

① 职业生涯是指个人通过从事工作所创造出的一种有目的的、延续一定时期的生活模式。这个定义由美国职业发展协会（National Career Development Association）提出，是职业生涯领域中被广泛使用的一个定义。

② 职业规划是指个体将个人发展与组织发展相结合，对决定个人职业生涯的个人因素、组织因素和社会因素等进行分析，制定个人一生中在事业发展上的战略设想与计划安排。

根据定义，职业规划首先要对个人特点进行分析，然后对所处组织环境和社会环境进行分析，再根据分析结果制定一个人的奋斗目标，选择实现这一奋斗目标的职业，编制相应的工作、教育和培训的行动计划，并对每一步骤的时间、顺序和方向做出合理的安排。

在现代社会，尽早做好职业规划对于一个人的发展至关重要。只有这样，才能认清自我，不断探索开发自身潜能的有效途径或方式，才能准确地把握人生方向，塑造成功的人生。实践证明，在职业生涯中能够有所成就的人，往往是那些有着清晰的职业规划的人。

如今，创业已成为大学生职业生涯中的一种选择。但是，创业是一个实践性很强的过程，要求创业者不仅要拥有创业精神、创新意识，同时还要具备足够的创业能力。创业能力与新创企业的成败直接相关，创业能力越强，则创业成功率越高。

当大学生选择了创业这个没有上司的职业之后，就需要自我管理、自我决策、自我规划。因此，在选择创业前，应该进行创业实践训练，向成功的企业家学习，在实践中提高自己的组织管理能力、开拓创新能力、人际关系协调能力、决策能力，以及发现问题与解决问题的能力等，然后再去创业，这样无疑可以大大提高创业的成功率。

1.3.4 大学生的创业规划

大学生创业已成为毕业生流向社会的一种全新的就业方式。对于一个立志创业的大学生来说，职业生涯规划与其创业规划在一定程度上是等同的。要制定一份好的规划，可以参考以下创业四部曲。

步骤一：了解你自己

一个有效的创业规划，必须在充分且正确地认识自身的条件与相关的环境的基础上进行。对自我及环境的了解越透彻，越能做好规划。因为创业规划的目的不只是协助创业者达到和实现个人目标，更重要的是帮助其真正了解自己。

创业测试　　现在你具备创业的基本素质了吗

创业充满了诱惑，但并非每个人都适合走这条路。美国创业协会设计了一份测试题，可以帮助你在做出决策前对自己有一个初步的了解。

以下每题都有 4 个选项：A. 经常；B. 有时；C. 很少；D. 从不。你可以在每题后面填写相应的选项。

1. 在急需决策时，你是否在想“再让我考虑一下吧”？（　　）

2. 你是否为自己的优柔寡断找借口说“得慎重，怎能轻易下结论呢”？（　　）

3. 你是否避免冒犯某个有实力的客户而有意回避一些关键性的问题，甚至有意迎合顾客？（　　）

4. 你是否无论遇到什么紧急任务都先处理日常的琐碎事务？（　　）

5. 你是否非得在巨大压力下才肯承担重任？（　　）

6. 你是否无力抵御妨碍你完成重要任务的干扰和危机？（　　）

7. 你在决策重要的行动和计划时，常忽视其后果吗？（　　）

8. 当你需要做出很可能不得人心的决策时，是否找借口逃避而不敢面对？（　　）

9. 你是否总是在晚上才发现有要紧的事没办？（　　）

10. 你是否因不愿接受艰巨的任务而寻找各种借口？（　　）

11. 你是否常来不及躲避或预防困难情形的发生？（　　）

12. 你总是拐弯抹角地宣布可能得罪他人的决定吗？（　　）

13. 你喜欢让别人替你做你自己不愿做而又不得不做的事吗？（　）

计分：选 A 得 4 分，选 B 得 3 分，选 C 得 2 分，选 D 得 1 分。

分析：

得分 50 分以上，说明你的个人素质与创业者相去甚远；

40～49 分，说明你不算勤勉，应彻底改变拖沓、低效率的缺点，否则创业只是一句空话；

30～39分，说明你在大多数情况下充满自信，但有时犹豫不决，不过没关系，这也是稳重和深思熟虑的表现；

15～29分，说明你是一个高效率的决策者和管理者，有望成为成功的创业者，你还等什么！

（资料来源：中国大学生创业网）

步骤二：明确创业目标

创业者要善于观察和发现新的机遇、新的商机，用创新的思维来设计自己的创业思路，找准自己的创业方向，站在成功创业者的“肩膀”之上，确立自己的目标。

高尔基说：“一个人追求的目标越高，他的才能就发挥得越快，对社会就越有益。”但是一个人在明确自己想做什么、能做什么的同时，还应考虑社会的需求是什么。如果一个人所选择的创业领域既符合自己的兴趣又与自己的能力相一致，但却不符合社会的需求，那么，这种创业的前景也会变得暗淡。由于分析社会需求及其发展态势并非一件易事，因此，在选择创业目标时，应该进行多方面的探索，以求得出客观而正确的判断。

步骤三：制定行动计划

大学生在确定了创业目标后，围绕创业目标的实现，需要制定具有针对性、明确性与可行性的行动计划，特别是要详尽制定大学期间和毕业后三到五年内的行动计划。

步骤四：开始行动

一个人的创业规划不管多么好，多么严密，只要没有跟上行动，就依然是一张废纸。立即行动，是实现目标和梦想的唯一途径。

总之，一份创业规划必须将个人理想与社会实际有机地结合起来，从而设计出既合理又可行的创业发展目标。只有在自身因素和社会条件两者之间实现最大限度的契合，才能在现实中发挥优势、避开劣势，使创业规划更具有可操作性。

1.4 大学生创业的优惠政策

为了支持大学生创业，国家和各级地方政府出台了许多优惠政策，涉及融资、开业、税收、创业培训、创业指导等诸多方面。对打算创业的大学生来说，了解这些政策，才能走好创业的第一步。

1.4.1　大学生创业政策解读（国家）

1. 税收优惠

持人力资源和社会保障部核发的“就业创业证”（注明“毕业年度内自主创业税收政策”）的高校毕业生在毕业年度内（指毕业所在自然年，即 1 月 1 日至 12 月 31 日）成立个体工商户、创办个人独资企业的，3 年内按每户每年 8 000 元为限额依次扣减其当年实际应缴纳的增值税、城市维护建设税、教育费附加和个人所得税。对高校毕业生创办的小型微利企业，按国家规定享受相关税收支持政策。

2. 创业担保贷款和贴息

符合自主创业条件的大学生，可在创业地按规定申请创业担保贷款，贷款额度为 10 万元。鼓励金融机构参照贷款基础利率，结合风险分担情况，合理确定贷款利率水平，对个人发放的创业担保贷款，在贷款基础利率基础上上浮 3 个百分点以内的，由财政部给予贴息。

3. 免收有关行政事业性费用

毕业 2 年以内的普通高校学生从事个体经营（除国家限制的行业外）的，自其在工商管理部门首次注册登记之日起 3 年内，免收管理类、登记类和证照类等有关行政事业性费用。

4. 享受培训补贴

对大学生创办的小型微利企业，新招用毕业年度高校毕业生，签订 1 年以上劳动合同并缴纳社会保险费的，给予 1 年的社会保险补贴。对大学生在毕业学年（即从毕业年度 7 月 1 日起的 12 个月内）参加创业培训的，根据其获得创业培训合格证书或就业、创业情况，按规定给予培训补贴。

5. 免费创业服务

有创业意愿的大学生，可免费获得公共就业和人才服务机构提供的创业指导服务，包括政策咨询、信息服务、项目开发、风险评估、开业指导、融资服务、跟踪扶持等“一条龙”创业服务。

6. 取消高校毕业生落户限制

高校毕业生可在创业地办理落户手续（直辖市按有关规定执行）。

7. 创新人才培养

创业大学生可免费加入各地各高校实施的系列“卓越计划”“科教结合协同育人行动计划”等，同时免费学习跨学科专业开设的交叉课程、免费加入创新创业教育实验班等，社会及学校也可探索建立跨院系、跨学科、跨专业交叉培养创新创业人才的新机制。

8. 开设创新创业教育课程

自主创业大学生可免费利用各高校的各类专业课程和创新创业教育资源，免费学习面向全体学生开设的研究方法、学科前沿、创业基础、就业创业指导等方面的必修课和选修课；同时可免费学习各地区、各高校推出的资源共享的慕课、视频公开课等在线开放课程，可进行在线开放课程学习认证和学分认定。

9. 强化创新创业实践

自主创业大学生可共享学校面向全体学生开放和使用的大学科技园、创业园、创业孵化基地、教育部工程研究中心、各类实验室、教学仪器设备等科技创新资源和实验教学平台，可参加全国大学生创新创业大赛、全国高职院校技能大赛和各类科技创新、创意设计、创业计划等专题竞赛，以及高校学生成立的创新创业协会、创业俱乐部等社团，提升创新创业实践能力。

10. 改革教学制度

自主创业大学生可享受各高校建立的自主创业大学生创新创业学分累计与转换制度的政策；还可将学生开展创新实验、发表论文、获得专利和自主创业等情况折算为学分，将学生参与课题研究、项目实验等活动认定为课堂学习的新探索的政策；同时，可享受为有意愿、有潜质的学生制定的创新创业能力培养计划，以及创新创业档案和成绩单等系列客观记录，并量化评价学生开展创新创业活动情况的教学实践活动的政策；还可享受优先支持参与创业的学生转入相关专业学习的政策。

11. 完善学籍管理规定

有自主创业意愿的大学生，可享受高校实施的弹性学制，允许放宽修业年限，允许调整学业进程、保留学籍休学创新创业的政策。

12. 大学生创业指导服务

自主创业大学生可享受各地各高校对自主创业学生实行的持续帮扶、全程指导、一站式服务，以及地方、高校两级信息服务平台为学生实时提供的国家政策、市场动向等信息和创业项目对接、知识产权交易等服务；可享受使用各地在充分发挥各类创业孵化基地作用的基础上，因地制宜建设的大学生创业孵化基地和享受相关培训、指导服务等扶持政策。

1.4.2　大学生创业扶持政策（地方）

全国各个地市情况不同，其出台的优惠政策也各有不同，下面以湖南省常德市为例，来介绍大学生创业扶持政策。

1. 高校毕业生自主创业资金扶持对象

凡普通高校毕业生在本市辖区内自主创业且符合下列条件的，均可享受高校毕业生自主创业资金扶持政策。

① 具有一定组织协调能力、科技创新能力和自主创业能力。

② 自主创业项目符合国家产业导向和就业需求，具有一定技术先进性和开发价值，市场前景较好。

③ 依法登记并取得工商行政管理部门核发的营业执照，具有健全的财务规章制度和固定的营业场所，担任所创办企业的法人代表。

④ 无不良信用和违法记录。

2. 高校毕业生自主创业扶持“五补一奖”具体内容

① 开办费补贴。高校毕业生首次创业且在办理工商注册登记满 6 个月后，可给予一次性自主创业开办费补贴。补贴标准为不超过其自主创业开办费总额的 20%且最高限额每户不超过 1 万元。

② 所得税补贴。高校毕业生从事个体经营、创办企业的（国家限制的行业除外），自工商注册登记之日起 3 年内，每年按其实际缴纳所得税的 20%给予所得税补贴（最高限额每户每年不超过 1 万元）。

③ 房租补贴。高校毕业生租赁房屋用于自主创业的，自租赁之日起 2 年内给予房租补贴。其标准为每月每平方米补贴不超过 1 元（实际租用面积超过 100 平方米的，按 100 平方米计算；房租补贴超过实际租房费用的，按实际租房费用

补贴）。

④ 小额担保贷款贴息补贴。高校毕业生自主创业开办劳动密集型小企业（国家限制的行业除外）且申请小额担保贷款额度不超过 200 万元或从事个体经营且申请小额担保贷款额度不超过 10 万元的，可享受最长不超过 2 年的贴息。

⑤ 还贷补贴。对创业 1 年以上，因自然灾害或国家产业政策调整及其他原因致使创业失败的高校毕业生，确因家庭困难无力清偿小额担保贷款的，对逾期贷款债务给予不超过 20%且最高限额每户不超过 5 万元的补贴。

⑥ 创业成功奖励。每年对拉动就业明显、缴纳利税较多、影响较大的高校毕业生创业成功典型给予一次性奖励。

3. 孵化基地为孵化企业提供的服务（常德市）

① 帮助落实创业孵化场地和孵化企业基本办公条件。

② 协助孵化企业办理成立公司事宜及其他业务。

③ 为孵化企业聘用人员提供档案和户口托管、接转组织关系、办理保险等相关服务。

④ 搭建科技信息网络平台，提供科技和产业信息。

⑤ 进行创业项目的开发和对接，推介各类创业项目。

⑥ 提供管理咨询、法律、会计、审计、评估、专利、企业管理、战略设计、市场策划等咨询服务；为入驻企业进行行业研究、项目投资分析等。

⑦ 积极协助孵化企业申请各级扶持资金和创业基金。

⑧ 帮助孵化企业落实相关创业扶持政策。

⑨ 孵化基地定期组织相关专家帮助研究、解决孵化企业创业过程中遇到的困难，审核孵化企业的发展规划，督促孵化基地各项措施的落实，指导孵化企业创业活动。

⑩ 孵化基地提供相关的物业管理、后勤保障服务；组织入驻企业参加各类交流活动。

⑪ 孵化基地每年开展一次创业明星评选活动，对当选的创业明星予以表彰奖励。对相关受表彰企业在各类媒体进行免费形象推介和宣传。

思考与训练

1. 思考并回答以下问题

（1）你认为创业精神对创业有哪些积极作用？

（2）如果你是一位准创业者，大学期间你准备如何拓展自己的人脉资源？

2. 分析以下案例并回答问题

“中国大姨夫”背后的创业故事

女朋友经期身体不适，可自己却在异地爱莫能助……这是令不少身为男朋友者感到头痛的难题。然而，中南大学学生伍锋明、杨尚文和湖南师范大学学生冯鹏举，却敏锐地从中捕捉到了商机。这三名大男生剑走偏锋，通过创办网站“亲爱的 520”，卖起了女性用品——卫生巾，被同学们笑称为“中国大姨夫”。

放弃保研与高薪，卖起卫生巾

名校出身、放弃高薪工作，中南大学能源科学与工程学院应届毕业生伍锋明不走寻常路，找来他的两位合伙人杨尚文和冯鹏举，在网上卖起了卫生巾，追逐着自己的创业梦想。

一次，他收到在广州上学的女朋友寄来的爱心包裹，打开一看，里面有袜子、贴身衣物等物品。深受感动的他，想用同样的方式给女友以关怀。“想到她那几天特别不舒服，我心里就难受，于是大胆地给她寄了卫生巾，结果她很感动，哭得稀里哗啦。”那些异地恋的年轻情侣们，都有可能面临同样的问题。伍锋明由此提出了一个大胆的创业设想——在网上卖卫生巾。伍锋明找来同院系的杨尚文和湖南师范大学软件学院的冯鹏举商讨创业事宜，三人一拍即合。“我们仨从大二开始便搭档创业，有过失败也有过成功，磨合到现在也积累了一定的创业经验。”杨尚文说。

卖的不仅是产品，还有贴心服务

为了证明创业项目的可行性，他们经常浏览女性论坛搜寻相关信息，发帖征集网友意见，还专程向身边的女性朋友“请教”。接下来，三人找代理商洽谈合作业务，探索销售模式，自建网站……经过 2 个月的精心筹备，2014 年 2 月 26 日晚 8 点，网站正式上线。上线当天就收到 100 多笔订单。网站累计注册会员达 3 000

人，累计订单超过600余笔。

他们在网上推出的卫生巾套装，不仅有日用和夜用的卫生巾，还有红糖姜茶、“暖宝宝”、湿巾、“情书”等贴心物品。伍锋明说，网站建立之初就被定义为传递关爱与呵护的平台，他们卖的不仅是产品，更是服务。如果男生在购买卫生巾时想给女友写封情书，他们也可以免费代写。考虑到有些女生经期时心情会受影响，他们还赠送香包等舒缓情绪的小礼品。

被笑称“中国大姨夫”

对于不少男性来说，在超市里经过卫生巾专卖区时都难免会脸红。这3位名校大男生卖起了卫生巾，被同学们笑称为“中国大姨夫”。经媒体报道后，这个称号更是火遍全国。

“同学们见了我就说，‘中国大姨夫’来了。”冯鹏举说，“刚开始我们觉得这称呼带着嘲笑的意味，后来发现，其实这也是一种关注。现在，我们反倒把它当成一种荣誉了，我们既然当了‘中国大姨夫’，那就把‘大姨夫’的工作给做好。”

（资料来源：舒文，赵佑．中国教育新闻网）

【问题】

（1）“中国大姨夫”的创业属于哪种创业类型？

（2）放弃保研与高薪，伍锋明、杨尚文和冯鹏举3个大男人去卖卫生巾，是不是有点不可理喻？

（3）你认为他们创业最后的结局是成功还是不成功，为什么？

第 2 章　大学生创新思维与创新方法

学习目标

通过本章的学习，使学生了解创新的概念、分类及创新人才应具有的素质、创新思维的意义和价值、如何培养创新思维，熟悉并掌握不同的创新方法，正确认识并理性对待创新。

学习重点与难点

重点：创新思维的概念、创新思维的种类及特征。

难点：创新思维的方法。

案例分析 2-1

地球仪上的创新

触摸发声技术是一项成熟的电子技术，经常在儿童启蒙教学辅助教具上见到，已在幼儿园和家庭中广泛使用，例如，识字、识图卡片等，在玩具、点读笔中也有实际应用。某企业利用这种电子技术开发了一款可触摸发声的地球仪产品，触摸地球仪上的不同部位就发出模拟人的声音，完成对相应国家和地区的介绍，包括自然、地理、人文及奇闻逸事等。产品受到了消费者极大欢迎，小朋友们和家长们都表示产品很有趣，可以轻松地获得很多知识，同时也为企业创造了可观的经济效益。地球仪上引入触摸发声技术形成了“新组合”，再通过技术创新在地球仪上实现良好的交互控制，使地球仪的价值增长了数倍，创造出了更多的价值，争取到了顾客，取得了商业上的成功。很明显创新发生再开发新的产品，提高新的服务，可以帮助企业占据市场并实现市场价值，越来越多的公司认识到了其重要性。

课堂思考与讨论：

1. 创新是什么呢？
2. 创新有哪些种类呢？
3. 个人可以创新吗？怎样才能创新呢？

案例分析 2-2

谁是创新人才

在明代有两个画师练习绘画，其中一个人极其认真地模仿古代著名画家，绘画中强调某一部分像是三国、两晋、南北朝画家，某一部分要像隋唐画家，某一部分具有两宋某位画家的神韵，常常对自己的作品赞不绝口。而另外一位则正好相反，他除了苦练基本技法和扎实基本功以外还有意识地练习自己的画法不同于古人，追求自己的画法，自成一派，自然对前面提到的那位画师颇有看法。那么，究竟谁更高明呢？两个人谁也不服谁。

有一天，善于模仿的画师用嘲弄的口气问第二个画师，说："请问，您的画中有哪部分是古代大画家的呢？"

第二个画师并不生气，而是反问了一句："也请问您，您的画中哪一部分是您自己的呢？"

第一个画师听了，无言以对。学习中要进行创新，否则就成了机械的模仿，永远只能跟在他人后面跑，而创新人才能从容地走在领域的最前沿。

课堂思考与讨论：

1. 创新人才应具备哪些特征呢？
2. 如何培养创新能力呢？

2.1 什么是创新思维

创新思维又称创造性思维，是指以新颖独创的方法解决问题的思维过程，一种具有开创意义的思维活动，是人类最活跃、最生动、最深刻、最富有生命力，开拓人类认识新领域、开创人类认识新成果的思维活动。创新思维是以感知、记忆、思考、联想、理解等能力为基础，以综合性、探索性和求新性为特点的心智活动，通过这种思维能突破常规思维的界限，以超常规甚至反常规的方法、视角去思考问题，提出与众不同的解决方案，从而产生新颖的、独到的、有社会意义的思维成果。当今中国，无论是全面深化改革、适应经济新常态，有很多新情况、新问题需要面对，创新是民族进步的灵魂，是国家兴旺发达的动力。

2.1.1　创新思维的定义与特征

创新思维创造成果产生的必要前提和条件，是指人类在创新活动中，在客观需要的推动下，以存储信息和新获得的信息为基础，克服思维定势，综合地运用各种思维形式，通过分析、综合、比较、抽象，选出解决问题的最优方案；或者是系统化地综合信息，进一步提出具有独特见解的推动问题解决过程取得重大进展的思维活动。

创新思维具有求实性、独创性、灵活性、深刻性等几方面典型特征。

- 求实性，就是坚持科学、坚持实事求是，是创新的基础，客观地或冷静地观察以求得对客观实际的正确认识后再创新，能够保障创新的科学性和方向性。求实求真可以让问题和事物更接近本来面目，启发人们的创造性思维，促进创新成果的产生。
- 独创性，就是求异性，非模仿性。创新思维的独创性是对某件事、某问题的理解和看法与众不同，打破常规，有独特见地，从别人习以为常的地方看出问题，让思维超越常规，找出与众不同的看法和思路，是创新思维的关键。
- 灵活性，即思维的灵活程度，指根据事物的发展变化，及时地用新的观点看待已经变化了的事物，并提出符合实际的解决问题的新设想、新方法和新方案。灵活多变是创新思维的核心，具有思路及时转换变通的品质，避免陷于僵化思维。
- 深刻性，是指思维活动的深度、广度和难度及思维活动的抽象程度和逻辑水平，集中表现在善于透过现象和外部联系，揭示事物的本质和规律。思维的深刻性是创新思维中最具基础和较为深刻的要素，在认识事物时，若缺少对其本质深刻的认识，其灵活性、独创性就无从谈起。

2.1.2　创新思维的过程

创新思维是以发现问题为中心，以解决问题为目标的高级心理活动。对应解决问题的一般过程（定义问题、分析问题、解决问题和方案验证四个步骤），将创新思维分为四个阶段理论，即准备阶段、酝酿阶段、顿悟阶段和验证阶段，描绘了创新思维过程。

1. 定义问题——准备阶段

创新思维的起点是定义问题，创新从发现问题、提出问题开始。创新思维在行动之前，要对做什么、如何做、做过了之后会出现什么后果等问题进行一种设计、选择、预测，确立需求、证明需求、理解问题。要收集必要的事实、资料和信息，储备必要的知识和经验，掌握技术和设备及其他条件的提供等，为了解前任的经验和所做出的努力，从中获得有益的启示，为后续环节做充分的准备。

2. 分析问题——酝酿阶段

创新思维的酝酿阶段是分析问题阶段，要对前一阶段收集的资料和信息进行梳理，描述事实，要进行深入的原因分析，从而明确问题的关键所在。反复的酝酿各种设想和方案，尝试更换条件，挖掘并利用各类可利用资源，对有些问题虽然经过反复思考、酝酿，充分发散思维，寻找问题的突破口。这个阶段可能是短暂的，也可能是漫长的，往往需要投入大量的精力，也可能百思不得其解，需要克服困难，避免思维中断，保证思维的连续性，完成“量”的积累，为获得顿悟做准备。

3. 解决问题——顿悟阶段

顿悟阶段也叫豁朗阶段，是经历了对某一领域的长久专注，持续思考，然后在某一瞬间对所思考的事物有了创造性的认识的过程。顿悟是思想火花的闪现阶段，顿悟的产生标志着酝酿阶段的结束。顿悟是基于对问题的长期思考，突然出现的创新观念，是问题趋于明朗，方案得以呈现的阶段。这个阶段是令人欣喜的，但需要以长久的酝酿和大量的实践为基础，是设计创新成果产生的关键阶段。

4. 方案验证——验证阶段

创新思维具有求实性，创新思维要经历严谨的验证才能完成。没有经过验证的方案尚不完善，实施后会暴露出各种隐性问题，致使创新存在极高的风险。验证阶段可以确认任务，改进方案，提高其可行性，经历过验证的方案或构想，才能实现预期目标。

案例分析 2-3

请问老三叫什么名字

我们都听过一个非常经典的小测试，其实是一个脑筋急转弯，小明家有三个儿子，老大叫大毛，老二叫二毛，请问老三叫什么名字呢？没有听过这个题目的人，很容易按照大毛、二毛、三毛的顺序脱口而出，答案被认为是错误的，我们会说这是惯性定势，是经验性思维的结果。正确答案是什么呢？ 大部分人都会体会到题目设置的就是这个梗，小明家有三个孩子，老大叫大毛，老二叫二毛，老三就叫小明咯，但是这个答案有没有问题呢？小明一定就是第三个小孩的名字吗？小明如果是孩子的爸爸呢？也可以是孩子的妈妈呀，甚至是家里的一个宠物也说不定，很多人都没有注意到这个问题。其实，第三个孩子可能叫小明，也可能叫三毛或者任何其他的名字。因此，任何唯一的答案都是受到思维惯性的结果，认为名字“小明”是标准答案的就是一种从众的、经验的惯性定势。

课堂思考与讨论：

1. 什么是惯性定势呢？
2. 如何突破思维定势呢？

2.2　突破创新思维障碍

创新思维障碍是指阻碍解决问题的人在正确地发现问题或构思解决方法时的心理障碍，又称思维定势。在长期的思维活动中，每个人都形成了自己习惯性的思维模式，当面临某个事物或者某个问题时，便会不自觉地将它们纳入以往的思维框架中进行思考，并参照经验提出解决方案。不容人形成的障碍的数量和强度有所差异，但同样具备以下两个特点：一是思考均趋向于一种路径、程序和模式，二是这种障碍深入到潜意识，具有强大的惯性和顽固性。实际上，人人都有的思维定势是一把双刃剑在环境不变的条件下，定势使人能够应用已掌握的方法迅速解决问题。而在情境发生变化时，它则会妨碍人采用新的方法。消极的思维定势是束缚创造性思维的枷锁，被称为创新思维的障碍，抑制着我们的创新意识，使创新能力难以得到进一步的提高。因此，在创造性思维过程中需要突破思维定势。

2.2.1　克服思维定势

生活中我们能看到一种现象，体型庞大的牛被绳子拴在一个很小的小木桩上，只能在绳长所在范围内吃草。它为什么不挣脱呢?因为它们自幼小无力时开始，就被绳子拴在木桩上，当时不管它用多大的力气去拉，都无法挣脱，还可能遭到主人的责打，小牛长大之后，虽然力气变大了，但只要身边有桩，它总是不敢妄动。

长成后的牛，习惯地认为绳子是无法挣脱的，不再去拉扯，形成了思维定势。

人类也具有这种思维定势（Thinking Set），也被称“惯性思维”或“顺势思维”，它是一种人人皆有的思维状态，是指按照积累的思维活动经验教训和已有的思维规律，在反复使用中所形成的比较稳定的、定型化了的思维路线、方式、程序、模式，从而影响后来的分析、判断，形成“固定倾向”。思维定势不利于创造性思维，它阻碍新思想、新观点、新技术和新形象的产生，因此在创造性思维过程中需要克服思维定势。

思维定势是多种多样的，不同的人、不同的条件、不同的环境产生不同的思维定势，常见的思维定势有从众型思维定势、书本型思维定势、经验型思维定势和权威型思维定势。

1. 从众型思维定势

从众就是跟从大众、跟随大伙、随大流，从众型思维定势是没有自己的主见或不敢表达、不敢坚持自己的主见，总是顺从多数的意志，是一种普遍存在的思维定势。我们常说的少数服从多数、随声附和、人云亦云都是从众思维的表现，从众型思维定势使人们缺乏独立思考的能力，缺乏创新观念，无法独立地认知事物、判断是非。破除从众型思维定势，需要在思维过程中不盲目跟从，锻炼心理抗压能力，坚持独立思考，在思考中保持宁静、在辨析中坚守自我。

2. 书本型思维定势

书本作为传递知识的媒介，对人类文明的发展起到了巨大的积极推进作用。书本中记录的是人类几千年来认识世界、创造工具、改变世界的经验总结，是宝贵的财富。认真学习理论知识，是一切实践的基础，可以使我们少走弯路，但是学习书本知识重在掌握其精髓、要活学活用，不能死记硬背、走向教条，一味地认为书本知识都是正确的，学习时完全地重复、片面夸大、没有任何怀疑，会导致认识片面，束缚行为。如果用更新滞后的书本知识指导实践，将严重束缚、禁锢创新思维的发挥。突破书本型思维定势，需要对知识有客观认识，并始终将实践作为检验其正确性的标准，将知识与具体实践相结合，通过比较进行鉴别，才能促进创新思维的进步和发展。

3. 经验型思维定势

经验是在社会实践中产生的，是客观事物在人们头脑中反映的主观体验和感受。哲学上指人们在同客观事物直接接触的过程中通过感觉器官获得的关于客观事物的现象和对外部联系的认识，属于感性认识，在人类的认识与实践中发挥着重要作用。经验是宝贵的，但经验有局限性。如果外界条件已经发生了变化，经验型思维定势仍会使人们不自觉地用某种习惯了的思维方式去思考已经变化的问题，易使人因循守旧、墨守成规，囿于一隅，难有作为。克服经验型思维定势，要提升问题认知的深刻程度和全面性，客观理性地分析问题，从理性分析中理性中寻觅真理。

4. 权威型思维定势

在人类社会中存在着诸多领域的权威，人们普遍怀有对权威的敬畏、憧憬之情。在思维领域，很多人习惯引证权威的观点，不假思索地全盘接受。将权威作为判定事物是非的唯一标准，所有与权威相背离的思想和观点都被认为是必错无疑，属于夸大实施、盲目崇拜，往往使人难以突破权威的束缚，被权威型思维限制住，从而失去独立思考的能力，一旦权威消失会感到六神无主、束手无策。克服权威型思维定势要广泛地获取知识，保持思维的活力，崇拜权威，但绝不把它作为头脑中的思维定势。

人的思维是可以无限扩展的，看似困窘的境地可能是由思维惯性所致的，克服思维惯性是我们要持续培养和学习的能力。

拓展阅读 2-1

思维定势的积极作用

思维定势对于问题解决具有极其重要的意义。在问题解决活动中，思维定势的作用是：根据面临的问题联想起已经解决的类似的问题，将新问题的特征与旧问题的特征进行比较，抓住新旧问题的共同特征，将已有的知识和经验与当前问题情境建立联系，利用处理过类似的旧问题的知识和经验处理新问题，或把新问题转化成一个已解决的熟悉的问题，从而为新问题的解决做好积极的心理准备。具体地说，在问题解决中，思维定势主要包括以下三方面内容：

① 定向解决问题总要有一个明确的方向和清晰的目标，否则，解题时将会陷入盲目性。定向是成功解题的前提。

② 定向方法是实现目标的手段，广义的方法泛指一切用来解决问题的工具，也包括解题所用的知识。不同类型的问题总有相应的常规的或特殊的解决方法。

定向方法能使我们对症下药，它是解题思维的核心。

③ 定势解决问题是一个有目的、有计划的活动，必须有步骤地进行，并遵守规范化的要求。

思维定势是一种按常规处理问题的思维方式。它可以省去许多摸索、试探的步骤，缩短思考时间，提高效率。在日常生活中，思维定势可以帮助人们解决每天碰到的90%以上的问题，但是思维定势不利于创新思考，不利于创造。

参考冯忠良等著. 教育心理学［M］. 北京：人民教育出版社，2010.

2.2.2 扩展思维视角

“视角”就是思考问题的角度、路线或立场。人们通常习惯于按照惯例、常理、常规去思考问题，这样的视角是受局限的，思维定势是创新思维的最大障碍。拓展思维视角要敢于打破常规，转变思考路径，尽量多地增加头脑中的思维空间，学会从多种角度观察同一个问题是突破思维定势束缚的最好办法。分析和认识问题时，要在严谨理性的逻辑思维引领下，大胆想象，充分发散，从一般情况的对立面、从事物的侧面出发，转换问题，多角度思考寻找问题的突破口，往往可以收到意想不到的效果。

2.2.3 超越自我

“一个人成功的最大障碍，不是他的对手或敌人，而是他自己。”当人们面对挫折和困难时，往往容易被意识、信心和压力打败。创新过程中，人们往往由于害怕退步、恐惧落后，而放弃前进的目标和方向，导致失败。创新型人才应该不断地学习，自强不息地提高自己，坚持挑战自我、超越自我，坚持主见和自由意志，不断接近事实真相，向成功迈进。

超越自我要求人们时刻观察自己的无知、找到自身不足之处，了解自我极限，清醒地认清当前的自己，用积极的心态去看待现状，并建立愿景目标，了解目标与现实之间的差距，以坚定的信心，随时随地充实自己，从点滴小事做起，有效控制情绪，提升完善自己，最大限度地发挥自己的潜能。

2.3　大学生创新思维的培养

2.3.1　创新思维的基础

创新思维的基础是知识储备、逻辑思维、创新方法。逻辑思维能力是指正确、合理思考的能力。创新思维需要灵活地调用大脑中的知识，而充足的知识储备是创新思维的基础，没有一定的知识数量，不可能凭空迸发出奇思妙想。创新思维是以逻辑思维为基础的，帮助人们对事物进行分析、比较、综合、判断、推理，有助于准确而有条理地分析问题，全面客观地认识问题。创新思维需要创新方法的助力，可以根据创新方法总结的科学规律，有效引导创新思维，加速创新进程。掌握和应用创新方法是创新思维培养的基础。

2.3.2　创新思维的几种形式

创新思维是人们在创造发明、创造性解决问题的实践活动中，总结、提炼出来的具有方向性、秩序性的，可以学习和复制的思维模式，以发散式思考、横向思维和逆向思维、收敛思维最为典型。

1. 异想天开的发散式思考

发散式思考，又称辐射思维、放射思维、扩散思维，是由美国心理学家吉尔福特在《人类智力的本质》中提出的，这种思维方式与创造性有密切关系，是指大脑呈以点到面的散射式思考过程，具有流畅性、灵活性和独特性的特点。思考者可以从一个事物的特征、背景或相关的线索为开端，思维沿着许多不同的方向扩展，呈现放射状态，锥体状发散开来，增加思考的维度，实现由局部思考发展为全局性思考。发散式思考可以帮助人们多个角度去思考一个问题，可以衍生出多种情境，极大地丰富自己了解事物的内容，扩大视野范围，增加对事物认识的多样性，以寻求到多种想法、观点或者答案，从而产生多条思路，对于解决实际问题是非常有利的。

2. 多向联想的横向思维

横向思维由爱德华·德·波诺于 1967 年在其《水平思维的运用》中提出的，

是指思考问题时从多个角度接收并整合信息，利用事物的属性、功能和变化规律，从而启发新思想、新观点、新路径的思维方式，改变解决问题的常规思路，拓宽解决问题的视野，从而在创新中发挥作用。横向思维可以突破问题的结构限制，将研究对象放在相关环境中并展开联想，多方向考虑事物各方面的相互关系，将事物进行联想、分析和延伸。战国时代齐将田忌与齐王赛马的故事，通过变换看待问题、转换资源利用的方式，终使田忌取得胜利，这是横向思维的生动实例。

3. 颠覆常规的逆向思维

逆向思维是创造性思维活动的重要内容，它是对常规事物或观点进行反向思考的一种思维方式。利用事物的可逆性，强调“反其道而行之”，从事物的反面提出假设或疑惑，反观存在的障碍或可利用的条件，转换解决问题的手段，从反方向找到解决问题的有效途径。例如，历史上的司马光砸缸救人的故事，当司马光不能从水缸中将小孩救出时，就采用逆向的办法砸缸救人，进而顺利地解决问题，充分体现了逆向思维对于克服思维定势，提高解决问题能力的作用。

4. 聚焦问题的收敛思维

前面提到的几种思维方式，都是从不同角度充分调动人的发散、联想思维，努力促进更多设想或方案的产生，通常设有门槛和限制，可实现性难以控制，因此需要收敛思维对它们进行筛选。收敛思维是将各种看似杂乱的信息聚集在一起，进行信息的组织和整合，实现从开放的自由状态向目标聚焦。在收敛思维的过程中，要有意识、有目的地将思维过程停顿下来，以目标为指引，找出关键因素并建立标准，对原有知识进行评价、选择和重组，抛弃那些非本质的、繁杂的特征，以帮助我们更准确、更有效地审视问题和事物。

2.3.3 创新思维的培养

“授人以鱼，不如授人以渔”，对于当代大学生而言，有创新思维无疑是极为重要的素质和能力。研究表明，创新潜能与生俱来，但创新能力并不能凭空出现，如何培养大学生的创新思维能力，释放他们的创新潜能，是当代素质教育的主要任务。实践证明，创造性思维是可以通过后天的培养和训练中成长起来的。

1. 增强学习能力，积累丰富的知识

前文已提到，创新是以丰富的知识储备为基础的，知识是创新的前提。知识越丰富，基础打得越牢固，创新的机会就越多。丰富的知识、开阔的视野是创新的条件。大学生要获得知识，首先要培养学习能力，要靠不断学习积累，学习可以拓宽视野，增强兴趣，秉承持续的信心、耐心。坚持广泛的学习，高质量的学习，能够积累丰富的知识，构建知识体系，能够产生独创的见解，有效地提升创新能力。

2. 保护好奇心，增强创新意识

心理学家认为：好奇心是想象力的翅膀，是人类遇到新奇事物或新奇环境、条件下所产生的注意、操作、提问的心理倾向。好奇心是学习的内在动机之一、能够促进人们对知识的学习欲望，好奇心是创新意识的重要特征。不断提高好奇心的水平，这对培养学生的创造性思维是非常有益的，能促进发现和联想，能够促进大学生产生不安于现状、创造新事物的观念或动机。

3. 增强意志力，克服恐惧心理

创新不可能一帆风顺，尤其在创业的道路上，更是充满荆棘与挑战。面对新问题、开拓新领域往往要经历无数次的失败和挫折。常人在这种情况下都会感到害怕、恐惧，有退缩的心理，这是极其不利于创新的。需要有坚强的意志力，坚持独立思考，克服恐惧心理，依靠内心的力量，才能打破困境。只有通过反复地训练锻炼自己的意志力，培养超人的信心和勇气，才有可能在创新中取得成功。

4. 营造创新环境，培养创新习惯

培养大学生的创新能力，除了依靠他们的主观努力，还受到周边环境的影响。一个良好的创新环境和创新氛围，是极富感染力和带动性的，有利于学生持续的思考和深入的探索，激发学生的求知欲，还能够刺激新观点、新想法的诞生。良好的创新氛围，耳濡目染之下，还有利于形成创新习惯，培养学生开拓进取、勇于拼搏的精神，有利于创新潜能的发挥。

2.4　创新的方法

创新方法是创造性思维与创新实践密切结合的，可操作的具体程序或步骤，有利于创新成果的产生，能够显著提高创新能力。按照思考方式的差异可以将创新方法分为几种不同的种类，例如，智力激励型创新方法、设问型创新方法、列举型创新方法、组分型创新方法和类比型创新方法等。

2.4.1 缺点列举法

缺点列举法是日本鬼冢喜八郎提出的一种思考和决策的方法。他是在改进运动鞋设计过程中总结出这个方法的。缺点列举法强调通过对事物的分析，着重找出它的缺点和不足，然后再根据主次和因果，采取改进措施，从而在原有基础上创造出一个新成果。缺点列举法是为了提高产品质量而提出来的，但其应用是非常广泛的。

这是因为任何事物都不是尽善尽美的，都是存在一些缺点的，因而都是需要改进的。所以该方法不仅有助于创新某项具体产品，解决属于“物”一类的硬技术问题，而且也可用于属于“事”一类的如企业管理等软技术问题，是一种简便有效的发明创造方法。通过对事物的缺点列举，激发人们的创造性设想。

缺点列举法的步骤介绍如下。

1. 缺点的发现和梳理阶段

缺点列举法的第一阶段是缺点的发现和梳理阶段，通常要组织召开专家会议，集中讨论分析研究对象存在的缺点。如探讨某种产品的设计改进问题，通常围绕现有产品在功能上有哪些不完善之处？在使用中有哪些不令人满意的缺点？作为用户会提出哪些诉求？产品与新技术之间存在哪些差异？，等等。充分地挖掘并有效地梳理事物的缺点是提出创新设想的重要步骤。

2. 深挖缺点存在的原因以实现提升改善阶段

挖掘上一阶段存在缺点的原因，是完成创新过程的关键步骤和有效办法。原因是缺点存在的动因，按照缺点—原因—方案的线索寻求问题的解决办法，设计和探索新方案，是解决问题、实现提升改善的有效路径。

2.4.2 头脑风暴法

头脑风暴法又称智力激励法、BS 法、自由思考法，是被誉为创造学之父的美国创造学家 A. F. 奥斯本于 1939 年首次提出、1953 年正式发表的一种激发性思维的方法，是一种激发集体智慧，提出创新设想，为一个特定问题找到解决方法的会议技巧。头脑风暴法是鼓励在团队中进行创造性思维的最常用方法。奥斯本曾这样表达头脑风暴的含义，让头脑卷起风暴，在智力激励中开展创造。头脑风暴法要求小组召开会议，明确问题和规则，可以集中小组成员的智慧，相互启发，产生思想上的“共振”，想出许许多多的主意，有助于列出一系列创造性解决办法，便于克服创造性思考时受到的限制，它激发更多的观点和更好的建议，从而提高决策质量。

头脑风暴法在实施时应遵守如下原则。

1. 解放思维，大胆想象

头脑风暴法的首要原则是，让头脑中的风暴刮起来，要求参与者尽可能解放思想，大胆想象，摆脱束缚，任意想象，尽量发挥，无拘无束地思考问题并畅所欲言，不要因为自己的想法或观点看起来“违反常理”“滑稽可笑”而产生顾虑；应积极展开自由奔放、天马行空的意见，观念越新奇就越会产生良好的效果。

2. 延缓评判，畅所欲言

头脑风暴实施中，遵循美国创造力学专家帕内斯提出的“延缓评判”原则，禁止与会者在会上对他人的设想评头论足，更不要轻易地批评参与者的观点，有意见的可以暂缓一段时间发表，以保证思考者畅所欲言，各抒己见，允许持有不同观点和保留意见。

3. 追求数量，以量求质

在头脑风暴过程中，需要对设想的数量加以要求，鼓励并要求与会者尽可能多地提出设想，越多越好，不论大小，欢迎离经叛道的大胆想法，设想多多益善，不必顾虑构思内容的好坏，以大量的设想来促进思想火花的碰撞，用数量的积累提高较高质量设想存在概率。

4. 相互鼓励，借题发挥

头脑风暴的过程是群体合作的过程，不强调个人的成绩，应以团体的成果为重，在实施头脑风暴过程中要充分互相信任，鼓励利用别人的构思，从中得到启示，在其基础上借题发挥，改善他人的观点，或补充他人的设想，追求相互激励，点燃现场的讨论热情，激发更多的观点。

拓展阅读 2-2

头脑风暴法的组织形式

1. 组织形式

组织头脑风暴法会议，由 10～15 人组成小组，时间一般为 20～60 分钟。

设主持人 1 名，主持人只主持会议，不做评论。设记录员 1～2 人，要求不论好坏不加评判认真记录所有设想和提议。

2. 会前准备工作

会议要明确主题。会议主题可以提前通报给与会人员，让与会者有一定准备。

选好主持人。主持人要熟悉并掌握该技法的要点和操作要素，摸清主题现状和发展趋势。

参与者要有一定的训练基础，懂得该会议提倡的原则和方法。

会前可进行柔化训练，即对缺乏创新锻炼者进行打破常规思考，转变思维角度的训练活动，以减少思维惯性，从单调的紧张工作环境中解放出来，以饱满的创造热情投入激励设想活动。

3. 会议实施步骤

会前准备：参与人、主持人和课题任务三落实，必要时可进行柔性训练。

设想开发：由主持人公布会议主题并介绍与主题相关的参考情况；突破思维惯性，大胆进行联想。

4. 会议技巧

① 主持人控制好时间，力争在有限的时间内获得尽可能多的创意性设想。

② 设想的分类与整理：一般分为实用型和幻想型两类。前者是指如今技术工艺可以实现的设想，后者指如今的技术工艺还不能完成的设想。

③ 完善实用型设想：对实用型设想，再用脑力激荡法去进行论证、进行二次开发，进一步扩大设想的实现范围。

④ 幻想型设想再开发：对幻想型设想，再用头脑风暴法进行开发，通过进一步的开发，就有可能将创意的萌芽转化为成熟的实用型设想。这是头脑风暴法的一个关键步骤，也是该方法质量高低的明显标志。

⑤ 会后要对所有提出的设想进行处理，及时补充、整合、完善，形成较为系统的综合设想。

参考头脑风暴法. MBA 智 • 库

2.4.3 组合法

组合法是很重要的创新方法，通常从两种或两种以上事物中，根据原理、材料、工艺、方法、产品、零部件等不同的属性抽取合适的技术要素，进行重新组合，从而获得新产品、新设备、新的材料、新的工艺的方法。日本创造学家菊池诚博士说过："我认为搞发明有两条路，第一条是全新的发现，第二条是把已知其原理的事实进行组合。"组合法是目前应用最为广泛的发明创造技法之一，人类利用组合法创造了很多创新成果。有人说"巧妙的组合就是创新"说出了组合的意义，但组合绝不是各种事物的简单凑合，而是需要通过深入思考，把多项表面看起来距离较远但实际具有关联性的事物、思想或观念，通过一定的秩序加以连接，尝试进行有机地重组、变革，使事物产生丰富的变化。

2.4.4　移植法

移植法又称移植参合法，很像植物学中的移植而得名，是将某一学科、领域中的方法、原理、技术或构思等，应用或渗透到其他学科、系统中，从而产生新事物、促进新的创造发明的方法，为解决其他问题提供启迪、帮助的创新思维方法。移植法的原理是在各种理论和技术互相之间的转移，实质是这一种知识的借鉴和嫁接，一般是把已成熟的成果转移、应用到新的领域，用来解决新的问题，成为跨行业解决问题的有效途径。

用移植法获得创新成果的方法有原理移植、技术移植、方法移植、结构移植、功能移植、材料移植等六种基本类型。

1. 原理移植，即把某一学科中的科学原理应用于解决其他学科中的问题

例如：人们研究发现，蝙蝠能在黑夜中准确地定位并捕捉昆虫，同时又能灵活地躲开各种障碍物，研究发现蝙蝠能够发出一种超声波，并能够接收反射的回波，从而判断物体的位置。受该原理的启发，人类利用仿生学发明了雷达系统，雷达发射电磁能量，用天线获取回波信号，判断目标的距离、方向、速度等，广泛地应用于军事防御、气象监测、飞行器导航等领域中。

2. 技术移植，即把某一领域中的技术运用于解决其他领域中的问题

例如食品加工中，面粉发酵会产生许多气泡和孔隙，制作出的面包、馒头松软可口。这种技术被移植到冰淇凌制作中会产生蓬松绵软的口感；移植到水泥制品行业中可以制作出发泡水泥，不仅使混凝土轻质化还可以得到保温隔热的效果；移植到金属材料领域可以制作出有泡沫气孔的泡沫金属，拥有密度小、隔热性能好、隔音性能好及能够吸收电磁波等一系列良好优点。

3. 方法移植，即把某一学科、领域中的方法应用于解决其他学科、领域中的问题

例如：香港中旅集团有限公司总经理马志民赴欧洲考察，参观了融入荷兰全国景点的“小人国”，回来后就把荷兰的“小人国”的微缩处理方法移植到深圳，建成了具有中国特色和现代意味的崭新名胜，吸引了无数游客，十分红火。

4. 结构移植，即将某种事物的结构形式或结构特征，部分地或整体地运用于另外的某种产品的设计与制造

例如：人们将蜂窝结构移植到散热器的设计上，蜂窝排列整齐，不仅看起来美观，而且强度更高、重量更轻、隔热、隔音性更好，六边形蜂窝能够更加有效地通过更多的空气，提高均流效率，节约能耗。

5. 功能移植，即通过设法使某一事物的某种功能也为另一事物所具有而解决某个问题

例如，用鱼腹内的鱼泡吸空气，可以使鱼调节身体的密度，在水中上升或下沉。潜水艇的设计就移植了这一功能，在潜水艇里设置储水仓，需要下沉时，就把空气挤掉，把水放进去，船体因重量增加而下沉，相反放水则潜水艇变轻而上浮。

6. 材料移植，就是将某种产品使用的材料移植到其他的产品或载体上，起到改善性能、更新产品的效果

例如：用工程塑料等材料移植到石油传输管道中，用非金属管线代替金属管道，有导热系数较低、水力特性优异、耐腐蚀性强等特点，因此在应用中具有广阔的发展前景。

2.4.5 菲利普斯 66 法

菲利浦斯 66 法，又称为菲利普斯智力激励法，是由美国密歇根州希斯迪尔大学校长 J · D · 菲利浦斯发明的集体思考的创新方法。该创造方法是以智力激励法为基础，将一个大型集体，分成若干个 6 人小组，围绕可能解决的问题，运用智力激励方法，完成 6 分钟讨论，最后得出一个解决问题的答案。菲利浦斯 66 法，可以消除智力激励法人数太多，不利于自由发言的缺点，使讨论更有秩序，从而促进人较多的有效发言，容易收集到有趣的设想和观点。

菲利普斯 66 法通常按照以下步骤实施。

① 决定主题。

② 分成几个 6 人小组。

③ 各小组有一主持兼记录。

④ 讨论 6 分钟，每个人必须谈设想。

⑤ 各小组得出报告结果。

⑥ 对全体参加者提出报告，再全员讨论。

2.4.6 TRIZ 理论中的创新思维方法

在 TRIZ 理论体系的工具中，有一组创新思维工具，旨在克服在创新和发明过程中存在的思维惯性，它们是多屏幕法、小人法、最终理想解、金鱼法和 STC 算子五种方法，分别从不同的角度帮助人们突破对问题或事物的认识，可操作性极强，可以帮助人们开阔思维、挖掘和开发自身的创造潜能。

1. 多屏幕法——延展思维的宽度

多屏幕法是 TRIZ 理论中的系统创新思维方法，对问题的情景进行整体的思考，不仅考虑目前的问题，而且还要考虑在层次和时间上的位置和角色。最常见的多屏幕法为九屏幕法，以时间为 X 轴来观察系统的过去、现在和未来，以空间为 Y 轴来考虑当前系统及组成的子系统和超系统。九个屏幕将人的视野从一个点扩展到面，把问题当成一个系统来研究，不仅要考虑当前的系统，还要考虑它的超系统和子系统；不仅要考虑当前系统的过去和将来，还要考虑超系统和子系统的过去和将来，是一种综合考虑问题的方法。九屏幕法能够帮助人们从结构、时间及因果关系等多维度对问题进行全面、系统的分析，可以帮助我们从不同的角度看待问题，延展思维的宽度突破原有思维的局限。

例如，如何提高混凝土强度的问题，可以借助九屏幕法进行分析，从而寻求问题的答案。首先确定当前的技术系统是混凝土，按照时间和空间的秩序，列出各屏幕中的相关因素，分别展开思考，拓宽视野范围，极大地拓展了解决问题的可利用资源，丰富了解决办法。

从当前系统的子系统入手，控制水、水泥的比例和用量，改变骨料沙子的颗粒度及提高水泥用量控制，提高其耐久性。改变当前系统的超系统，提高搅拌机的性能，保证混凝土的均匀性，减少气泡留存，能够提高混凝土的密实度。关注系统的过去系统，水泥的种类和性能对混凝土的强度有很大影响，成型后的水泥石一旦受损，混凝土的耐久性就被破坏，因此水泥的选择需注意考虑水泥的颗粒度、耐热性、抗水性、抗腐蚀性等因素，选择合适的水泥材料。对未来系统而言，考虑普通水泥混凝土水化物稳定性不足，可以在混凝土中掺入活性矿物，在于改善混凝土中水泥石的胶凝物质的组成，提高混凝土的强度。还可以改善未来系统超系统中使用环境的影响，应注意检测、维护和修理，减少露天和恶劣环境对工程的损害，及时发现，及时修理，确保混凝土结构的正常使用。由此可见，通过九屏幕法可以提供多个角度分析问题的思路，可以提高解决实际问题的效率。

2. 最终理想解——提高思维的高度

最终理想解的思维方式是主张在解决问题的进程刚开始时，可以假设抛开各种客观限制条件的限制，通过设置理想化的假设，定义问题的最终理想解，简称IFR，以明确问题解决的方向和最终目标，最终理想解不同于一般设定的目标，是高度理想化的终极追求目标，就像航行中远方的灯塔，远远地提供指引，避免传统解决问题办法中缺乏目标的弊端，保证解决问题过程中沿着此目标前进，提高思维的高度，有利于提高创新效率。抛开客观条件的限制，以理想化最终结果为指引，针对问题情景设立各种理想模型来分析问题。最终理想解是指给定条件下最好的解，可以用理想度来表达。

3. 金鱼法——挖掘思维的深度

金鱼法的名字来源于俄国诗人普希金的童话《渔夫和金鱼的故事》。故事中讲到靠打鱼为生的老人与他的妻子一直过着贫苦的生活，在一次撒网之后渔夫捕到了一条会说话的金鱼，生活似乎出现了转机，老渔夫的妻子从要更换一个新的木盆开始向小金鱼提出了一个又一个的要求，自此老太婆无休止的追求变成了极度的贪婪，从最初的清苦，继而拥有辉煌与繁华，但最终都化为乌有，又回到从前的贫苦。

被尊称为 TRIZ 之父的根里奇·阿基舒勒酷爱文学，他在摸索创新规律的过程中感悟到《渔夫和金鱼的故事》中，渔夫妻子虽然被描述成贪婪丑陋，却是一位敢于开拓思想、大胆追求生活的典范，并根据这种思想，总结出可以帮助人们突破惯性思维的工具——金鱼法。

金鱼法提炼的是故事中渔夫妻子的思维方式，她没有像老渔夫一样甘于忍受贫穷的生活，敢于追求幸福，这是值得肯定的，并且在遇到神奇小金鱼这个重要资源之后，也没有一下子提出要“当上女皇”等不切实际的要求，而是从发现身边的破木盆、破渔网开始逐渐推进，达到高远的目标。

应用在创新领域，它启示着我们要像渔夫妻子那样敢于追求幸福，并且不断更新立足现实的目标，故事里的愿望是落空了，一切回到了原点，而创新过程中，这种方法却能够帮助我们突破思维惯性，获得创新等级很高的成果。

金鱼法是一个反复迭代分解目标的过程，指引我们在任务目标中区分出现实和幻想，针对幻想部分提出解决的方案，然后再从解决方案中分离出现实与幻想两部分，再提出幻想方案，这样的划分反复进行，从而找到高水平的可实现方案。

运用金鱼法要按照以下步骤进行：

第一步，思考将问题分为现实和幻想两部分（这个步骤的主要任务是认清现实并且明确目标即幻想）。

第二步，思考幻想部分为什么不能现实?（这一步要思考和分析目标不能实现的原因）

第三步，列出子系统、系统、超系统的可利用资源（目的在于充分发现和挖掘存在的资源）。

第四步，从可利用资源出发，提出可能的构想方案（利用上一步找到的资源，创造幻想实现需要的条件，提出解决方案）。

第五步，提炼构想中的不现实方案，再次回到第一步，重复分析（这一步是金鱼法的关键，也是它的特色，即分析查找前面提出的方案中，不可实现的部分再返回第一步进行分析，探索其不能实现的原因，创造条件提出方案，反复迭代，直至认为找到最佳方案为止）。

这个反复迭代的过程，是一个深入思考的过程，使我们对问题有更深刻的理解，拓展解决问题的方案。

金鱼法是一个反复迭代的分解过程，其本质是将幻想的、不实现的求解构思，变为可行的解决方案。例如，骑自行车作为一种时尚健身运动受到很多人们的喜爱，骑友们的行程动辄几十千米甚至上百千米，穿越不同的城市、乡村，会经历各种不同的路况。普通自行车在公路上性能很好，而在厚厚的雪地上则会让人寸步难行，需要设计一款在公路上和雪地上都可以行走的自行车。

第一步，将问题分为现实和幻想两部分。

现实部分：已有公路自行车。

幻想部分：公路自行车既能在公路上行走又可以适应雪地前行。

第二步，幻想部分为什么不能现实?

我们可以分析出公路自行车有两个轮子，骑行时后轮摩擦地面提供驱动力滚动前行，而厚雪地路面可以提供的摩擦力很小，导致自行车在雪地中行走困难。

第三步，在什么条件下，幻想部分可变为现实?

我们将暂时能够想到的条件全部列出：考虑自行车既有轮子又有滑板，使之既能滚动又能够滑动；在公路上行走时用轮子；在雪地上行走时用滑板，并且自行车的轮子与滑板更换方便。

第四步，列出所有可利用的资源。

沿着系统、子系统、超系统的脉络可以列举出：公路自行车的体积、形状、重量、材质；车轮、脚蹬、支架、螺钉、螺母；公路、雪地、城市街道、乡村小路、钢板、卡扣、弹簧、滑板、履带等一系列资源。

第五步，从可利用资源出发，提出可能的构想方案。

如发明“一触即定”的半自动化连接器，加装卡簧和减震器，使滑雪板成为可随时安装、拆卸的结构，在自行车上随时安装和更换，实现自行车在公路上和雪地上都能行走的目标。

第六步，构想中的不现实方案，再次回到第一步，重复相关步骤。

虽然快速连接滑雪板的方案看似合理，但深入思考即可发现存在的问题，滑雪自行车与普通自行车一样，上坡或平地时需以后轮摩擦力作为动力，但滑雪板大大降低了自行车应有的动力性，导致自行车在雪地上骑行困难，甚至在平地上也难以前行。带着这样的问题我们重复回到金鱼法的思考过程。

第一步，将问题分为现实和幻想两部分。

现实部分：有滑板和车轮，且可以灵活替换的自行车，但雪地行走动力不足。

幻想部分：在雪地上行走时动力充足。

第二步，幻想部分为什么不能现实?

雪地行走时前后轮均为滑板落地，人力无法通过自行车传动系统提供动力，前后滑板不抓地，无法提供动力。

第三步，在什么条件下，幻想部分可变为现实？

既能车轮着地又能滑板着地。

自行车传动系统能够提供动力，控制速度。

车轮着地时能够抓地，增加摩擦力。

第四步，列出所有可利用的资源。

系统提供的资源中可以找到：车轮、车架等。

我们可以更多地关注超系统资源：钢板、卡扣、弹簧、滑板、履带、雪地轮胎结构、齿轮、防滑链、系统、螺栓、支架等。

第五步，从可利用资源出发，提出可能的构想方案。

方案：考虑以后轮作为动力轮，如果能够安装“地爪”的棘爪结构，在滑行过程中间歇性地抓地以提供动力，实现雪地行走的功能。

4. STC 算子——变化思考的思维

人类的思维惯性很像约束创新思维的蚕茧，众多茧丝则是由于专业、工况、环境、人的经历、性格等因素产生的各种约束条件。在 TRIZ 理论中的几种创新思维方式，已经从宽度、高度、深度三个维度对思维进行了拓展，看起来已经非常全面了，而 STC 算子则是从另一个角度思考问题的方式。经大量研究发现，一些条件对人的约束强烈程度很高，最常出现的约束条件往往是人们对目标系统尺寸（Size）、时间（Time）、成本（Cost）的认知，使人们对事物的认识趋于固定，解决问题的办法也受到限制，反馈出很强的思维惯性。而算子的含义是变量，尝试以尺寸 S、时间 T、成本 C 三个属性参数为变量进行变化的思考，来帮助人们克服对物体的固有印象，发现分析对象的新特性、新功能，最终让许多看似困难、无从下手的问题，变得易于解决，从而克服思维惯性，引导知识挖掘。

尺寸（Size）：考虑通常物体都有的三个维度参数，即长、宽、高，可以理解为物体的空间属性，这一属性对物体的功能有很大的影响，例如纸张的厚度可直接影响纸张的用途。

时间（Time）：是指系统完成有用功能或实现目标所需要的时间。

成本（Cost）：是指目标实现所需成本或允许的支出。

STC 算子是一种强调变化的进行思考的方法，并且这种变化还是极限化的。

利用 STC 算子进行思考的思维过程要遵循以下步骤：

第一步，选定当前系统，并明确目标或存在的问题。

第二步，确定系统的主要尺寸、实现功能所需要的时间和允许的支出。

第三步，逐个对 S、T、C 三个参数进行极限变化，重新认识事物，思考问题的解决办法。

对于初学者来说我们可以借助三维坐标系统来进行思考。

建立这样一个坐标系，三个坐标轴可以分别代表尺寸、时间、成本三个参数，坐标系的原点则是要明确的当前系统主要尺寸、完成目标所需要的时间和成本，正方向代表趋向无穷大，负方向代表趋向无穷小，按照坐标体系的指向逐一展开想象。

比如想象系统的尺寸先趋向无穷大（$S\to\infty$），再趋向无穷小（$S\to0$）。

想象目标完成的时间趋向无穷大（$T\to\infty$），再趋向无穷小（$T\to0$）。

想象支出成本（或允许的支出）趋向无穷大（$C\to\infty$），再趋向无穷小（$C\to0$）。

例如：一个建筑设计的创意可以这样产生，明确当前的目标建筑的 STC 基本属性，尺寸面积为 120 平方米，建造的时间是 1 年，成本是 100 万元。

把它放在坐标的原点处，展开变化的思考。

当尺寸趋向于无穷大时，想象建筑可以是一座城池、可以是一个星球，甚至可以是一个星系，当尺寸趋向于无穷小时，想象建筑可以是一个宇航服、可以是贝壳、可以类似于胶囊，甚至可以是分子原子的结构。

当时间趋向于无穷大时，建筑可以是繁复的建筑群，可以是尘土的堆叠、地壳的运动，也可以是珊瑚的沉积，当时间趋向于无穷小时，建筑则可以是玻璃花房、是帐篷、是折纸。

当成本趋向于无穷大时，建筑的形式可以是航空母舰、太空船也可以是宇宙空间站，当成本趋向无穷小时建筑则可能是地下井、地洞或是树洞。这样一来，建筑形式就不拘泥于思维中惯常所认为的那样，许多关于建筑设计的创意就在思维的变化中产生了。

STC 算子的思维是通过参数变化，放大特征，有规律多角度地进行发散，突破思维惯性，往往产生新的思路，还有助于用跨行业的办法解决问题。

其实根据具体的问题，我们也可以进一步拓展，在 STC 的基础上选择温度、强度、反射率等特征，进行极限变化的思维训练，对创新会大有益处。

5. 小人法——让思维走入微观世界

由于长期的生活习惯，人们会将日常接触到事物的影像固化在头脑中，对事物的认识趋于固定僵化的现象。比如，提到杯子，人们往往会形成透明、玻璃材质、圆筒状杯子的形象。

在工业生产实践中，对于长期从事生产一线作业的工人而言，对于生产设备的认识也趋于形象化，这种固化在头脑中的形象认识，往往会限制人们从发展的角度重新认识事物，忽略事物发展变化的客观事实。

小人法也被称为小矮人模型法，就是将固化的实体事物形象用动态的微观小人来代替，从而将人脑中僵化的固定模型打破，不同的小人代表执行不同的功能或具有不同的矛盾，然后通过移动小人，进行重新组合。利用微观小人的运动按照需求构造全新、合理的事物结构和功能，小人模型就像一支听从指挥调遣的工程大队，按照各自工种设定，分工协作，各司其职，共同完成一项系统工程。

利用小人法进行技术问题求解共分为 5 个步骤：

第一步，分析系统的组成。

第二步，确定系统存在的问题。

第三步，建立问题小人模型。

第四步，建立方案小人模型。

第五步，通过方案小人模型引导实际方案。

例如，我们平时喝茶时，茶叶会顺水喝入口中，使人感觉很不舒服，这时可以考虑使用小人法。首先利用小人法对系统的组成部分进行分析，系统由杯壁、杯底、茶水、茶叶几部分组成，其中茶水和茶叶混合在一起，然后建立问题模型。然后研究问题模型，对其进行改造。利用茶叶小人和茶水小人体积的差异，可以在杯子底部设置隔板，也可以在杯子顶部、侧面设置隔板，将茶叶小人和茶水小人分离开，阻挡茶业小人的移动，还可以在杯子的中心设置可以将茶叶小人聚集在一起的隔板结构，这样就可以实现分离茶水和茶叶的目的了。

第 3 章　知识产权与创新成果

3.1　知识产权概述

3.1.1　知识产权的概念

知识产权一词是从英语 Intellectual Property（有时也称为 Intellectual Property Rights，两个词的意思相同）翻译过来的，意思是指智力创造成果中的财务权利。知识产权传统上原来是用来指对文学、艺术、音乐作品授予的版权中所包括的权利而言，现在常常指人们对其智力创造成果依法所享有的权利的总称。

知识产权依照各国法律赋予符合条件的著作者及发明者或成果拥有者在一定期限内享有的独占权利，它分为两类：一类是版权，另一类是工业产权。版权是指著作权人对其文学作品享有的署名、发表、使用及许可他人使用和获得报酬等的权利；工业产权则是包括发明专利、实用新型专利、外观设计专利、商标、服务标记、厂商名称、货源名称或原产地名称等的独占权利。

按照内容组成，知识产权由人身权利和财产权利两部分构成，也称为精神权利和经济权利。所谓人身权利，是指权利同取得智力成果的人的人身不可分离，是人身关系在法律上的反映。例如，作者在其作品上署名的权利，或对其作品的发表权、修改权等，即为精神权利。所谓财产权利是指智力成果被法律承认以后，权利人可利用这些智力成果取得报酬或者得到奖励的权利，这种权利也称为经济权利。知识产权是指智力创造性劳动取得的成果，并且是由智力劳动者对其成果依法享有的一种权利。

3.1.2　知识产权的特点

知识产权所保护的客体是智力创作的成果，是一种无形财产。由于这一特点，知识产权的取得、持有、性质和范围及发生侵权时的处理，都与有形财产有很大的不同，而且知识产权的各个部分之间也有所不同，从而都需要有法律的特别规定。不过，从大的方面看，包括在知识产权一词以内的一些权利，也有一些共同的特点如下：

- 知识产权的独占性。即只有权利人才能享有，他人不经权利人许可不得行使其权利。对同一项知识产品，不允许有两个或两个以上同一属性的知识产权并存。
- 知识产权的时间性。知识产权的时间性，是指各国法律对知识产权分别规定了一定期限，期满后则权利自动终止。
- 知识产权的地域性。知识产权的地域性是指即除签有国际公约或双边、多边协定，依一国法律取得的权利只能在该国境内有效，受该国法律保护。

3.1.3　专利的概念

专利是属于知识产权一部分的工业产权中的一种权利。这种权利不同于版权，也不同于工业产权中的其他权利。不过，作为知识产权，专利也是人智力创造的成果，权利人对这种成果也享有专有权，这一点是相同的。

专利是专利权的简称。它是国家按专利法授权申请人在一定时间内对其发明创造成果所享有的独占、使用和处分的权利，它是一种财产权，是运用法律保护手段“跑马圈地”独占现有市场、抢占潜在市场的有力武器。

专利法是调整因为发明创造的归属和实施而产生的各种社会关系的法律，是国家重要的经济法规。我国专利法保护三种专利，即：发明专利、实用新型专利和外观设计专利。专利法的主要内容包括：专利申请权和专利权的归属、授予专利权的条件、专利的申请和审查批准程序、专利权人的权利义务、专利权的期限、终止和无效、专利实施的强制许可和专利权的保护等。

3.1.4　专利权的特点

① 独占性：专利权是一种无形财产权，具有排他性质，任何人要实施专利，除法律另有规定的以外，必须得到专利权人的许可，并按双方协议支付使用费，否则就是侵权。

② 时间性：专利权只有一定期限内有效期限届满后专利权就不再存在，它所保护的发明创造就成为全社会的共同财富，任何人都可以自由利用，专利权的期

限是由专利法规定的。

③ 地域性：一个国家授予的专利权只在授予国的本国有效，对其他国家没有任何法律约束力，每个国家所授予的专利权，其效力是互相独立的。

3.2 专利的基础知识

3.2.1 专利保护的客体

专利法所称的发明是指对产品、方法或者其改进所提出的新的技术方案；实用新型是指对产品的形状、构造或者其结合所提出的适于实用的新的技术方案；外观设计是指对产品的形状、图案或者其结合及色彩与形状、图案的结合所做出的富有美感并适于工业应用的新设计。

对发明创造授予专利权必须有利于推动其应用，提高创新能力，促进我国科学技术进步和经济社会发展。对违反法律、社会公德或者妨害公共利益的发明创造，不授予专利权。对违反法律、行政法规的规定获取或者利用遗传资源，并依赖该遗传资源完成的发明创造，不授予专利权。

对下列各项，不授予专利权：

① 科学发明，例如，对自然现象、社会现象及其规律的发现等。

② 智力活动的规则和方法，例如，训练方法，游戏方案等。

③ 疾病的诊断和治疗方法。

④ 动物和植物的品种。

⑤ 用原子核变换方法获得的物质。

⑥ 对平面印刷品的图案、色彩或者二者的结合做出的主要起标志作用的设计。

3.2.2 授予专利权的条件

1. 形式条件

形式条件是指要求授予专利权的发明创造，应当以专利法及其实施细则规定的格式，书面记载在专利申请文件上，并依照法定程序履行各种必要的手续。

2. 实质性条件

授予专利权的发明和实用新型，应当具备新颖性、创造性和实用性。

- 新颖性，是指该发明或者实用新型不属于现有技术；也没有任何单位或者个人就同样的发明或者实用新型在申请日以前向国务院专利行政部门提出过申请，并记载在申请日以后公布的专利申请文件或者公告的专利文件中。
- 创造性，是指与现有技术相比，该发明具有突出的实质性特点和显著的进步，该实用新型具有实质性特点和进步。
- 实用性，是指该发明或者实用新型能够制造或者使用，并且能够产生积极效果。

授予专利权的外观设计，应当不属于现有设计；也没有任何单位或者个人就同样的外观设计在申请日以前向国务院专利行政部门提出过申请，并记载在申请日以后公告的专利文件中。授予专利权的外观设计与现有设计或者现有设计特征的组合相比，应当具有明显区别。

3.2.3　专利权的保护范围

专利权是一种无形财产权，由法律明确规定专利权的保护范围，划清专利侵权与非侵权的界限，既有利于依法充分保护专利权人的合法权益，又可以避免不适当地扩大专利保护的范围，损害专利权人以外的社会公众的利益。专利权的保护范围是指发明、实用新型和外观设计专利权的法律效力所及的范围。

1. 发明或者实用新型专利权的保护范围

发明或者实用新型专利权的保护范围“以其权利要求的内容为准，说明书及附图可以用于解释权利要求”，是指专利权的保护范围应当以权利要求书中明确记载的必要技术特征所确定的范围为准，也包括与必要技术特征相等同的特征所确定的范围。

等同特征是指与所记载的技术特征以基本相同的手段，实现基本相同的功能，达到基本相同的效果，并且本领域的普通技术人员无须经过创造性劳动就能够联想到的特征。

它包括两层含义：

- 一项发明创造专利权的保护范围，须以其权利要求为准。即以由专利申请人提出的并经国务院专利行政主管部门批准的权利要求书中所记载的权利要求为准，不小于也不得超出权利要求书中所记载的权利要求的范围。

- 说明书及附图对权利要求具有解释的功能。说明书及附图可以作为解释权利要求的依据。但是，相对权利要求而言，说明书及附图只具有从属的地位，不能单以其作为发明或者实用新型专利权保护的基本依据，基本依据只能是权利要求书。

2. 外观设计专利权的保护范围

外观设计专利权的保护范围“以表示在图片或者照片中的该外观设计专利产品为准”。这一规定表明，外观设计专利权的保护范围，以体现该产品外观设计的图片或者照片为基本依据。

需要说明的是，外观设计专利权所保护的“表示在图片或者照片中的该外观设计专利产品”的范围，应当是同类产品的范围；不是同类产品，即使外观设计相同，也不能认为是侵犯了专利权。

3.2.4 专利权人的权利

发明创造授予专利权以后，专利法保护专利权不受侵犯。根据专利法的规定，专利权人享有以下各项权利：

① 实施其专利的权利。

② 允许其他单位和个人实施其专利的权利。

③ 专利权人有权要求侵权者停止侵权行为，专利权人因专利权受到侵犯而经济上受到损失的，可以要求侵权者赔偿。

④ 转让其专利的权利。

⑤ 放弃其专利的权利。

⑥ 在专利产品或者该产品的包装上标明专利标记和专利号的权利。

3.2.5 专利权纠纷解决

根据目前我国法律规定，专利侵权时，有三种（官方）专利保护途径供选择，它们分别是专利行政管理（处理）途径、专利民事诉讼途径及专利刑事诉讼途径。

（1）专利行政管理（处理）途径。普通的专利侵权可以采取向专利行政管理部门（当地知识产权局）举报走行政处理途径。

专利行政管理部门根据侵权情节依职责可做出行政处罚决定，比如责令侵权者停止侵权、没收违法所得、罚款，等等。

（2）专利民事诉讼途径一般是解决专利赔偿、制止侵权的途径。

专利权人通常在侵权证据已较充分的前提下，依据《专利法》第六十五条规定（“侵犯专利权的赔偿数额按照权利人因被侵权所受到的实际损失确定；实际损失难以确定的，可以按照侵权人因侵权所获得的利益确定。权利人的损失或者侵权人获得的利益难以确定的，参照该专利许可使用费的倍数合理确定。赔偿数额还应当包括权利人为制止侵权行为所支付的合理开支。权利人的损失、侵权人获得的利益和专利许可使用费均难以确定的，人民法院可以根据专利权的类型、侵权行为的性质和情节等因素，确定给予一万元以上一百万元以下的赔偿”）向侵权行为人要求侵权赔偿。

（3）专利刑事诉讼途径是对特定专利侵权行为所采取的权利保护途径。

《刑法》第二百一十六条规定，假冒他人专利，情节严重的，处三年以下有期徒刑或者拘役，并处或者单处罚金。这里的“假冒他人专利”“特定”行为表象如下：

① 未经许可在产品或者产品包装上标注他人的专利号。

② 明知是①项产品而销售。

③ 在产品说明书等材料中未经许可使用他人专利号等情节严重行为。

我国《刑事诉讼法》第七十七条规定：“被害人由于被告人的犯罪行为而遭受物质损失的，在刑事诉讼过程中，有权提起附带民事诉讼。”人民法院在必要的时候，可以查封或者扣押被告人的财产。赋予专利权人在刑事案件中直接追究侵权赔偿的权利。

3.3　专利的申请

3.3.1　专利申请的手续

办理专利申请应当提交必要的申请文件，并按规定缴纳费用。专利申请必须采用纸件形式或者电子申请的形式办理。不能用口头说明或者提供样品或模型的方法，来代替纸件或电子申请文件。

1. 纸件形式递交

申请专利或办理其他手续时，可以将申请文件或其他文件直接面交或邮寄给国家知识产权局专利局的申请受理处或任何一个国家知识产权局专利局设立在沈阳、济南、长沙、成都、南京、上海、广州、西安及武汉设立的 9 个国家知识产权局代办处；但代办处仅负责受理专利申请，不受理涉外申请、分案申请、要求国内优先权的申请，也不受理其他中间文件。中间文件、分案申请、要求本国优先权的申请应直接寄交国家知识产权局专利局受理处。误将申请文件提交给其他机关、单位或个人的，一律不产生法律效力。

申请文件或其他文件是邮寄的，应用挂号信函或特快专递邮寄，不要用包裹邮寄申请文件。邮寄时要盖清邮戳日，并妥善保管好挂号信件的挂号收据存根。一封挂号信内应只装同一件申请的申请文件或其他文件。

邮寄地址：100088 北京市海淀区蓟门桥西土城路 6 号国家知识产权局专利局受理处；国家知识产权局代办处地址请参见代办处机构通信录。

2. 电子形式递交

专利可以在中国专利电子申请网（http://cponline.cnipa.gov.cn）申请。其流程如下。

（1）办理电子申请用户注册手续

办理注册的方式为当面注册、邮寄注册和网上注册 3 种方式。其中，当面注册包括专利局受理大厅注册和代办处注册。用户注册应具备的材料包括：电子申请用户注册请求书、电子申请用户注册协议和相关证明文件（例如，加盖公章的代理机构注册证的复印件等）。

（2）制作电子申请文件前的准备

下载、安装客户端系统，下载地址为网站首页（http://cponline.cnipa.gov.cn）上的“工具下载”栏。下载并安装完成后，还需根据具体环境进行网络设置。下载用户数字证书，下载地址为网站首页的“证书管理”栏。

（3）制作电子申请文件

首先，用户应了解并学会使用电子申请客户端系统的功能，即电子申请文件制作（客户端编辑器）、案卷管理、通知书管理、数字证书管理、系统设置等功能。其次，使用客户端编辑器，选择表格模板进行编辑，步骤为首先选择表格模板，然后填写或修改文件内容，最后保存。接着，对于普通的发明专利申请和实用新型专利申请，可以使用客户端编辑器导入部分 Word、PDF 格式的文件。

（4）提交前检查文件

保存文件后，用户可以使用编辑器重新打开文件进行检查，以确保文件内容完整、准确，图片显示正常。

（5）使用数字证书签名

用户在客户端首界面的“签名”项中，选择签名证书并单击“签名”按钮，则成功完成签名操作，文件进入待发送目录。

（6）提交文件并接收回执

用户在待发送目录下选择要提交的文件，在客户端首界面上选择“发送”，并单击“开始上传”按钮，则文件提交成功并进入已发送目录。文件提交成功后，用户可以接收并查看回执，回执的内容主要包括接收案件编号、发明创造名称、提交人姓名或名称、国家知识产权局收到时间、国家知识产权局收到文件情况等。

（7）接收电子申请通知书

用户在客户端首界面上单击“接收”按钮，选择签名证书并单击“获取列表”选项，选择要下载的通知书后，单击“开始下载”按钮，即可查看该通知书。

（8）提交证明文件

根据专利法及其实施细则、专利审查指南规定的应当以原件形式提交的相关文件，申请人可以只提交原件的电子扫描文件；确因条件限制无法提交电子扫描文件的，可以提交原件。对前一情形，必要时审查员可以要求申请人在指定期限内提交原件。

（9）登录网站查询相关信息

首先，进行提交案件情况的查询，包括基本信息、案件提交信息、通知书信息等。其次，可进行电子发文的查询，包括申请号、发明创造名称、通知书名称等。

3.3.2　专利的申请和审查流程

1. 发明专利的申请

① 发明专利申请审批流程为：专利申请→受理→初审→公布→实质审查请求→实质审查→授权。

② 申请发明专利需要提交的文件。

● 请求书：包括发明专利的名称、发明人或设计人的姓名、申请人的姓名和名称、地址等。

● 说明书：包括发明专利的名称、所属技术领域、背景技术、发明内容、附图说明和具体实施方式。

● 权利要求书：说明发明的技术特征，清楚、简要地表述请求保护的内容。

● 说明书附图：发明专利常有附图，如果仅用文字就足以清楚、完整地描述技术方案的，可以没有附图。

2. 实用新型专利申请

① 实用新型专利申请审批流程为：专利申请→受理→初审→公告→授权。

② 申请实用新型专利需要提交的文件。

● 请求书：包括实用新型专利的名称、发明人或设计人的姓名、申请人的姓名和名称、地址等。

● 说明书：包括实用新型专利的名称、所属技术领域、背景技术、发明内容、附图说明和具体实施方式。说明书内容的撰写应当详尽，所述的技术内容应以所属技术领域的普通技术人员阅读后能予以实现为准。

● 权利要求书：说明实用新型的技术特征，清楚、简要地表述请求保护的内容。

● 说明书附图：实用新型专利一定要有附图说明。

● 说明书摘要：清楚地反映发明要解决的技术问题，解决该问题的技术方案的要点及主要用途。

3. 外观专利的申请

① 申请外观专利的流程为：专利申请→受理→初步审查→公告→授权。

② 外观专利需要提交的文件。

● 请求书：包括外观专利的名称、设计人的姓名、申请人的姓名、名称、地址等。

● 外观设计图片或照片：至少两套图片或照片（前视图、后视图、俯视图、仰视图、左视图、右视图，如果必要还是提供立体图）。

外观设计简要说明：必要时应提交外观设计简要说明。

专利审查流程图如图 3-1 所示。

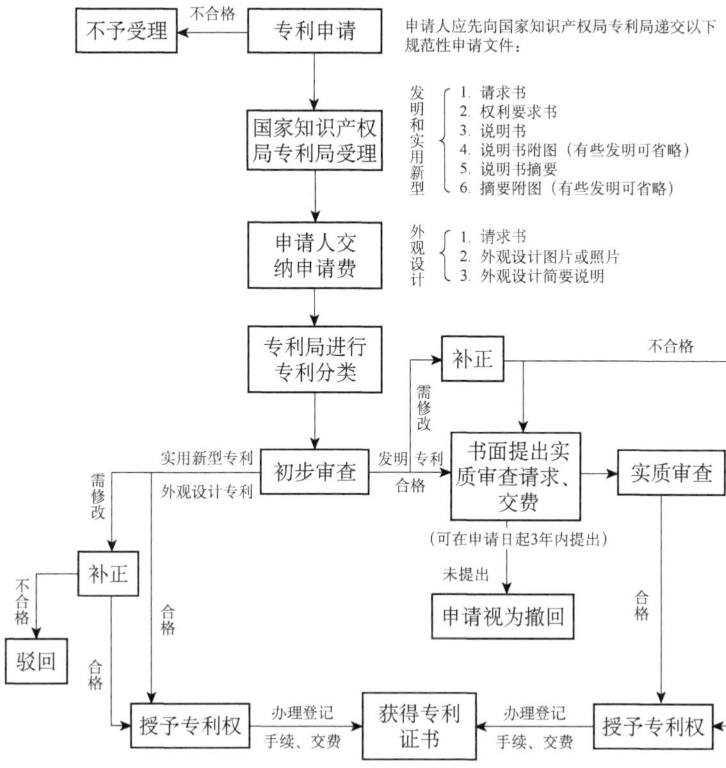

图 3-1　专利审查流程图

3.4　专利申请文件的撰写要求

3.4.1　发明和实用新型的保护主题

专利法所称的发明是指对产品、方法或者其改进所提出的新的技术方案。专利法所称的实用新型是指对产品的形状、构造或其结合所提出的适于实用的新的技术方案。

3.4.2　权利要求书及撰写要求

权利要求书中包含几项权利要求时，应用阿拉伯数字顺序编号。

权利要求书中不得使用“如说明书……部分所述”或“如图……所示”等。

通常不允许使用表格，除非更能清楚地说明要求保护的客体。

3.4.3 独立权利要求的撰写要求

通常采用两段式格式：前序部分和特征部分。前序部分写明要求保护的发明技术方案的主题名称及发明主题与最接近的现有技术共有的必要技术特征，必要时应当反映发明的应用领域。特征部分写明发明区别于最接近的现有技术的技术特征，与前序部分共同构成要求保护的技术方案，并限定了其保护范围，这部分通常以“其特征是……”开始。

实质性要求：独立权利要求应当清楚正确地描述发明，表达其要求保护的范围；应反映出与现有技术的区别，具有新颖性和创造性；应从整体上反映发明方案，记载解决技术问题的必要技术特征。

3.4.4 说明书的组成部分及撰写要求

说明书的组成部分及撰写要求如下。

- 发明的组成部分：技术领域、背景技术、发明内容（写明所要解决的技术问题及采用的技术方案，并对照现有技术的有益效果）、附图说明及具体实施方式（详细写明申请人认为实现发明的优选方式）。
- 说明书各部分撰写要求。
- 名称：清楚全面地反映技术方案的主体名称及发明类型，一般不超过 25 个字，应体现出特定用途和应用领域。
- 技术领域：发明要求保护的技术方案的所属技术领域是指所属或直接应用的具体技术领域。
- 背景技术：应写明对发明的理解、检索、审查有用的背景技术，并尽可能引证相关文件。除开拓性发明，这一部分至少要引证一篇本申请的最接近的现有技术。描述主要包含注明其出处，简要说明该现有技术的主要结构和原理，客观地指出存在的主要问题。
- 发明内容：要解决的技术问题、技术方案（在第一段内应包括解决其技术问题的全部必要技术特征）及有益效果。
- 附图说明。
- 具体实施方式：此部分至少具体描述一个具体实施方式，具体化程度应当达到使所属技术领域技术人员按照所描述内容能够重现发明；当权利要求设计较宽的数值范围时，应当给出两端值或中间值的实施例；与现有技术共有技术特征不必详细展开；应与技术方案相适应，并对权利要求给予详细说明；不同的实施方式是指几种具有同一构思的具体结构。

3.4.5　撰写准备工作

理解发明实质内容并弄清其主要构思：判断该申请是否属于专利法的保护范畴；由发明实质内容确定其属于方法还是产品发明，或以哪一种为主；弄清该发明所解决的技术问题，哪些技术特征是解决这些技术问题的关键。

对现有相关技术进行检索和调研：为本申请确定合适的保护范围。

3.4.6　案例：便携式牙刷的撰写

1. 分析理解发明的技术内容

专利申请内容*：本申请是一件便携式牙刷的申请（实用新型专利申请），它由牙刷本体 1、牙刷盒体 2 和牙膏软袋 4 组成，牙刷本体 1 与牙刷盒体 2 之间用铰链 3 连接。牙刷盒体 2 是细长方形的。牙刷盒体 2 的上壁有一个形状、大小与牙刷刷毛相当的刷毛空腔 8，当牙刷折叠放置时，牙刷刷毛正好方入刷毛空腔 8 内。牙刷盒体 2 的底部开有孔 5，置于盒底的牙膏软袋压板 6 具有一个凸块 13，该凸块从孔 5 中伸出牙膏软袋放在压板 6 上，牙膏软袋上有牙膏出膏口 12，该出膏口 12 位于刷毛空腔内，出膏口 12 与旋盖 11 螺纹连接，牙刷盒体 2 的一端具有端盖 9，端盖 9 上具有 2～4 个凸起 14，凸起 14 与盒体外壁上的凹孔 10 相卡紧。使用时，旋开牙刷本体 1，打开牙膏旋盖，再将牙刷本体 1 转回来，使毛刷靠在出膏口上，按压凸块 13，把牙膏挤在刷毛 7 上，再将牙刷本体反转伸直，盖上旋盖 11 即可刷牙。

经上述分析，本申请的主要技术特征为：

（1）牙刷本体 1。

（2）兼作刷柄的细长方形牙刷盒体 2。

（3）置于牙刷盒体中的牙膏软袋 4（（1）～（3）为组成）。

（4）盒体端盖——非必要，便于更换。

---

* 考虑到教材图序号的一致，此部分的图采用教材连续的图序号来排版，而非一个专利申请书中的图序号，特此说明。

（5）牙刷本体 1 与细长方形牙刷盒体 2 用铰链 3 连接——铰链外，卡式也可，非必要。

（6）牙刷盒体 2 顶壁上有一个携带时供刷毛放入的刷毛空腔 8；——其作用是不弄脏刷毛。

（7）出膏口 12 开在牙膏软袋 4 一侧，牙膏软袋 4 放入牙刷盒体 2 后，出膏口 12 位置与刷毛空腔 8 位置相对应。

（8）盒体内牙膏软袋 4 下方放置一个带有凸块 13 的、挤压牙膏的压板 6。

（9）牙刷盒体 2 底部开有一个与压板凸块 13 形状相应的孔，压板凸块从其中伸出底部（（7）～（9）的作用是，不取出牙膏软袋就可将牙膏挤在刷毛上）。

2. 确定最接近的现有技术

第一种便携式牙刷，如图 3-2 所示，它包括牙刷本体、兼作刷柄的盒体、盒体上的端盖、盒体上的牙刷本体的插孔及小袋牙膏。使用时，可打开盒体的端盖，取出牙刷本体和牙膏，将牙刷的一端插入盒体的插孔中，即可刷牙，用毕可将牙刷本体取下，连同牙膏一起放入盒体内，盖上端盖即可携带。

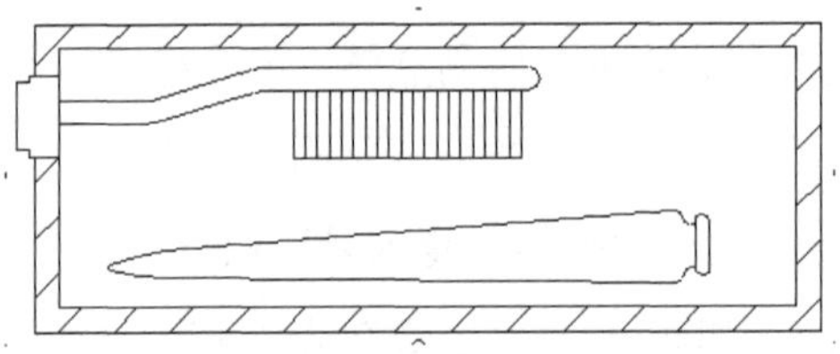

图 3-2　第一种便携式牙刷

第二种便携式牙刷如图 3-3 所示，由盒体、普通牙刷、小袋牙膏组成，用完后将牙刷、小袋牙膏放入盒体，便于携带。

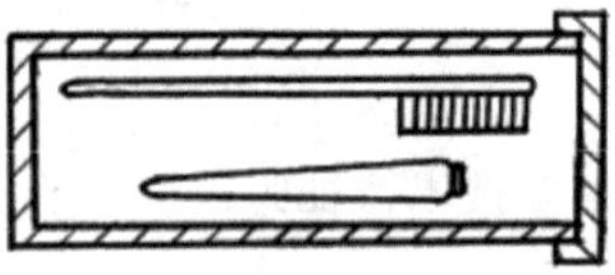

图 3-3　第二种便携式牙刷

这些已有技术与本申请同属一个技术领域，都是便携式旅行牙刷，两种牙刷与本申请相比，显然第一种牙刷与本发明具有更多相同的共有特征，而且，所解决的任务也相似，牙膏和牙刷合放在了一起，便于携带，携带时不会将毛刷弄脏，因此，第一种牙刷是最接近的已有技术。

3. 确定必要技术特征

根据最接近的对比文件 1，确定发明的区别特征和本发明所要解决的技术问题及解决该技术问题的全部必要技术特征。

将本发明的所有技术特征与对比文件 1 相比，区别特征为（6）～（9），分析这些区别特征能够解决的技术问题是——在使用时更方便，不必取出牙膏，只要按一下盒底的压板就可将牙膏挤在刷毛上［在判断“区别特征”时，也要分析这些“区别特征”，也就是所采用的技术手段在其他现有技术（例如对比文件 2）中是否披露，如果有，该技术手段的作用是否客观上与在本发明中的作用相同，如果作用相同，则可以认为该现有技术中存在“技术启示”，那么该发明就是显而易见的，不具有（突出的）实质性特点，创造性条件的“（显著的）进步”主要体现在发明是否具有有益的技术效果，如质量改善、产量提高、节约能源、防治环境污染等］。因此，相对于现有技术来说，本发明所要解决的技术问题是：提供一种使用更方便的便携式旅行牙刷，使用时不必从盒体中取出牙膏袋。

4. 权利要求书模板

（1）一种便携式牙刷，由牙刷本体、兼作刷柄的盒体和置于该盒体内的牙膏软袋组成，该牙刷本体与该盒体之间为活动连接，其特征在于：所述牙刷盒体 2 壁上有一个形状、大小与所述牙刷本体 1 上的刷毛 7 相应的刷毛空腔 8，携带时该牙刷本体 1 上的刷毛 7 正好位于此刷毛空腔 8 内；所述牙膏软袋 4 的出膏口 12 位置与此刷毛空腔 8 位置相应；该牙刷盒体 2 有一个挤压牙膏软袋 4 的装置。

（2）按照权利要求 1 所述的便携式牙刷，其特征在于：所述挤压牙膏软袋 4 的装置是一块位于该牙膏软袋下方的、带凸块 13 的压板 6；所述牙刷盒体 2 底壁上与该压板凸块 13 相应位置处开有一个孔 5，该压板凸块 13 从此孔 5 中伸出。

- 按照权利要求 1 所述的便携式牙刷，其特征在于：所述挤压牙膏软袋 4 的装置是一块位于所述牙刷盒体 2 远离所述刷毛空腔 8 那一端的可移动板 15，该可移动板 15 边缘上有一拨块 16；所述牙刷盒体 2 壁上与此拨块 16 相应位置处开有一条长条形槽 17；该可移动板 15 上的拨块 16 从此长条形槽 17 中伸出，并可沿此长条形槽 17 移动。
- 按照权利要求 1 至 3 中任一项所述的便携式牙刷，其特征在于：所述牙刷盒体上有一个可供更换所述牙膏软袋 4 的开口和一个与此开口相配的端盖 9。

5. 说明书模板

（1）技术领域

本实用新型涉及一种便携式牙刷，尤其是由牙刷本体和兼作刷柄的盒体组成的便携式牙刷。

（2）背景技术

人们到外地工作、旅行，日常洗漱用品是随身之物。为了携带方便和保持刷毛卫生，出现了便携式旅行漱具。目前市场上最常见的便携式漱具有两种：一种便携式漱具由漱具盒、普通牙刷、牙膏袋组成，携带时将牙刷、牙膏袋放入漱具盘中，使用时从盘中取出即可，但这样的漱具盘太大，不便携带。随后，出现了便携式牙刷，由牙刷本体和兼作刷柄的盒体组成，牙刷本体可以活动地装在此盒体上。不使用时，可将牙刷本体从盒体一侧的开口插入此盒，防止刷毛在旅行携带时被弄脏；使用时将牙刷本体取出，倒过来安装在盒体上，即可刷牙。这样的牙刷体积小，便于携带，但在旅行时还需另带牙膏，牙刷和牙膏是分开的。

日本实用新型公开说明书 JP 公开了一种牙刷、牙膏袋在携带时合为一体的旅行牙刷，此旅行牙刷也有一个兼作刷柄的盒体，此盒体容积上比上面所述市场上见到的便携式牙刷的盒体略大一些，其内还可放置一些旅行用的小包装牙膏袋，携带时可将此小包装牙膏袋从盒体上的开口放到兼作刷柄的盒体内，因此三者在携带时成为一体，比较方便。但是，在每次使用牙刷时，还必须从盒体中取出牙膏软袋，用完后再放回。

（3）实用新型内容

本实用新型要解决的技术问题是提供一种使用、携带更方便的便携式牙刷，不仅携带时牙刷与牙膏软袋合成一体，而且在使用时不必从盒体中来回取放牙膏软袋就可刷牙。

为解决上述技术问题，本实用新型的便携式牙刷由牙刷本体、兼作刷柄的盒体和置于盒体内的牙膏软袋组成，牙刷本体与盒体之间为活动连接；盒体壁上有一个形状、大小与牙刷本体上的刷毛相应的刷毛空腔，该空腔的位置可使携带时牙刷本体上的刷毛正好位于此空腔内，牙膏软袋出膏口的位置与此刷毛空腔位置相对应，该盒体有一个挤压牙膏软袋的装置。

此挤压牙膏软袋的装置可以是一块位于牙膏软袋下方的、带凸块的压板，牙刷盒体底壁上与此压板凸块位置相应处开有一个孔，凸块从此孔中伸出。

此挤压牙膏软袋的装置还可以是一块位于远离刷毛空腔那一端的可移动板，在可移动板边缘上有一拨块，盒体壁上与此拨块相应位置处开有一条长条形槽，可移动板上的拨块从此长条形槽中伸出，并可沿此长条形槽移动。

采用这样的结构后，由于盒体壁上设置了接纳刷毛的刷毛空腔，旅行携带时，刷毛就置于此空腔内，从而可保持刷毛清洁，符合卫生要求。又由于牙膏软袋出膏口与刷毛空腔位置相应，牙刷盒体中又有一挤压牙膏软袋的装置，使用时通过挤压牙膏软袋装置，例如，按压带凸块的压板或沿长条形槽拨动带拨块的可移动板，就可以在不取出牙膏软袋的条件下将牙膏从出膏口挤到牙刷刷毛上，进行漱洗，从而使用十分方便。

（4）附图说明

下面结合附图和具体实施方式对本实用新型作进一步详细的说明。

图 3-4 是本实用新型便携式牙刷第一种实施方式的剖视图。

图 3-5 是本实用新型便携式牙刷第二种实施方式的剖视图。

（5）具体实施方式

图 3-4 所示便携式牙刷肉牙刷本体 1、兼作刷柄的牙刷盒体 2 和牙膏软袋 4 组成，牙刷本体 1 与牙刷盒体 2 用铰链 3 连接，牙膏软袋 4 置于牙刷盒体 2 中。牙刷盒体 2 的形状是细长方形，牙刷盒体 2 顶壁上有个形状、大小与刷毛 7 相应的刷毛空腔 8，当牙刷折叠起来放置时，牙刷刷毛 7 正好落在此刷毛空腔 8 内。牙刷盒体 2 底壁上开有孔 5，置于盒底的牙膏软袋压板 6 的下方有一凸块 13，从此孔 5 中伸出。牙膏软袋 4 采用软袋包装，放在压板 6 上。牙膏出膏口 12 开在牙膏软袋 4 上侧与刷毛空腔 8 位置相对应。出膏口上有螺纹，与牙膏旋盖 11 相匹配。牙刷盒体 2 一端有端盖 9，端盖 9 内壁上有 2～4 个凸起 14，它与牙刷盒体 2 侧端外壁上的凹孔 10 相卡紧。

图 3-5 给出另种便携式牙刷的剖视图，其中采用了另一种挤压牙膏软袋 4 的装置。在牙刷盒体 2 远离刷毛空腔 8 那端设置了一块可移动板 15 来代替图 3-4 中的压板 6，该可移动板 15 侧面有一个凸出的拨块 16，牙刷盒体 2 壁上与此拨块 16 相对应的位置处开有一条沿牙刷盒体 2 边走向的长条形槽 17，可移动板 15 上的拨块 16 从此长条形槽 17 中伸出，沿着长条形槽 17 拨动拨块 16 时，可以使可移动板 15 沿着牙刷盒体 2 长边方向移动。

使用时，将牙刷本体1转动一个角度，打开牙膏旋盖11，再将牙刷本体1转回，使刷毛7靠在出膏口12上，按动压板6的凸块13或拨动可移动板15上的拨块16，即可将牙膏挤在刷毛7上，再将牙刷本体1转动180度伸直，盖上旋盖11即可刷牙。

当然，此挤压牙膏软袋4的装置还可采用其他结构，如目前市场上可买到的固体胶棒中的螺旋送进机构、青岛日用化工厂生产的马牌润面袖的送进机构。同样，牙刷本体与盘体之间的连接不局限于铰链连接，还可采用其他活动式连接方式，如卡入式连接。兼作刷柄盒体的截面形状可为半圆形、半椭圆形或其他适用形状。这样的变换均落在本实用新型的保护范围之内。

6. 说明书附图模板

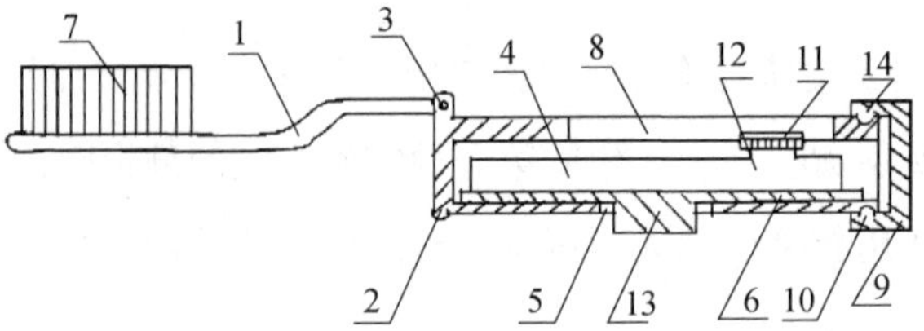

图 3-4　本实用新型便携式牙刷第一种实施方式的剖视图

1—牙刷本体；2—牙刷盒体；3—铰链；4—牙膏软袋；5—孔；6—压板；7—刷毛；8—刷毛空腔；9—端盖；10—凹孔；11—旋盖；12—出膏口；13—凸块；14—凸起

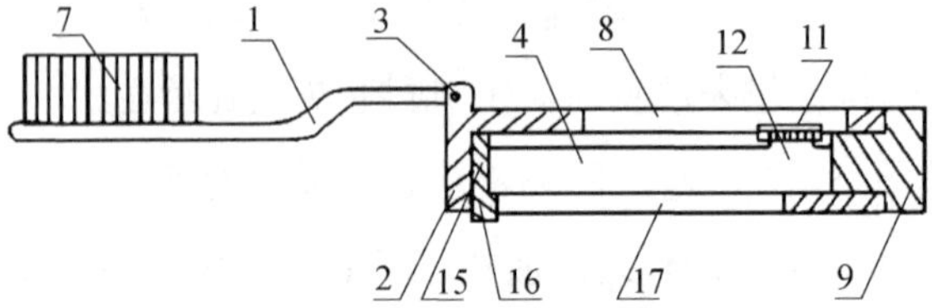

图 3-5　本实用新型便携式牙刷第二种实施方式的剖视图

1—牙刷本体；2—牙刷盒体；3—铰链；4—牙膏软袋；7—刷毛；8—刷毛空腔；9—端盖；11—旋盖；12—出膏口；15—可移动板；16—拨块；17—长条形槽

7. 摘要模板

本实用新型公开了一种便携式牙刷由牙刷本体1、兼作刷柄的牙刷盒体2和置于盒体内的牙膏软袋4组成。盒体顶壁上有一个形状大小与牙刷本体上的刷毛7相应的刷毛空腔8，携带时牙刷本体上的刷毛7正好位于此空腔内，保持刷毛干净。牙膏软袋的出膏口12的位置与刷毛空腔8的位置相对应，盒体有一个挤压牙膏软袋的装置，例如置于牙膏软袋下方的带凸块13的压板6或者盒体中远离刷毛空腔端有一块带拨块的可移动板，这样只需按动此压板上的凸块或拨动此可移动板上的拨块而不必将牙膏软袋取出就可将牙膏挤在刷毛上，因此使用十分方便。

3.5　学术论文及投稿

3.5.1　论文分类

论文是为研究某一学科领域的专门问题而撰写的具有一定学术价值的文章。通常有以下三种形式。

- 普通论文：登载于学术性连续出版物或论文集的普通学术论文。
- 学术会议论文：在学术会议上宣读或作为会议交流资料的论文。
- 学位论文：为获取一定的学位资格而撰写的论文。对于普通论文来说，论文写作形成的成果其价值体现在于推广，而发表则是推广的重要途径。

要想写出高质量、顺利发表的论文，在写作过程中必须抓住选题、精心修改，并要注意格式规范，讲究投稿技巧。

3.5.2　论文写作的环节

学术论文写作的三个重要环节为确立选题、修改润色和著录参考文献。选题是成功的基础，修改是成功的关键，著录的参考文献是论文质量的侧面反映。

1. 确立选题的技巧

确立选题是研究工作的第一步。选题从内容的要求来说，要注意先进性、独创性、实用性。

- 先进性：就是选择有时代意义的题材，把握学科发展的趋势，适应时代发展的要求。切忌说背时话，论过时题。比如，写图书馆学方面的论文，要明白现在倡导的是提倡开放性的服务，强调个性化的服务。如果选一个题材，其论述闭架服务的优越性和必要性，显然是不合时宜的，也就没有多少价值。
- 独创性：要求在论文中拥有自己的独立见解，抒发自己的真知灼见。切忌人云亦云，天下文章一大抄，简单的“组装”人家的成果，这样的论文必然缺乏价值，徒费自己的精力、印刷的纸张、读者的时间。创新是论文价值所在，也是促进事物发展的灵魂。

● 实用性：就是要对实际工作具有指导意义，切岂大道理说了一大堆，所提出的观点脱离实际，或者人家看了以后无所适从。比如，关于工艺技术改进的论文，其改进的措施必须具有可操作性，必须能够达到提高工效、降低成本的目的。关于“问题和对策”类的论文，必须注重对策的实用性，能够指导生产和实践活动。论文写作源于实践，反过来又要指导实践，这样的论文才有价值。

2. 修改润色的技巧

文章重在修改。“三分文章，七分修改”，足以证明修改对文章质量的重要意义。论文修改的范围包括标题、主题、结构、材料、语言等的修改。

修改论文时要对观点、材料、结构等进一步核对和调整。对初稿要敢于狠下心删节，要善于不断地补充完善。一切围绕中心主体，讲究论述的方式方法，确保文章质量。写文章不能急于“交差”。文章的修改是一个包装的过程，包装以后的文章要有吸引眼球的魅力。

首先，标题最关键。标题要简洁明了，既要具有高度的概括性，又要具有个性。如社科类论文，有时大标题不妨来点诗情画意。但是，当大标题不能明确表达意思时，用副标题明确表达。

其次，摘要是第二着眼点，要表现文章的主要思想。让人家看了摘要，就能够判断出文章的大概。人家看了摘要后，也基本能够确定有没有阅读全文的必要。

再次，文章的开头也至关重要。读者有没有兴趣继续看下去，看你是如何开头的。文章的开头不但要对文章承上启下，对读者的兴趣也要起到承上启下的作用。

最后，文章的关键词的规范与否、分类好的准确与否、格式的规范与否也不可忽视。它们是读者对作者素质的重要评判因素。

最终，读者阅读全文，会根据全文做出总体判断。

修改还要讲究策略，常用的有如下方法。

● 趁热打铁法：这是一鼓作气的修改办法。趁着写作热情高涨，对材料的熟悉，进行修改，以使文章完善。

● 冷却加热法：把文章先放一段时间，冷却一下，然后再修改。这种修改方法往往获益不少。趁热打铁法，其思维容易被原先设定套路框住，难有重大突破，一些存在的问题，不一定能够及时发现。而冷却以后再修改，看问题会多一分客观，多一分冷静，容易改出好文章来。

● 征求意见法：文章终究要见阳光，被人家评判。论文也是要负责任的，对人家负责，也对自己负责。

以上策略在一篇论文的完成过程中，如果能够做到综合运用、反复运用，则效果更佳。

3. 参考文献的著录

参考文献的著录最不应该被忽视，而往往容易被忽视。参考文献的著录，是论文质量的一个辅助说明，不可掉以轻心。

首先，参考文献的著录侧面反映了作者写作材料占有的途径。图书、期刊、报纸、网络文献等途径中，作者涉及了其中哪几部分。

其次，参考文献的著录反映了作者对专业领域内涉足的深度。有没有读过在该领域内有造诣的名家学者的论文论著，是否从中得到启迪。

最后，参考文献著录的标准化程度反映了作者写作论文的规范程度。

3.5.3　论文的规范格式

中华人民共和国国家标准局颁布了国家标准《科学技术报告、学位论文和学术论文的编写格式》（GB7713—1987），于 1988 年 1 月 1 日起实施。根据国家标准论文一般由题名、作者、文摘或提要、关键词、正文、参考文献等几部分组成。

现在论文写作中往往要求还有关键词、标引（《中国图书馆图书分类法》第四版分类号）、标明文献标识码（《中国学术期刊（光盘版）检索与评价数据规范》）、题名、作者、文摘、关键词等项的中英文对照。

文献标识码把文献分为 A、B、C、D、E 五个类目，它们分别表示为：

A—标识理论与学术论文（含综述报告）。

B—标识实用性技术成果报告（科技）、理论学习与社会实际总结（社科）。

C—标识业务指导与技术管理性文章（含领导讲话、特约评论等）。

D—标识一般动态性信息（通讯、报道、会议活动、专访等）。

E—标识文件、资料（含历史资料、统计资料、会议活动、专访等）。

题名：要求以最恰当、最简明的词语反映出论文中最重要的特定内容，一般不超出 20 个字，对于不常见的缩略词、首字母缩写字、字符、代号和公式等，要尽量避免在题名中出现。如果题名语义未尽，可以用副题名来补充反映论文中的特定内容。

文摘或提要（摘要）：是对论文的内容不加注释和评论的简短陈述。编写摘要是为了供读者确定有无必要阅读全文及供编制文摘等二次文献时采用。摘要的内容要求具有独立性和自含性，即不阅读全文，就能获得必要的信息。摘要的字数要求，中文摘要一般不宜超过200～300字，外文摘要不宜超过250个实词。

关键词：关键词（Keyword）是指从文献的标题、文摘及正文中抽取的对表达文献主题起关键作用且具有检索意义的词语。绝大多数学术期刊上的论文都采用关键词来表达文献的主题概念。

关键词能鲜明而直观地表达文献论述或表达的主题，检索工具中的关键词索引和数据库文档中的按关键词编制的文档就是根据学术论文提供的关键词编排的。

关键词与其他主题词的不同之处在于：未经过严格的规范化处理，仍属于自然语言的范畴；而其他主题词属于经过严格规范化处理的人工语言。在检索语言中，所谓规范化处理主要指词类、词形和词义的规范。

关键词选取的范围不限于文献的标题（篇名），也可以从文献的文摘和正文中选取。关键词选取的数量取决于文献论述的内容。关键词一般在3～8个之间，它位于摘要的左下方。

选取关键词时特别要注意，固定搭配且具有特定含义的词组和科技术语，不宜拆分开来作为关键词。

3.5.4 学术论文投稿的实用技巧

大部分的论文都是通过学术期刊发表的。论文只有发表才能广泛交流，才有更大程度转化为成果的可能。很多论文都具有较强的时效性，因此，论文一旦完成，就要想办法尽快发表。如何提高投稿的命中率，是有一定的技巧的。

1. 了解期刊出版信息

一般专业论文都要投向专业期刊。目前在国内有哪些专业期刊，必须要了解。可以通过报刊征订目录了解邮发期刊的出版情况；可以通过相关的图书、期刊可以了解期刊出版情况，比如《中文核心期刊要目总览》，它既有核心情况目录，也有其他公开（有ISSN号或CN号的期刊）和非公开（有内部准印证的期刊）期刊目录；通过网络了解期刊出版情况，在网上也可以查到有关信息；通过平时的积累，掌握了解期刊出版情况等。

2. 门当户对

自己的文章，能够在什么档次的期刊上发表，要心中有数，准确定位。低层次的文章投到高档次的期刊上，命中率极低。好高骛远的投稿行为不但浪费了时间，也增加了投递费用。这就要求了解期刊的等级情况。

期刊办刊质量的评价，这里介绍一下期刊等级的几种划分标准。

● 按照期刊的主管部门划分，分为国家级、省部级、地市级。这是一种比较传统的划分方法，目前，这种划分方法在学术界已经越来越不被重视。毕竟以身份定级，不是很科学。按照这种划分方法，一般来说，国家级期刊即党中央、国务院所属各部门、中国科学院、中国社会科学院、各民主党派和全国性人民团体主办的期刊及国家一级专业学会会刊。省部级期刊由省、自治区、直辖市及所属部、委、办、厅、局主办的期刊和本科院校学报。地市级期刊以此类推。

● 按照期刊的是否公开划分。一般来说，公开发行的期刊高于非公开发行的期刊。这种划分，比第一种划分要合理一些。

● 按照期刊质量分级。这是一种当前最具有学术价值的划分方法。它主要根据获奖或入选某种目录。

知道了期刊的划分方法，有助于我们根据自己的实际情况，决策投稿目标。投稿目标的决策在遵循门当户对原则的同时，也需要发挥一点冲劲，可以考虑适当往稍高级别的期刊投稿。高投不中后，再退而求其次。

3. 投其所好

我们在投稿时要知己知彼，通过对期刊征稿要求要有所了解，对期刊专题板块设置要进行分析，把自己的文章投往对胃口的期刊。

不同的期刊其办刊方针是有区别的，有的偏重录用理论研讨文章，有的喜欢录用实践操作的文章，有的偏爱现代技术研究的文章等；有的钟爱鸿篇大论，有的倾向短小精悍。

另外，要注意期刊发表论文的排版风格。不同的期刊，它们自己的作者和单位所处位置、版式、字体等方面会有所不同，具有自己的风格，用打印稿或者电子邮件投递的稿件最好要符合该期刊的个性化特点，赢得编辑对稿件良好的第一印象。

第 4 章　创业评估与创业团队

学习目标

通过本章的学习，使学生形成对创业者的理性认识，了解创业者应该具备什么样的素质和能力，并从创业者的角度自我评估，增强自我的创业能力。同时了解创业者的创业类型及其创业动机。

学习重点与难点

重点：认识创业者应具备的素质与能力。

难点：自我评估、创业团队组建和管理的策略。

4.1 创　业　者

所有创业者永远都要告诉自己一句话：从创业的第一天起，你每天要面对的是困难和失败，而不是成功。困难不是不能躲避的，但不能让别人替你去扛，任何困难都必须由你自己去面对。

“创业者”（Entrepreneur）一词来源于 17 世纪的法语，表示某个新企业的风险承担者，早期的创业者也是风险承担的“承包商”（Contractor）。在欧美的经济学研究中，将创业者定义为一个组织、管理生意或企业并愿意承担风险的人。

美籍奥地利经济学家熊彼特认为，创业者应该是创新者，具有发现和引入更好的能赚钱的产品、服务和过程的能力。

而我们认为，创业者首先是一个有梦想的追求者，他追求的是未来的回报，而非现在的回报。如果未来的回报低于预期，或者低于现在的回报，一个人不可能有创业的动力。因此，创业者进行创业活动是为了获得更大的价值，这种价值的实现，有物质上的诉求，而更多的是人生价值的实现。创业者的未来收益是一种投资性活动的收益，这些投资既可能是实际的资本投入，也有本人和团队的时间和精力的投入，而收益也就不只是金钱上的收益，还应包括价值的实现、理想的实现等。

创业者一般被认定为具有以下特征的人：创业者是一种主导劳动方式的领导人；创业者是具有使命、荣誉、责任、能力的人；创业者是组织、运用服务、技术、器物作业的人；创业者是具有思考、推理、判断能力的人；创业者是能使人追随并在追随的过程中获得利益的人。

在实际生活中，与一般人的观念不同，创业者所谓具有较高的商业才能，不仅是指创业者创办一个企业，而且还指在企业的整个发展过程中，创业者能够做出正确的决策，及时解决面临的问题，修正企业的发展方向，使企业长期保持活力，不断发展壮大，成为具有影响力的企业。那些建立了新的商业模式并获得了发展的企业，那些为其他企业的发展提供样板，为社会提供就业，不断带来财富的企业的创立者通常也被称为创业者。

4.1.1　创业者类型

根据不同的标准，创业者可以划分为不同的类型。

1. 根据创业过程中所扮演的角色和所发挥的作用来分

从在创业过程中所扮演的角色和所发挥的作用上看，创业者可划分为独立创业者和团队创业者两种类型。

（1）独立创业者

独立创业者是指自己出资、自己管理的创业者。独立创业充满挑战和机遇。独立创业者可以自由发挥自己的想象力、创造力，充分发挥主观能动性、聪明才智和创新能力；可以主宰自己的工作和生活，按照个人意愿追求自身价值，实现创业的理想和抱负。但是，独立创业的难度和风险较大，因为创业者可能缺乏管理经验，缺少资金、技术资源、社会资源、客户资源，等等，生存压力大。

（2）团队创业者

相对独立创业而言，团队创业是指在创业初期（包括企业成立前和成立早期），由一群才能互补、责任共担、愿为共同的创业目标而奋斗的人所组成的团队来进行的创业。一个创业团队包括主导创业者与跟随创业者。带领大家创业的人就是团队的领导者，即主导创业者；其他成员就是跟随创业者，也叫参与创业者。

美国一项针对 104 家高科技企业的研究报告指出，在年销售额达到 500 万美元以上的企业中，有 83.3%是以团队形式建立的；而在另外 73 家停止经营的企业中，仅有 53.8%有数位创始人。这一模式在一项关于“百强企业”的研究中表现得更为明显：100 家创立时间较短、销售额高于平均数几倍的企业中有 70%的企业是有多位创始人的。由此可见，由于知识互补、资源共享，团队创业的后期成长空间比独立创业的更宽广。但是，团队创业也存在思想意识难以统一、发展过程中存在分歧以致难以为继的现象，因此，创业模式主要依据创业目标的类型来选择。

2. 根据创业者的创业背景和动机来分

从创业者的创业背景和动机看，创业者可划分为生存型创业者、变现型创业者和主动型创业者 3 种类型。

（1）生存型创业者

这一类创业者是我国数量最大的创业人群。清华大学的一份调查报告指出，这一类型的创业者，占我国创业者总数的 90%。这种类型的创业者，最初或许根本就没有什么创业的概念及伟大的理想与梦想，只是出于对生存的渴望与责任，凭自己的勤劳、努力与节俭，在生存的道路上不断积累财富、经验、人脉，然后不断做大、做强，最后在历史潮流的推动下，走上一条持久创业发展的道路，最终取得自己从未曾想过的成就与事业。李嘉诚就是这类创业者的典型的案例。

（2）变现型创业者

这一类创业者就是过去聚拢了大量资源的人，在机会适当的时候，自己出来开公司、办企业，实际是将过去的资源和市场关系进行变现，将无形资源变现为有形的货币。

（3）主动型创业者

主动型创业者又可以分为两种：一种是盲动型创业者，另一种是冷静型创业者。前一种创业者大多极为自信，做事冲动。这样的创业者很容易失败，但一旦成功，往往就能做出一番大事业；冷静型创业者是创业者中的精华，其特点是谋定而后动，他们不打无准备之仗，或是掌握资源，或是拥有技术，一旦行动，其创业成功的概率通常很大。这种创业者，执着于心中的梦想与目标，充满激情与活力，但他可能没有什么特别的权势与财富积累，只是凭借自己的眼光、思想、特长、毅力与感召力去坚持不懈地努力，感召越来越多的志同道合者，聚集越来越多的资源，吸引越来越多的投资商，凭着一股“打不死”的精神，做出一番事业。

4.1.2　创业动机

1. 什么是创业动机

我们常说，行为之后必有因，这里所说的“因”就是动机。动机与需要是紧密联系的。如果说需要是人类活动的基本动力的源泉，那么，动机就是推动这种活动的直接力量。

创业动机则是指引起和维持个体从事创业活动，并使活动朝向某些目标的内部动力。它是鼓励和引导个体为实现创业成功而行动的内在力量。说得通俗一点，创业动机就是有关创业的原因和目的，即为什么要创业、为何要创业的问题。行为心理学认为：“需要产生动机，进而导致行为。”创业的直接动机就是需要。

创业活动是一种综合性很强的社会实践活动，它源于人的强烈的内在需要，这种内在需要是创业活动最初的诱因和动力。如果没有创业的需要，就绝不可能产生创业行为。仅有创业需要也并不一定有创业行为，只有当创业需要上升为创业动机时，才能形成创业者竭力追求并获得最佳效果和优异成绩的心理动力。创业动机就是推动创业者从事创业实践活动所必备的积极的心理状态和动力。一旦创业者拥有了积极的心理状态和动力并将其付诸实践，他们就会坚持不懈，勇往直前。

2. 创业动机的分类

美国社会心理学家马斯洛认为，人类的需要是有层次的，由低到高依次分为生理、安全、社交、尊重和自我实现需要 5 类。人的某种动机和行为是为了满足自己的某种需要，这正如许多人创业是为了满足某种层次的需求一样。所以，形形色色的创业者走上创业之路，其动机不外乎以下几类。

（1）生存的需要

鲁迅先生说过，我们一要生存，二要温饱，三要发展。生存是人类的第一需要。当一个人失去就业机会，为养家糊口、暖衣饱食而不得不自己创业时，他们就是前面介绍的生存型创业者。

（2）利益的驱动

有一类人觉得为别人打工、拿死工资很难脱贫致富，很难早日摆脱“房奴”“车奴”的生活，创业名家们身上的财富光环也激发了他们的创业愿望。为了积累更多的财富，他们走进了创业者的行列。如果创业成功，不仅财源滚滚，知名度、社会地位、尊严等都会上一个人台阶。这里所言并非拜金主义，只要诚信、诚实、合法，纯粹以赚大钱为目的的创业动机也无可厚非。毕竟价值观不同，生活态度和人生态度也不一样。

（3）压力的驱使

“有压力才有动力”，压力可以激发我们内在的潜能与斗志，这便是我们所说的动力。而一个潜能和斗志被激发出来的人自然要比一个随遇而安的无压力的人更有动力。当前，我国的大学生就业主要表现为毕业生和社会职位之间的供需矛盾。为了缓解就业压力，部分大学生在创业的浪潮中开始了搏击。另外，经济压力也是大学生自主创业的一种动机。大部分大学毕业生集中在城市，特别是大中型城市，薪酬的增长跟不上房价、物价的急速增长，这无疑给毕业生带来了巨大的压力。于是，他们开始寻找实现自我价值的机会，选择了自主创业，以期通过创业带来良好的经济效益，提高自己的社会地位。

（4）积累经验和增加阅历

“要知道梨子的滋味，就要亲口尝一尝。”这句话道出了实践的重要性。书本知识都是前人的认知积累，而亲自实践获得的知识比间接经验要深刻、通透得多。有一类人，他们为了增加自己的实践经验，丰富自己的社会阅历，或者为了自己以后的发展或为实现自己的某个目标做好经济上的准备，在条件成熟的情况下，会利用课余或业余时间走上创业的道路。他们的动机往往很单纯，不掺杂任何物质功利因素，创业者本身也没有生活压力，就为了使自己积累更多的实践经验。

（5）实现理想和抱负

一项抽样调查结果显示，从毕业生自主创业动机来看，实现理想和抱负是大学毕业生自主创业最重要的动力。心理学研究表明：25～29 岁是创造力最为活跃的时期，这个年龄段的青年正处于创造能力的觉醒时期，对创新充满了渴望和憧憬。他们思维活跃、创新意识强烈，同时所受的束缚较少。按照新的人本主义需要理论，“即人存在 3 种核心需要，即生存（Existence）的需要、相互关系（Relatedness）的需要和成长发展（Growth）的需要，简称 ERG 理论”，他们对成长的需要也更为强烈。另外，大学生所处的环境，使他们往往更容易接触一些新的发明和学术上的新成果，或者他们中的一部分人本身就拥有具有自主知识产权的科研成果。为了能早日实现自己的目标，他们中的一部分人改变了自己的成功观念，也开始了自己的创业生涯。

总之，创业动机没有高低对错之分，也不是影响创业成功的决定性因素，无论持有什么样的创业动机都可去创业，关键是创业者对自己的创业动机一定要有明确的认识，要想清楚自己到底为什么要选择创业的道路。只有明确了创业动机，才能更加坚定走创业道路的决心，才能有助于创业的成功。而有一部分大学生，创业动机并不明确，多是“随大流”“赶时髦”“图新鲜”，或者是在周围人的影响下糊里糊涂地去创业，这样是不利于创业成功的。

另外，尽管创业动机没有高低对错之分，但相对而言，国际上真正成功的企业家都有着非常明确的愿景和梦想，因为远大的创业梦想往往能更大限度地吸引创业者，激发创业者的无限潜能，也更利于成功。例如，比尔·盖茨的梦想是实现每一张办公桌上都有一台计算机，他发现了在实现这个梦想过程中的一个重要环节——软件。可这个梦想，并没有提及他要当首富。一家企业要成功，必须有一个愿景，这是企业的灵魂。一旦有了一个真正的梦想，创业者克服各种困难去实现梦想的过程就是他享受人生和追求幸福的过程。因此，有志于创业的大学生应早日树立远大的创业理想和抱负，将创业同自己的人生价值追求和为祖国建功立业的想法结合起来。当然，理想也应当根据现实情况和可能的发展趋势科学合理地设定，不能盲目或盲从否则容易使创业者产生懈怠、妥协的心理，容易出现好高骛远、高目标低达成的现象。

4.2　大学生创业的准备

案例分析 4-1

王德正和他的景泰蓝

创业青年王德正在大学时认真学习专业知识，积累了扎实的专业功底。在校期间，王德正还举办过个人画展，在学生中也产生过一定的影响。一次在互联网上，王德正偶然看到了关于景泰蓝制作的视频，激发了他对景泰蓝制作工艺的兴趣，于是，他开始学习制作景泰蓝工艺品。他先是在网上搜索关于景泰蓝制作工艺的教程，每天除了吃和睡，只做两件事：学习教程及在网上和爱好者交流。经过一段时间，他就熟知了作画的流程和一些基本技巧，并把制成的作品放在自己的博客上。2009 年 5 月，王德正参加了学校举办的首届联通杯创业大赛，他的参赛项目正是“景泰蓝工艺品”，并且获得了一等奖，王德正很受鼓舞，由此产生围绕着景泰蓝工艺品创业的想法。其实，王德正选择创业还有一个原因，就是大学生就业情况并不乐观，美术专业毕业的学生一般都会去学校做教师，而教师这个岗位竞争相当激烈，就业也非常困难。王德正家里经济条件并不优越，他当时只想通过创业使自己有一个稳定的工作，不愿意毕业后再给父母增加经济压力。毕业前，王德正简单地做了工艺品的市场调查，他认为在烟台地区同类产品竞争者少，有一定的市场机会，所以他决定毕业后就创业。创业之初，屡屡遭挫，想到自己要创业了，王德正觉得他并没有完全掌握景泰蓝的制作工艺和技巧，所以他决定到更专业的地方去学习。大学一毕业，他就东拼西凑地借了 10 000 元，带着创业的梦想到北京拜师学艺。在北京，他找到了一家景泰蓝工艺厂，交了 5 000 元的学费，学习了 1 个多月，基本掌握了景泰蓝的制作工艺。学艺归来之后，王德正和 4 个同学组成创业团队成立了工作室，以“景泰蓝工艺品”项目入驻烟台市芝罘区大学生创业孵化基地。这个创业孵化基地是当地政府为了促进大学生创业而建立的产业园区，在这里入驻的初创企业能够享受一定的优惠政策和服务，20 多平方米的小房间是创业孵化基地免费提供的。这里的创业团队没有老板，不分部门，大家都是身兼数职，王德正本人也一样，技术、业务、采购、制作一肩挑。创业之初最大的难题是资金。起初仅考虑原材料的价格，王德正以为创业不需要太大的资本，但每个月的电费、水费、网费、电话费的支出加起来也不是一个小数目。

最初，王德正的想法是结合他在大学学习油画的经验，他们制作的景泰蓝的工艺品以大型的工艺画为主要产品。他认为凭借他受到的关于画面的色彩、构图等方面的专业训练，肯定能够制作出高艺术水准的工艺画，而且还能卖出高价。所以，他把自己的艺术画作拿到烟台当地最具规模的工艺品集散地和一些礼品公司推销，却没有得到市场的认可，基本上没有零售商户或中间商愿意购买，而且，礼品公司也大都不感兴趣。在他的多次努力下，终于得到一家客户的订单，客户要求他制作一幅长宽各 180cm 的景泰蓝“花鸟富贵图”。王德正欣喜若狂，马上投入到紧张的创作之中。但是，由于他在北京学习的时间短，且只学了些做景泰蓝小件的技术，而这种大型的景泰蓝工艺品，需要更高的技术和长时间的磨炼才能掌握其制作的窍门，再加上他也没有掌握好景泰蓝在玻璃材料上的工艺技巧，最后，这个景泰蓝“花鸟富贵图”连他自己都觉得做得不好，当然也达不到客户要求，这笔买卖失败了。后来，他改用广告材料板制作景泰蓝工艺，取得了较好的艺术装饰效果。他本以为此举会大获成功，可仍然打不开市场，问者寥寥。这时，创业开始时筹集的资金也用完了。最穷的时候，王德正钱包里只有 10 元钱，连方便面都吃不起，只能厚着脸皮四处找朋友蹭饭。正在他一筹莫展时，一个偶然的机会，王德正听到前来视察和指导大学生创业孵化基地的当地政府领导说，当地政府想订购一些礼品。他就主动和相关部门联系，争取到了为当地区政府制作 50 个礼品的订单。

这一次王德正认真听取了客户的要求，精心创作了一批富有景泰蓝传统特色的小件工艺礼品，他还将活性炭跟传统的景泰蓝工艺相结合，使得工艺品还具有了清洁空气的功能。看到这批工艺品，区政府领导非常满意。王德正开始明白，企业要想生存，就必须找到特定的客户群，而满足客户需求，才是生存之道。他也因此想到，既然大件装饰品暂时没有市场，何不把目光放在小件工艺品上，把目标市场锁定为礼品馈赠市场呢？

明确了目标市场，王德正开始认真研究礼品市场的特点。他发现国内礼品馈赠市场潜力巨大，高、中、低收入人群对此均有需求。近年来，礼品已经从前几年的功能性实用物品，发展为讲品牌意识、求创意定制的商品。王德正创业团队的优势正是创意设计和定制。除此之外，工艺品在礼品市场的需求非常广泛，其中既有收藏价值的贵重工艺品，也有象征普通礼节的中低端工艺品或特色礼品。王德正将客户需求界定为普通的中低收入人群馈赠礼品和政府机构的普通礼品。所以，他主要制作小件景泰蓝，并以优惠的定价吸引更多的客户。这样做的另一个好处是，小件景泰蓝制作比较简单，工艺难度不高，只要设计和创意优秀，就能出精品，这也规避了王德正对大件景泰蓝复杂工艺掌握不好的短板。

这之后，他又多次改进工艺，例如，将景泰蓝与陶瓷相结合，开创了景泰蓝制作的新领域。他还把一种名叫“皓尔宝”的材料用于景泰蓝装饰品的制作中，产生出了一种新的工艺品，由于这种材料具有快速有效地去除甲醛、氨及苯等有毒气体的功能，可以使室内因装修而带来的空气污染得到治理，所以这种景泰蓝装饰品经过技术处理后，既能满足人们对外观美感的视觉要求，又可以在不知不觉中净化空气，提升了产品的功能。慢慢地，王德正创业团队接到了越来越多的订单。

2010 年 10 月，王德正成立了烟台德正工艺品有限公司。在 2010 年年底，他得到了YBC（中国国际青年创业计划）的5万元无息贷款和创业指导导师的帮助。这让他的事业更上一层楼。由于口碑相传和YBC的帮助，当地两家上市公司烟台万华、烟台张裕也有了向他们订购工艺品、纪念品的意向，两家公司都要求定制表现其公司特色的景泰蓝装饰品、纪念品。如今，王德正逐步找准自己的市场定位，公司正健康稳步发展。公司拥有7名员工，每月流动资金在7万元左右，年营业额已达到300万元。王德正打算在烟台市最大的装饰画市场开一家景泰蓝工艺品专卖店。

【评析】

王德正是一个典型的将自身专业特长和创业相结合的创业者。本案例再次说明，创业者的能力是至关重要的。王德正是美术专业毕业生，具有一定的艺术修养和专业能力，但成功的创业者更强调拥有多项知识和技能，这是成功的保障。所以，创业者要正确评估自己的创业能力，做好创业资金准备和心理准备，更重要的是创业所需能力的准备，包括社会交往能力、企业管理能力、市场营销能力、计划能力等。有多少能力，做多少事情，所以，创业需要经历由小到大的过程，不能盲目冲动。王德正前期的困难正源于创业的能力不足，特别是对市场的深刻体察能力的不足。创业者要记住这个教训。

（资料来源：《中国青年创业案例精选》）

创业与就业不同，它需要创业者既要有全面的综合知识储备，又要有非凡的专业素质、心理素质和各种能力。大学生如果在创业之前，能够在知识储备、创业素质和各种能力等方面做好充分准备，就能大大提高创业的成功率。

4.2.1　大学生创业应有的知识储备

1. 专业知识

专业知识是创业之本。专业知识对于创业者确定创业目标具有至关重要的作用。纵观近几年在高科技领域创业取得成功的创业者，无不具有深厚的专业知识。

2. 经营管理知识

在市场经济条件下，市场充满了竞争和风险，创业者要使自己的创业实践活动获得成功，就必须重视经营管理。在大学生创业的过程中，虽有良好产品却因经营管理不善而导致失败的案例有很多，所以创业者一定要高度重视对企业的管理。经营管理知识大致包括：人员的管理、经营目标的管理、经营过程的管理等。

3. 财务管理知识

企业财务管理的基本任务和方法是做好各项财务收支的计划、组织、控制、核算、分析和考核工作，依法合理筹集资金，有效利用企业的各项资产，实现企业的生产经营目标，提高经济效益。财务管理知识内容包括：财务决策评价、资金筹集、流动资产、固定资产、无形资产和递延资产的管理、对外投资、成本核算、损益分析等。

4. 税收知识

税收是国家为实现其职能，依照法律规定的标准强制地、无偿地征收货币和实物的经济行政活动，是国家参与社会产品和国民收入分配与再分配的一种主要手段。大学生创业者要学习税收知识，依法纳税。

5. 法律知识

创业者要学习工商注册登记的申请登记手续、工商登记的条件、工商登记的内容等知识，以及经济合同法、涉外经济合同法等有关经济合同订立、主要条款等方面的知识，合法经营，避免因合同订立的缺陷而蒙受经济损失。

6. 金融知识

大学生要创业，需要资金的支持，因此，大学生创业者要学习金融知识，了解融资的渠道、方法和注意事项等，以保证创业成功。

4.2.2　大学生创业应具备的基本素质

要创业，光有热情和一定的知识是不够的。创业过程是艰辛的，而且充满了风险，作为一名涉世未深的大学生要实现成功创业，必须具有良好的综合素质。

1. 良好的心理素质

许多创业者成功的经验和失败的教训证明，良好的心理素质是创业成功的关键。良好的心理素质主要包括以下几点。

① 信心。自信心是创业成功的重要条件。美国著名心理学家马斯洛认为：“事实上，我们绝大多数人，一定有可能比现实中的自己更伟大一些，只是我们缺乏一种不懈努力的自信。”

② 坚强的意志，坚定的恒心。“古之成大事者，不惟有超世之才，亦必有坚

忍不拔之志。”

③ 善于调控情绪，保持乐观心态。当大学生们开始创办自己的企业的时候，要面对许多困难，例如：项目的选择、市场的开发、资金的周转及暂时的失败等。面对如此多的问题，就要求创业者善于调控自己的情绪，保持乐观的心态，能够在紧迫的环境压力下泰然自若，举重若轻。

戴尔·卡耐基在事业刚刚起步时，在密苏里州举办了一个成年人教育班。他在广告宣传上花了很多钱，同时房租、日常办公等开支也很大，尽管收入不少，但由于财务管理上的欠缺，他的收入刚够支出，一连数月的辛苦劳动竟然没有任何回报。卡耐基因此很是苦恼，不断地抱怨自己的疏忽大意。这种状态持续了很长一段时间，卡耐基整日里闷闷不乐，神情恍惚，无法将刚开始的事业继续下去。最后，卡耐基去找中学时的教师乔治。“不要为打翻的牛奶哭泣”，老师的这句话如同醍醐灌顶，卡耐基的苦恼顿时消失，精神也振作起来。

2. 良好的身体素质

创业是一件繁重、复杂的事情，有志于创业的大学生对此要有充分的估计。由于创业者是老板，需要统筹一切，因而总是非常忙，这可能会导致其体力透支、过度疲劳。创业者既要处理公司内部的各种事务，又要和公司外部的工商、税务等打交道，还要忍受来自他人的挖苦、抱怨、冷嘲热讽，更要承担失败的风险和各种决策的压力，创业者普遍感到精神压力很大，因此良好的身体素质是非常重要的。

3. 良好的文化素质

一个人的文化素质一般集中体现在思想道德、专业知识、人文知识和思维方式上。思想道德素质是创业者文化素质中最主要的方面，是青年人创业成功的必备条件。只有那些能为顾客带来更多的便利、创造更多价值的商家，才能在商场上立于不败之地。创业者在公司的经营运作过程中，不能只考虑如何赚钱，还要考虑自己的事业能否给广大群众带来更多的价值。创业者只有在实现社会价值的过程中才能实现自身的价值。

4. 团队精神

创业者的团队精神是指基于对创业团队成员个人爱好、观念和成就的尊重，在创业过程中通过发挥个人特长和协同合作，共同实现目标。

5. 学习能力

创业者要从事创业活动，除了必须具备足够的同创业内容有关的行业知识（如开办网络公司要懂得足够的网络知识，开办餐饮公司要懂得足够的餐饮知识等），还必须具备一定的同创业活动自身密切相关的其他知识，如法律知识、财务管理知识、企业管理知识等。而这些知识的掌握，必须依靠学习。

希望集团创始人陈育新说："我们所说的学习能力，就是要随时随地，在任何地方，看到对你有用的，对你的企业和团队有用的，都要学习。"尤其是在知识爆炸、竞争激烈的当今社会，创业者面临的是多变的环境和激烈的竞争，创业者必须随时了解各方面的信息，把握社会和行业发展的动态，掌握企业创办与发展所需的新知识，这就要求创业者必须具备强大的学习能力。在一定程度上可以说，创业者的学习能力是影响企业发展的关键因素。

6. 社会交往能力

社会交往能力是指创业过程中所需要的行为能力，它是创业成功的主要保证。

① 人际交往能力。创业者不但要与消费者、本企业内部人员打交道，还要与供货商、金融和保险机构、本行业同仁打交道，更要与各种管理部门打交道，因此，创业者必须具有较强的人际交往能力。

② 谈判能力。创业过程中可能会涉及很多商务谈判，谈判内容可能涉及供、产、销和售后服务等多种环节，创业者必须善于抓住谈判对手的心理和实质需求，运用"双赢原则"，使自己的企业获利。

③ 合作能力。创业者不但要与自己的合作者、雇员合作，也要与各种与企业发展有关的机构合作，还要与同行的竞争者合作。创业者要善于站在对方的角度，理解对方，体谅对方，要善于与他人合作共事，和睦相处。

7. 良好的管理才能

成功的创业者，要对由规划、决策、实施、管理、评估、反馈等环节所组成的企业管理的全过程，具有控制和运筹能力。美国钢铁大王卡耐基去世后，人们在这位杰出企业家的墓碑上雕刻了这样几行字：这里安葬着一个人，他最擅长的能力是，把那些强过自己的人，组织到他服务的管理机构之中。

8. 创意评估能力

创业者应该清楚，并不是每一个创意都能转变为创业机会。对创意的评估，是指分析、评价创意能否转变为创业机会，能否为创业者带来利润，如果没有利润，再好的创意也不能被实施。创业者需要考虑以下问题：这个创意过分、夸张吗？有没有可操作性？实践起来容易吗？有没有实践成果？是否有其他人早已考虑过了？如果这些问题都得到了圆满的回答，那么说明创意是基本可行的。按照美国经济学家的调查分析，在美国从商机分析到开展业务一般要经过 6～12 个月的时间。当然，创业者的个人因素会在很大程度上影响这一过程的时间。在这一过程中，创业者面临的巨大挑战是鉴别、评估哪种创意真正具有商业潜力。

9. 科学的经营头脑

科学的经营头脑应该包括敏锐的商业意识和良好的经济意识两个方面。

① 敏锐的商业意识。商业意识是人们在经营实践中，在获取信息的基础上，把握市场趋向的一种思维活动方式。市场中充满了商机，关键是你是否有一双善于捕捉商机的慧眼。

② 良好的经济意识。经济意识是指人们根据经济运行趋势和经济活动的规律、特点，对自己所拥有的经济资源进行投入，以期获得更大成果，并对自己的经济行为能否创造有益效果所做出的分析、判断和决策的一种抽象思维能力。

10. 识人和用人的能力

一个成功的创业者，肯定是一位会识人用人的高手，他不但能对雇员进行选择、使用和优化组合，而且能利用群体目标建立群体规范和价值观，形成群体的内聚力。

11. 理财能力

这不仅包括创业实践中的资金筹措、分配、使用、流动、增值等环节，还涉及采购能力、推销能力等。既要开源，又要节流。

12. 专业技术能力

专业技术能力是创业者掌握和运用专业知识进行专业生产的能力。专业技术能力的形成具有很强的实践性。创业者的许多专业知识和专业技术都是在实践中逐步提高、发展、完善的。创业者要重视在创业过程中积累专业技术方面的经验和进行职业技能的训练，对于书本上介绍过的知识和经验要在加深理解的基础上予以提高、拓宽；对于书本上没有介绍过的知识和经验要探索，并在探索的过程中做详细记录，认真分析、总结、归纳，进而上升为理论，形成自己的经验。只有这样，创业者的专业技术能力才会不断提高。总之，创办一家企业并不是一件轻而易举的事情。创业者需要具备明确的创业动机及必要的创业能力和素质，具备相应的创业资源，而且要找到一个好的创业机会，并努力去行动。

4.2.3 大学生创业与自我评估

创业规划的重要性对于创业成功是不言而喻的，而一个有效的创业规划必须是在充分且正确地认识自身条件与相关环境的基础上进行的。因此，在开始创办企业之前，创业者必须对自己有一个准确的评价和定位，判断自己是否适合创业，是否具备创办企业的资源和条件，具有多少创业者潜力。如果适合创办企业，创业者还要了解自己喜欢什么，擅长什么，拥有什么，欠缺什么。只有在认清自我的基础上，才能有明确的创业目标和方向，才能抓住适合自己的创业机会，并使创业一步一步走向成功。

大学生创业前进行自我评估，应该着重考虑以下几个方面。

1. 动机

创业者要思考："我为什么要创办企业""未来企业发展的目标是什么""是否有足够的决心""是否愿意承担风险""过去的利益是否舍得放弃""想要从创业中最终获得什么""想要把企业做到何种程度""打算为创建企业付出多少，得到多少"。只有了解了自己的各种动机后，创业者才能坚定创业的决心，才能有针对性地选择合作伙伴。否则，合作者之间由于创业动机的差异也会为企业带来隐患。

2. 特质

创业者要对"我是个什么样的人，具有什么样的性格特征"有很清醒的认识，这是自我评估中最难的一项。因为最了解自己的人是自己，最不了解自己的人也是自己。人的性格往往具有复杂性和不确定性。人们一般都是从他人对自己的评价中了解自己的，而他人评价与自我认知之间往往有一定的差距，即使是自我认识也会在不同的时候发生变化。了解自己的个性特征需要从这几个维度来考量：事业心和进取精神、责任心、内向性、外向性、友好性、情绪稳定性、面对问题时的态度和处理问题的方法等。

3. 知识

创业者要分析自己接受的教育水平、专业背景、工作经历、职业培训等，认识到自己知道什么，不知道什么，熟悉什么，不熟悉什么，拥有哪些经验，缺乏哪些经验，找到自身知识与拟创企业所需知识之间的差距，积极寻找适当的方法来弥补。

4. 技能

拥有知识不一定就拥有了相应的技能。针对拟创企业的行业特点，创业者一要了解自己目前掌握了什么相关技术，将来能够掌握什么技术；二要了解自己的能力状况，自己有哪些能力，这些能力用在拟创企业中是否有效，自己喜欢什么，擅长做什么，不擅长做什么，哪些方面是弱项，哪些方面是强项，客观、冷静地分析自己，深刻、清醒地认识自己。只有这样，才能找到最适合自己的创业领域。盖洛普倾其一生的研究，发现了人才成功的定律："找到你的优势，然后再放大你的优势。"大部分成功的人，都是在自己喜欢或擅长的领域里，将自己的优势发挥到极致。

5. 资源

创业者要明确自己拥有什么资源。创业的前提条件之一就是创业者拥有或者能够支配一定的资源。创业者应该清楚地审视自己所拥有或能够使用的一切资源的情况，及其是否足以支持创业的启动和创业成功之后的可持续发展。这里所说的资源，不仅指经济上的资金，还包括社会资源、人力资源和物质资源。

创业测试

测评说明：做下列测试可帮助你判断自己是否适合创业和具有多少创业者潜力。本测试由一系列陈述句组成，请根据实际情况，从"是"和"否"中选择最符合自己特征的答案。在选择时，一定要根据第一印象回答，请不要做过多的思考。

测评题如下：

1. 你是否曾经为了某个理想而设下两年以上的长期计划，并且按计划执行直到完成？

2. 在学校和家庭生活中，你是否能在没有父母及老师的督促下，自觉地完成分派的任务？

3. 你是否喜欢独自完成自己的工作，并且做得很好？

4. 当你与朋友在一起时，你的朋友是否会时常寻求你的指导和建议？你是否曾被推举为领导者？

5. 求学时期，你有没有赚钱的经验？你喜欢储蓄吗？

6. 你是否能够专注地投入个人兴趣连续 10 小时以上？

7. 你是否习惯保存重要资料，并且井井有条地整理它们，以备需要时可以随时提取查阅？

8. 在平时生活中，你是否热衷于社会服务工作？你关心别人的需求吗？

9. 你是否喜欢音乐、艺术、体育及各种活动课程？

10. 在求学期间，你是否曾经带动同学，完成一项由你领导的大型活动，如运动会、歌唱比赛等？

11. 你喜欢在竞争中生存吗？

12. 当你为别人工作时，发现其管理方式不当，你是否会想出适当的管理方式并建议对方改进？

13. 当你需要别人帮助时，是否能充满自信地要求，并且说服别人来帮助你？

14. 你在募捐或义卖时，是不是充满自信而不害羞？

15. 当你要完成一项重要工作时，你是否总是给自己足够的时间去仔细地完成，而不是在匆忙中草率地完成？

16. 参加重要聚会时，你是否准时赴约？

17. 你是否有能力安排一个恰当的环境，使你在工作时能不受干扰、有效地专心工作？

18. 你交往的朋友中，是否有许多有成就、有智慧、有眼光、有远见、老成稳重型的人？

19. 你在工作或学习团体中，被认为受欢迎的人吗？

20. 你自认是一个理财高手吗？

21. 你是否可以为了赚钱而牺牲个人娱乐？

22. 你是否总是独自挑起责任的担子，彻底了解工作目标并认真完成工作？

23. 在工作时，你是否有足够的耐心与耐力？

24. 你是否能在很短时间内，结交许多朋友？

测评标准：

选择“是”得 1 分，选择“否”不记分。统计分数，参照以下答案。

0～5 分：目前不适合自己创业，应当先为别人工作，并学习技术和专业技能。

6～10 分：需要在旁人指导下创业，才有创业成功的机会。

11～15 分：非常适合自己创业，但是在选择“否”的问题中，必须分析自己的问题并加以改正。

16～20 分：个性中的特质足以使你从小事业慢慢开始，并从妥善处理中获得经验，成为成功的创业者。

21～24 分：有无限的潜能，只要懂得掌握时机，将是未来的商业巨子。当然，这个测试结果，也仅供参考，因为一个人的创业能否成功受到很多因素的制约。

（资料来源：中国大学生创业网）

4.2.4 增强创业能力

很多人创业获得了成功，但最初创办企业时，他们并不都具备创业者必需的所有素质、技能和资源。创业知识和技能可以学习，素质可以培养，条件可以改善。我们应当扬长避短，克服自己的弱点，并将自己的长处发挥到极致。

通过前面的自我评估和测试，我们大概了解了哪些技能和素质是自己的弱项，甚至是自己的“短板”。

下一步，我们要考虑采取什么积极措施来改变这些弱项，增强自己的创业能力。

① 如果我们的企业管理能力是弱项，就可以通过阅读企业管理方面的书籍来学习更多的知识，并设法参与更多的创业实践。

② 如果我们的行业经验是弱项，或许应该找一位有经验的合作伙伴，或者找一位能提供咨询服务的人做顾问。

③ 如果我们的技能是弱项，就要想办法去获得这些技能，可以接受培训，也可以雇用技术人员或寻找一位技术合作伙伴。

④ 如果我们的团队不能满足创业的需求，就需要寻找那些能带来技术、资金或经验的人，实现优势互补，使企业能应对各方面的挑战。

⑤ 如果我们缺乏资金，就要决定怎样为自己的企业获得启动资金，可以通过银行小额贷款、风险投资、国家政策性扶持、向亲戚朋友借款、与他人合伙等办法筹措资金，还可以从学校的创业指导中心、大学创业园、各地孵化基地及中小企业服务机构那里获得资金支持。

⑥ 如果我们的人脉关系是弱项，就要有效地利用家人、朋友及同学的关系，时常联络邻居、朋友及认识的人，积极参加行业协会、俱乐部、校友会等组织，

参与社交活动，拓展人脉。

⑦ 如果我们的个性、心态还不稳定，就需要锻炼如何控制自己。创业需要激情而不是冲动，需要理智而不是冷漠，面对各种各样的风险和困难，我们要具备坚韧不拔、锲而不舍的精神。

⑧ 如果缺少创业实践，就需要多多利用课余时间参加一定的创业模拟和社会实践活动，还可以兼职打工，以增强对企业的了解和对社会的适应能力。

4.3　创业团队的组建和管理

虽然每个创业者的创业过程各不相同且具有不可复制性，但是我们在研究了中外众多的创业活动后仍然可以得出以下结论：一个人单打独斗的创业要比团队创业的成功率低得多。对于创业者来说，单打独斗的时代已经过去，只有有效的团队合作和不懈的团队精神，才具有更强大的生命力。

4.3.1　创业团队的概念

俗话说："一个好汉三个帮，一个篱笆三个桩。"良好的创业团队是创建新企业的基本前提。创业活动的复杂性（涉及技术、市场营销、人力资源、财务、税收、法律等领域和专业），决定了所有的事务不可能由创业者一个人包揽，而要通过组建分工明确的创业团队来完成，而这需要一个过程。

创业团队的优劣，基本上决定了创业能否成功。有效工作的团队如同一支成功的足球队，全体队员要各就其位，各司其职，同时更要密切配合，才能发挥整体效能。

关于什么是创业团队，可以从狭义和广义两个层面来理解。

狭义的创业团队是指有着共同目的、共享创业收益、共担创业风险的一群共同创建新企业的人；广义的创业团队不仅包括狭义的创业团队，还包括创业过程中的部分利益相关者（如风险投资商、律师、会计师及参与企业创建的专家顾问等）。在这里，我们更强调狭义层面的概念。秦王讨伐六国前，曾经问大臣们这样一个问题：我们国家的人和别国相比，怎么样？有个大臣是这样回答的：一个一个人比，我们不如他们；如果是一国一国人比，他们比不过我们。最后，秦国战胜了比自己强大的楚国、齐国等国，统一了六国，靠的就是团队的力量。一个好的创业团队对于新创企业的成功起着举足轻重的作用。当然，并不是说没有团队的新创企业就一定会失败，但可以说要建立一个没有团队而仍然具有高成长潜力的企业极其困难。

4.3.2 创业团队的5P要素

创业团队需要具备以下5个关键要素（一般称5P）。

1. 目标（Purpose）

创业团队应该有一个既定的共同目标，该目标为团队成员导航。没有目标，这个团队就没有存在的价值。目标在初创企业的管理中以企业的愿景、战略的形式体现。缺乏共同的目标将使团队没有凝聚力和持续发展的动力。

2. 人（People）

创业的共同目标是通过人来实现的，不同的人通过分工来共同完成创业团队的目标，人是构成创业团队最核心的力量。两个或两个以上的人就可以构成团队。在新创企业中，人力资源是所有创业资源中最活跃、最重要的资源。所以，人员的选择是创业团队建设中非常重要的内容，创业者应该充分考虑团队成员的能力、性格、经验等方面的因素。

3. 定位（Place）

创业团队的定位包含两层意思：团队的定位，是指创业团队在企业中处于什么位置，所扮演的角色是什么及团队内部的决策力和执行力怎么样；成员（创业者）的定位，作为创业团队中的成员在团队中扮演什么角色，是制定计划还是具体执行计划，即创业团队的角色分工问题。

定位问题关系到每一个成员是否对自身的优、劣势有清醒的认识。创业活动的成功推进，不仅需要整个企业能够寻找到合适的创业机会，同时也需要整个创业团队能够各司其职，优势互补，并且形成一种良好的合力。

4. 权限（Power）

权限是指新创企业中职、责、权的划分与管理。一般来说，团队的权限与企业的大小及正规程度有关。在新创企业的团队中，核心领导者的权力很大，但随着团队的成熟，核心领导者的权限会降低，这是一个团队成熟的表现。

5. 计划（Plan）

计划有两层含义：一方面计划是指为保证目标的实现而制定的具体实施方案；另一方面大的计划在实施中又会分解成许多小的计划，需要团队成员共同努力去完成。

以上是团队构成的 5P 要素，但是创业之初，创业者往往会面临很多困难，团队的建设并不像想象中的那样简单，这需要创业者有充分的心理准备。有时创业过程会与团队组建一起完成，由于创业活动的特殊性，创业团队不必具备每一个因素。随着企业发展的逐步成熟，团队建设也应该逐步完善。创业者应当时刻记住一句俗语“三个臭皮匠，顶个诸葛亮”，这正说明了创业团队在创业过程中的重要性。

4.3.3　创业团队的类型

从不同的角度、层次和结构，可以将创业团队划分为不同的类型。而依据创业团队的组成者来划分，创业团队有星状创业团队（Star Team）、网状创业团队（Net Team）和虚拟星状创业团队（Virtual Star Team）。

1. 星状创业团队

一般在团队中有一个核心人物（Core Leader），充当领队的角色。这种团队在形成之前，一般是核心人物有了创业的想法，然后根据自己的设想进行创业团队的组建。因此，在团队形成之前，核心人物已经就团队的组成进行过仔细思考了，并根据自己的想法选择相应的人员加入团队。这些加入创业团队的成员也许是核心人物以前熟悉的人，也有可能是不熟悉的人，但这些团队成员在企业中更多时候是支持者（Supporter）的角色，这种创业团队有以下几个明显的特点。

① 组织结构紧密，向心力强，核心人物在组织中的行为对其他个体影响巨大。

② 决策程序相对简单，组织效率较高。

③ 容易形成权力过分集中的局面，从而使决策失误的风险加大。

④ 当其他团队成员和核心人物发生冲突时，因为核心人物的特殊权威，其他团队成员往往处于被动地位；在冲突较严重时，其他团队成员一般都会选择离开团队，因而对组织的影响较大。

2. 网状创业团队

这种创业团队的成员一般在创业之前都有密切的关系，如同学、亲戚、同事、朋友等，一般都是在交往过程中，共同认可某一创业想法，并就创意达成共识以后，开始共同创业。在创业团队组成时，没有明确的核心人物，大家根据各自的特点进行自发的组织角色定位。因此，在企业创立之初，各位成员扮演的是协作者或者伙伴的角色（Partner），这种创业团队的特点如下。

① 团队没有明显的核心，整体结构较为松散。

② 组织在进行决策时，一般采取集体决策的方案。

③ 由于团队成员在团队中的地位相似，因此容易在组织中形成多头领导的局面。

④ 当团队成员之间发生冲突时，一般都采取平等协商、积极解决的态度消除冲突。团队成员不会轻易离开，但是一旦团队成员间的冲突升级，使某些团队成员撤出团队，就容易导致整个团队的涣散。

这种创业团队的典型例子是微软的比尔·盖茨和童年玩伴保罗·艾伦，惠普的戴维·帕卡德和他在斯坦福大学的同学比尔·休利特等。这些创业之前已有密切关系的人，基于一些互动激发出创业点子，然后合伙创业。

3. 虚拟星状创业团队

这种创业团队由网状创业团队演化而来，基本上是前两种的中间形态。团队中有一个核心人物，但是该核心人物地位的确立是团队成员协商的结果，因此核心人物从某种意义上说是整个团队的代言人，虽然不如星状创业团队中的核心主导人物那样有权威，但在团队中还是有一定的信服力，能充分考虑和听取其他团队成员的意见。这种团队的决策既集中又民主，是一种比较理想的创业团队类型。

4.3.4 如何组建一支优秀的创业团队

创业团队的组建，没有统一的标准化规程。实际上，有多少支创业团队就有多少种团队建设方式，没有一支创业团队的建设是可以复制的。创业者走到一起，多是机缘巧合，兴趣相同、技术相同、同事和朋友甚至是有相同想法的人都可以合伙创业。关于创业团队的成员，马云曾经说过“创业要找最合适的人，不要找最好的人”。

作为创业者应该如何组建一支适合自己的创业团队呢？一般遵循以下三个组建创业团队步骤。

步骤一：寻找合适的合作伙伴

在准确进行自我评估的基础上，创业者在组建团队时，就要考虑其他成员与自己及其他成员之间在各个方面的搭配问题。创业者首先要根据创业项目制定一份人力资源计划，或者至少应该在心里有一个明确的想法，你想要哪方面的人员，你希望他从事什么样的工作，你能够给予对方哪些有利条件等，都应该考虑清楚。

创业者在寻找合适的创业伙伴时，一般会遵循以下几个原则。

（1）同价值观原则

共同的价值观是组建团队的基本准则。只有在价值认同上一致，团队才有共同的目标和努力方向，才有统一的思路和理念。价值观决定着创业的性质和宗旨，决定着创业的目标和行为准则，也指导着团队成员如何工作和如何取得成功。这其实是企业文化上的一种认同。当团队成员的个人追求与企业追求一致时，也就表明他对企业文化的认可，这样个人就会融入团队中，增强团队的凝聚力。如果团队成员缺乏共同理念，就很容易导致个人主义盛行，最终导致企业的失败。

（2）互补性原则

创业者之所以寻求团队合作，其目的就在于弥补创业目标与自身能力间的差距，尽可能地实现角色齐全。只有团队成员相互间在能力、性格或技术等方面实现了互补，才有利于充分发挥个人的资源优势，拓宽团队的资源渠道，并通过相互协作发挥出“1＋1＞2”的协同效应。

研究表明，大多数大学生创业团队在组建时，并不考虑队员专业能力的互补性，或者资源结构的合理性，而大多是因为有相同的技术能力或兴趣，至于管理、营销、财务等能力则较为缺乏，不能为创业项目的正常进行提供必要的资源。因此，要使创业团队能够发挥最大的能量，在创建一个团队的时候，不仅仅要考虑相互之间的关系，更重要的是要考虑成员之间的能力或技术上的互补性，包括个人专长、管理风格、决策风格、思维方式、经验、性格等特点的互补，以此来达到团队的平衡。

相对来说，一个优秀的创业团队必须包括以下几种人：一个创新意识非常强的人，这个人可以决定创业项目未来的发展方向，相当于战略决策者；一个策划能力极其强的人，这个人能够全面、周到地分析整个项目面临的机遇与风险，考虑成本、投资、收益的来源及预期收益，甚至还包括企业管理规范章程、长远规划设计等工作；一个执行能力较强的成员，这个人负责具体事务的执行问题，包括联系客户、接触终端消费者、拓展市场等。此外，如果是一个技术类的创业团队，还应该有一个专家型的核心人物，负责技术研发，打造核心竞争力。同时，这个创业团队还需要有人掌握必要的财务、法律、审计等方面的专业知识。当然，在团队形成之初，并不需要以上各方面的成员全部具备，在必要时，可以是一个或多个成员去学习团队所缺乏的某种或某几种技能，从而使团队充分发挥其潜能。

（3）相似性原则

心理研究发现，当其他人在不同方面与自己具有相似性时，人们会感到舒坦，而且也趋向于喜欢那些人，这就是“相似性导致喜欢”规则。毫无疑问，创业者也会遵循这一规则，喜欢和自己相似的人一起工作。事实上，多数创业者确实会倾向于选择那些在背景、教育、经验上与他们相似的人组成团队。这样做的好处是彼此容易了解，可以更好地促进成员之间的沟通，并有助于形成良好的人际关系，达成一致。但是其缺点也非常明显，那就是他们在知识、技能、社会关系网络等方面容易形成重叠，这不利于初创企业对资源的广泛需求与利用。一般主张只在个人特征和动机方面考虑相似性。

另外，合作伙伴的品格也是必须考虑的因素。有这么一句话，“合伙人，合的不是钱，而是人品与规则”，说明了人品和规则的重要性。

步骤二：确立核心人物

“大海航行靠舵手”，组建创业团队最关键的人自然是企业的领军人物。大凡成功的创业团队，都要有一个核心人物，就是这个团队的领导者。在企业初创期，主导创业者就是这个领导者，而一个团队的绩效如何，关键取决于这个领导者的胸怀和魅力。

“创业教育之父”杰弗里·蒂蒙斯曾说过，创业团队应由一位非常有能力的创业带头人建立和领导，他的业绩记录不仅向我们展示了成就，还展示了一个团队必须拥有的品质。

作为一位领跑者和企业文化的创造者，创业带头人是团队的核心，他既是队员，也是教练。吸引其他关键管理成员，然后建立起团队，这样的能力和技巧，是投资家苦苦寻找的最有价值的东西之一。作为企业的精神领袖，核心人物凭借其在团队里的威信和主导作用，能及时协调团队成员之间的分歧，平衡团队成员的利益，鼓舞团队成员的斗志，调整团队成员的创业心态，让一些重大问题较容易达成共识。核心人物的凝聚力更好地保证了紧密的组织结构和较强的向心力。

步骤三：签订合伙协议，设置合理的股权结构

俗话说，“亲兄弟明算账”“先小人后君子”。团队合伙要想成功、愉快，必须在合伙之前签好创业合伙协议。合伙协议是创业者在找到创业伙伴时必然要思考、讨论、制定和执行的公司的第一份契约，其中包括团队成员的股权分配制度及“退出机制”。

典型的合伙协议应该说明生意的具体目的，说明每个合伙人有形的资产、财产、设备、专利等和无形的服务、特有技术、关系网等的投入，把最基本的责、权、利说明白、讲透彻，尤其股权、利益分配更要说清楚，包括增资、扩股、融资、人事安排等。有一点最重要，那就是以什么样的方式结束合伙关系，对此一定要在协议书中写明，即制定“退出机制”。这样在企业发展壮大后，才不会出现利益、股权等因分配分歧而产生的矛盾，导致创业团队的涣散。

4.3.5　团队管理技巧和策略

新创企业的管理，实际上包含公司组织、生产服务、市场营销等几个方面，新创企业的管理重点一般会落在生产管理、市场、服务等环节上，而忽视团队的建设与管理，这种做法是不科学的。如何管理创业团队呢？主要有以下几点。

1. 保持沟通流畅，营造相互信任的团队氛围

沟通是有效管理团队的重要内容。杰克·韦尔奇说，“竞争、竞争、再竞争，沟通、沟通、再沟通”，顺畅的沟通是企业不断前进的命脉。没有沟通，团队就无法运转。其一，沟通使信息保持畅通，实现信息共享，避免因为信息缺失而出现错误的决策与行为。其二，沟通可以化解矛盾，增强团队成员彼此之间的信任。在长期合作共事的过程中，成员之间难免会有矛盾，缺少沟通可能导致相互猜疑、相互抱怨，矛盾会随着时间的推移越来越大，最后可能导致团队的分裂。而情感上的相互信任，是一个团队最坚实的合作基础。团队的成功与否，根本原因在于人与人的“兼容性”，相互信任就是兼容过程中的“润滑剂”。其三，沟通可以有效地解决认知性冲突，提高团队决策的质量，促进决策方案的执行。在企业经营管理过程中，团队成员对有关问题会形成不一致的意见、观点和看法，这种论事不论人的分歧称为认知性冲突。优秀的团队并不回避不同的意见，而是进行充分的沟通和交流，鼓励创造性的思维。这也有助于推动团队成员对决策方案的理解和执行，提高团队决策的质量，提高组织绩效。

2. 让合适的人做合适的事

从人力资源管理上“人岗匹配”的原则来说，让合适的人做合适的事，是科学的用人原则。这样做的结果对个人来说，可以保证团队每一名成员得到发展，充分调动团队成员的潜能，激发其工作热情，使其将个人的优势发挥得淋漓尽致；对团队来说，扬长避短无疑是提高效率的最佳配置方式。

3. 制定严格的规章制度

“没有规矩，不成方圆”，一个初创团队，如果没有严格的规章制度（如绩效考核制度、财务管理制度、行政管理制度等）作为运转保障，就会成为一盘散沙。因此，最初创业时就要把该说的话说到，该立的规矩立好，把最基本的责、权、利说得明白、透彻，不要碍于情面含含糊糊。规章制度具有明确性的特点，有助于规范团队内部各成员的行为，使每个人都能恪尽职守，各司其职，避免新创企业中经常出现的团队成员责、权、利混淆的情况，避免出现因责、权、利等的分歧而导致创业团队的解散。

4. 建立良好的激励机制

激励是团队管理中极为重要的内容，直接关系到初创企业的生死存亡。如何对创业团队进行有效的激励，现在还没有固定的程式可以套用，但可以通过授权、股权激励、薪酬机制等诸多手段来实现。薪酬是实现有效激励最主要的手段，毕竟收益是创业成功的重要表征。在设计薪酬制度时，应考虑到差异原则、绩效原则、灵活原则。最终目的是通过合理的报酬让团队成员产生一种公平感，激发和促进创业团队成员的积极性，实现对创业团队的有效激励。股权激励在新创企业中，一般的做法是将公司的股份预留出 10%～20%，作为吸引新的团队成员的股份。

5. 建立合理的决策机制

要成为一个有凝聚力的团队，团队核心人物（决策者）必须学会在没有完善的信息、团队成员没有统一的意见时做出决策，而且承担决策的后果。只要自己认为对的事情，不可优柔寡断，必须付诸行动。而正因为完善的信息和绝对的一致非常罕见，决策能力就成为一个团队能否成功的重要因素。但如果一个团队没有鼓励、建设性的意见和毫无戒备的冲突，决策者就不可能学会决策。这是因为只有当团队成员彼此之间热烈地、不设防地争论，直率地说出自己的想法，团队核心人物才可能有信心做出充分集中集体智慧的决策。决策的主要内容是公司发展的长期目标与一定阶段的计划，还有一些是与公司发展相关的重大决策。

6. 马上执行，对结果负责

有了决策，还需要严格地执行，执行力也是一种显著的生产力。故事《把信送给加西亚》中的上尉罗文在接过美国总统的信时，虽然不知道加西亚在哪里，但清楚自己唯一要做的事是进入一个危机四伏的国家并找到这个人。他二话没说，没提任何要求，只是接过信，立即行动。他奋不顾身，排除一切干扰，想尽一切办法，用最快的速度达成了目标。

同样，在创业团队，我们高度强调团队成员必须对结果负责，“没有结果就是没做”，没有任何的理由和借口。在团队里，也许我们并不需要每个团队成员都异常聪明，因为过度聪明往往会导致自我意识膨胀，好大喜功；相反，却需要每个人都具有强烈的责任心和事业心，对于公司制定的业务计划和目标能够在理解、把握、吃透的基础上，细化、量化自己的工作，坚定不移地贯彻执行下去，对于过程中的每一个运作细节和每一个项目流程都要落到实处，对结果负责。其实，决策者的角色也不是一成不变的，决策者应首先以一个执行者来要求自己，只有当自己也能完成方案时，才能将类似的方案交给其他执行者去执行。

7. 注重团队凝聚力

团队的凝聚力是指群体成员之间为实现共同目标而实施团结协作的程度，凝聚力表现在成员的个体动机行为对群体目标任务所具有的信赖性、依从性乃至服从性上。在创业过程中，团队所有成员都认同整个团队是一股密切联系而又缺一不可的力量。团队的利益高于团队每一位成员的利益，如果团队成员能够为团队的利益而舍弃自己的小利，团队的凝聚力就会极强。“没有完美的个人，只有完美的团队。”虽然在创业团队中，每一位成员都可以独当一面，但是合作仍然是团队成员首先要学会的东西。成功的创业公司中，团队的成功远远高于个人的成功。创业者团队核心成员只有相互配合，共同激励，树立同舟共济的意识，才能成就梦想。

思考并回答以下问题：

1. 假如你要创业，你会选择哪种类型的创业团队？为什么？

2. 如果你是一个创业者，你将如何建立自己团队的管理制度，以保证达成团队目标？

3. 假如你开始创业，你将怎样进行人才选拔和任用？是用猎头公司挖人，还是在熟悉的同学、朋友或亲戚里寻找？

第 5 章　创业机会与创业风险

学习目标

通过本章的学习，让学生了解创意、机会及两者的关系；掌握如何识别与开发创业机会；学会市场调查；了解创业风险的特点，掌握大学生创业风险的防范方法。

学习重点与难点

重点： 创业机会与来源，创业机会的识别，市场调查的流程，创业风险的分析与防范。

难点： 创业机会的价值评估，创业机会的识别与评估，创业风险的防范。

案例分析 5-1

网上卖垃圾，生意还很火

淘宝网一家名为“叭哒的幸福生活”网店的首页上有这样一段介绍：“您没有看错，我们要出售的的确是一包垃圾。千万不要问我你会收到什么东西，我们也不知道。我们会把一些样品、换季产品、滞销产品，甚至从未上架过的产品装在包裹中销售，对所有订购的朋友进行随机发出。我们觉得这真是一个很棒的创意，既帮我们清理了仓库，又可以把惊喜带给计算机前好奇的你。”

据店长赵华介绍，店里的每包“垃圾”均定价 6.17 元，垃圾之所以卖 6.17 元，是因为她的宝贝儿子的生日是 6 月 17 日。网店的成交数量显示，店铺每月卖出近 120 包“垃圾”，且顾客对店家的满意率高达 4.7 分（满分为 5 分）。

打开店铺网站页面，可以看到一张图片，上面是两个包装精美的包裹，里面就是店家所说的“垃圾”，那么包裹中到底是什么呢？通过顾客评价一栏，可以看到很多顾客的留言：“我的是一个小猪的收纳盒，打开的时候蛮惊喜的，这样卖东西很有意思”“我收到的是一个大海星，做工特别好，下次再买一个，这个游戏很有意思”。

赵华介绍，她曾是一家美资公司的销售助理，怀孕后，就辞去工作在家休养。

为了打发时间，她于2006年年初上网注册了这家网店，主卖创意家居。当初与很多新手一样，她对市场把握不好，以致积压了很多货物，很是头疼。后来，赵华在网上看到一些店铺会把换季产品、滞销产品等装在包裹中销售，对订购者随机发出。她联想到自己卖过的帽子，很多帽子都是单款。于是，赵华做了一个购买链接，不选款式随机卖帽子，这个方式吸引了不少希望获得惊喜的顾客。随后，“卖垃圾”这个大胆的创意就应运而生了。

这个创意从2006年8月开始实施，自创意推出后，吸引了不少顾客的注意，给店里带来很多人气，从而也带动了其他商品的销售。积压货物的问题解决了，资金也流动起来了，赵华的收入远远高于当初的工资，而且她还能有更多时间陪伴年幼的儿子。

课堂思考与讨论：

1. 赵华网上“卖垃圾”这个创意是怎么产生的？对你有什么启发？
2. 有价值的创意与创业机会有什么关系？

5.1 创业机会与来源

5.1.1 创意与机会

创业名言

人一旦失去自信，独创力便将窒碍不前，因此要经常奖励他人所提出来的创意。不管提出来的创意是否有价值，光是提出创意的那份勇气，便值得赞扬。

——亚历克斯·奥斯本（美国创造学家）

机会存在是客观的，机会发现是主观的，只要做一个有心人，发现机会的存在不是一件困难的事情。

——李嘉诚（香港富豪）

著名成功学大师拿破仑·希尔说：“一切成功，一切财富，始于意念。”这里的“意念”就是创意。“无创意，不创业”，创意是通向机会的垫脚石。那么，什么是创意呢？

创意是创造意识或创新意识的简称，它是指对现实存在事物的理解及认知，所衍生出的一种新的抽象思维和行为潜能。

创意是一种特殊的思维活动，其特殊性表现在新颖性和独创性两个方面。而创新则是通过一系列行动将这些创意付诸实施。当然，创意要能够创造价值才值得去付诸实施。例如，2006 年国家最高科技奖获得者李振声回忆说："当时我就想能不能通过小麦与天然牧草的杂交来培育一种抗病性强的小麦品种"，这就是创意。他的这个点子是新颖的，是突破前人的，同时也是独创的，有了这个独创的点子才有后来集持久抗病性、高产、稳产、优质等品质于一身的小偃 6 号的培育。

简而言之，创意就是具有新颖性和创造性的想法，也可以理解为人们具有的与众不同的好点子，能够使人眼前一亮。它是传统的叛逆，是一种智能的拓展，是深度情感与理性的思考与实践，是一项创造性的系统工程。

5.1.2 创业机会的定义与内涵

创业机会来自有商业价值的创意。有商业价值的创意绝对不是空想，而要有现实意义，具有实用价值。其简单的判断标准是能够开发出可以把握机会的产品或服务，而且市场上存在对产品或服务的真实需求，或可以找到让潜在消费者接受产品或服务的方法。

关于创业机会，有以下几种常见定义。

- 创业机会可以为购买者或使用者创造或增加有价值的产品或服务，它具有吸引力、持久性和适时性。
- 创业机会可以引入新产品或新服务，并能使相关产品或服务以高于成本价出售。
- 创业机会是一种新的"目的—手段"关系，它能为经济活动引入新产品、新服务、新材料、新市场或新组织方式。
- 创业机会主要是指具有较强吸引力的、较为持久的有利于创业的商业机会，创业者据此可以为客户提供有价值的产品或服务，并同时使创业者自身获益。

综合以上所述，我们可以得出较为全面的概念：创业机会，是指在市场经济条件下，在社会经济活动过程中形成和产生的一种有利于企业经营成功的因素，是一种带有偶然性并能被经营者认识和利用的契机。

但是创业者不能简单地将商业机会认为创业机会。如果这种商机是不可持续的，是昙花一现的，则创业者还没有开始行动，商机就可能已经消失了。针对特定的商机，创业者如果不能开发出与之匹配的创意产品，这样的商机就不能视之为创业机会，因为既无创意，谈何创业。那么，创意是怎么产生的呢？

5.1.3 创业机会的类型

根据创业机会的来源，创业机会可以分为问题型机会、趋势型机会和组合型机会 3 种类型。

- 问题型机会：指的是由现实中存在的未被解决的问题所产生的一类机会，如雅虎网站。
- 趋势型机会：就是在变化中看到未来的发展方向，预测到将来的潜力和机会，如速冻食品、可穿戴设备。
- 组合型机会：就是将现有的两项以上的技术、产品、服务等因素组合起来，以实现新的用途和价值而获得的创业机会，如芭比娃娃。

5.1.4 创业机会的来源

创业机会既可能是自然生成的，也可能是创业者自己去创造、挖掘的，且多数是后面一种情况。创业者要想赢得创业机会，就得搞清并关注创业机会的来源。我们认为，创业机会主要来自以下 5 个方面。

1. 满足需求

寻找创业机会的一个重要途径是善于发现和体会自己和他人在需求方面的问题或生活、工作中的难处。例如，上海有一位白领丽人发现，家离公司远的白领们中午想忙里偷闲地多休息一会儿，以便舒缓身心的疲惫、养精蓄锐，但公司一般是不许可放几张床让员工休息的，于是她创办了一家小旅馆，名为“睡吧”，年入百万元，这就是一个把问题转化为创业机会的成功案例。

2. 变化

创业机会大都产生于不断变化的市场环境，环境变化了，市场需求、市场结构必然发生变化。Drucker 将创业者定义为那些能“寻找变化并积极反应，并将它视为机会充分利用起来的人”。这种变化主要来自产业结构的变动、消费结构的升级、城市化的加速、人们思想观念的变化、政府政策的变化、人口结构的变化、居民收入水平的提高、全球化趋势等诸多方面。例如，我国已经进入了一个老龄化的社会，所以老人保健、老人陪护等方面就产生了创业机会。

3. 创造发明

创造发明提供了新产品、新服务，更好地满足了顾客的需求，同时也带来了创业机会。例如，随着计算机的诞生，计算机维修、软件开发、计算机操作的培训、图文制作、信息服务、网上开店等创业机会随之而来，大学生创业者即使不发明新的东西，也能成为销售和推广新产品的人。

4. 弥补对手的缺陷

很多创业机会是缘于竞争对手的不足和失误而“意外”获得的，如果能弥补竞争对手的缺陷和不足，这也将创造创业机会。看看周围的公司，能比它们更快、更可靠、更便宜地提供产品或服务吗？能做得更好吗？若能，也许就找到了机会。

5. 新知识、新技术的产生

在知识经济时代，用科技、知识创业是新模式，也是必然趋势。

拓展阅读 5-1

土专家速成长，科技创新写传奇

毛小文，一位帅气阳光的“80 后”邵阳武冈青年，湖南漆雕氏制造股份有限公司的创始人。他凭借科技创新精神和拼搏进取精神，从打工仔变身“土专家”、创业者，不断演绎出“少年强则中国强”的传奇。

毛小文 1986 年出生于武冈市稠树塘镇，初中毕业后学过美容美发，开过美发店、卤菜店。因为生意不怎么好，他南下东莞进入一家玩具厂从事喷油漆的工作。

20 岁时，毛小文开始真正意义上的创业，专门向水性涂料厂供应原材料和饮用水过滤材料。24 岁那年，毛小文建起了自己的第一家工厂，给外资涂料厂做半成品加工。2013 年，27 岁的他开始建设占地 2 万多平方米的新工厂——河源中南石英砂厂。2014 年，他回到武冈做自主品牌，先后创建武冈市联合新型建材厂、武冈市联合建筑工程有限公司和湖南漆雕氏制造股份有限公司。仅仅三年时间，他的企业便创下广东省石英砂第一品牌，成为可口可乐、华润怡宝等知名饮料企业的指定供应商。

毛小文创建的湖南漆雕氏制造股份有限公司，于 2016 年 12 月在深圳前海股权交易所成功挂牌。该公司是集科研、生产、营销为一体的建材科技企业，现有广东河源、湖南武冈两大生产基地。公司开创了纳米抗菌涂料的先河，获得新型环保建筑材料国家专利2项，在全国各地有上百家旗舰代理店，265家销售网点，并开拓了缅甸市场。长沙市的畔山别墅群项目、武冈机场等大型建筑工程项目均使用该公司的新型环保产品。

作为一名学历不高的创业者，毛小文能有今天的成功，离不开他对科技创新的重视和钻研。从事喷油漆的工作时，他就萌生了念头：如果自己可以生产涂料的话，一定要把刺鼻的气味去掉。后来他给外资公司生产原材料，接触到了干燥以后完全没有气味的涂料。他买下配方，加以改进，研制出纳米抗菌自洁涂料，并于2014年申请发明专利《一种含有龙涎香提取物的长效抗菌乳胶漆》。

2015年，他又亲自研发了新产品，并申请发明专利《一种反射隔热涂料及其制备方法》。这两项专利现均获授权。2016年11月，他参与的环保节能、防腐等新技术方面的2个自主研发专利通过初审。2017年5月，环保节能方面的3个专利也启动了申报程序。已获证书的两项发明专利，成功地实现了成果转化，漆雕氏环保水性涂料，走进了千家万户。2017年，“纳米抗菌自洁墙面漆”获第六届中国创新创业大赛暨第四届湖南省创新创业大赛初创企业组优秀奖，公司获邵阳市科学技术进步“二等奖”，被中国绿色建材产业发展联盟授予“绿色涂料战略合作伙伴”。2018年，公司获“中国名牌商务住宅装饰材料生产企业”称号，毛小文被“诚信中国幸福湖南”授予“诚信企业家”称号。

“创造者、缔造者、开拓者、实现者是漆雕氏不变的姿态！”毛小文称，强大的自主研发能力是公司快速发展的关键所在。公司通过研究资源的优势整合，以高科技、高品质为目标，以雄厚的技术实力不断地推进产品的研发，实现生态技术在生活细节中的实际运用，充分满足现代建筑装饰和创造更加舒适生活空间的需求。

对于未来的发展，他胸有成竹：“公司将跟着国家政策的导向，对科技研发部门会加大投入，加强管理，向着节能环保更高的标准进发。公司现正与大专院校与科研院所合作研发互联网+App、3D打印技术在墙体材料中的应用与产业化发展。”

（资料来源：云邵阳）

5.2　创业机会的识别与开发

创业名言

多数人的毛病是，当机会冲奔而来时，兀自闭着眼睛，而很少去追求机会，甚至被机会绊倒，也不去审视它。我极少能看到机会，往往在我看到机会的时候，它已经不再是机会了。

——马克·吐温（美国著名作家和演说家）

案例分析 5-2

梁伯强的指甲钳

梁伯强，广东中山圣雅伦公司总经理，中国“隐形冠军”形象代言人。这位被誉为“指甲钳大王”的梁伯强，当初决定生产指甲钳竟是因为当时的总理的一句话。

1998 年年底，梁伯强在看报纸时发现了一篇名为《话说指甲钳》的文章，就是这篇文章让梁伯强的命运从此改变。文章中写道，当时的总理在参加一次会议时说：“要盯住市场缺口找出路，例如指甲钳，我没用过一个好的指甲钳，我们生产的指甲钳，剪了两天就剪不动指甲了，使大劲也剪不断。”当时的总理以小小的指甲钳为例，要求轻工企业努力提高产品质量，开发新产品。梁伯强从这一句话中发现了指甲钳的商机。

梁伯强通过市场调查发现，指甲钳每年的产值达到了人民币 60 多亿元，这其中只有 5 家工厂是韩国的，但其居然占了 20 亿元的产值。但在中国呢，据在册登记摸底就有 500 多家企业，营业额一共才 20 亿元左右。从数量上来对比，韩国的那 5 家主要企业加上十来家配套企业就可以和中国的 500 多家企业打个平手，这种反差令梁伯强非常惊讶。

梁伯强心动了，他兴致勃勃地开始对全国市场进行考察。考察完，梁伯强很意外地发现，很多生产指甲钳的工厂都倒闭了。如果中国真有 20 亿元的市场份额，为什么几个大厂会倒闭呢？一方面，零售市场都被外国品牌占据，国内老厂不断倒闭；另一方面，批发市场群雄逐鹿，热火朝天。抱着试试看的态度，梁伯强的公司生产出第一批指甲钳，没想到产品还没正式面世，就有几千万元的订单找上门，这更坚定了他把指甲钳做下去的决心。

课堂思考与讨论：

1. 梁伯强发现的是创业机会吗？

2. 梁伯强是如何识别与评价创业机会的？市场调查对梁伯强识别与评价创业机会起到了什么样的作用？

5.2.1 创业机会的特征

识别创业机会是思考和探索互动反复并将创意进行转变的过程。有的创业者认为自己有很好的创业想法和点子，对创业充满信心。有想法、有点子固然重要，但是如果真正能够转变成为一个创业机会，则还需要具备以下特征：

（1）普遍性。凡是有市场有经营的地方，客观上就存在着创业机会。创业机会普遍存在于各种经营活动过程之中。

（2）偶然性。对一个企业来说，创业机会的发现和捕捉带有很大的不确定性，任何创业机会的产生都有“意外”因素。

（3）消逝性。创业机会存在于一定的时空范围之内，随着产生创业机会的客观条件的变化，创业机会会相应地消逝和流失。

5.2.2 影响创业机会识别的因素

理论界与实践界都一直试图回答：是什么因素导致一些人更善于识别出有价值的创业机会？这些创业者有什么独特之处？下面是取得共识的 4 类主要因素和特征。

1. 先前经验

在特定产业中的先前经验有助于创业者识别商业机会，这被称为“走廊原理”。它是指创业者一旦创建企业，他就开始了一段旅程，在这段旅程中，通向创业机会的“走廊”将变得清晰可见。这个原理提供的见解是，某个人一旦投身于某产业创业，这个人将比那些从产业外观察的人，更容易看到产业内的新机会。有调查发现，70%左右的创业机会，其实是在复制或修改以前的想法或创意，而不是发现全新的创业机会。

2. 专业知识

拥有某个领域更多专业知识的人，会比其他人对该领域内的机会更具警觉性与敏感性。例如，一位计算机工程师就比一位律师对计算机产业内的机会和需求更为警觉与敏感。有些人认为，创业者有“第六感”，使他们能看到别人错过的机会。

3. 社会关系网络

研究已经发现，社会关系网络是个体识别创业机会的主要来源。社会关系网络能带来承载创业机会的有价值的信息，个人社会关系网络的深度和广度影响着机会的识别，这已是不争的事实。通常情况下，建立了大量社会与专家联系网络的人，会比那些拥有少量联系网络的人更容易得到机会。

4. 创造性

创造性是产生新奇或有用创意的过程。从某种程度上讲，机会的识别是一个创造过程，是不断反复的创造性思维过程。在许多产品、服务和业务的形成过程中，甚至在许多有趣的商业传奇故事中，我们都能看到有关创新思维的影子。

尽管上述特征并非导致创业成功的必然因素，但具备了这些特征，往往较其他创业者具有更多的优势，也更容易获得成功。因此，创业者应该在日常生活中有意识地加强实践，培养和提高发现创业机会的能力。

（1）要养成良好的市场调查习惯

发现创业机会最根本的一点是深入市场进行调研，要了解市场供求状况和变化的趋势、顾客的需求是否得到满足、竞争对手的长处与不足等。

关于市场调查的详细介绍参见本章“5.3 市场调查”，这里不再赘述。

（2）要多看、多听、多想

我们常说见多识广，识多路广。我们每个人的知识、经验、思维及对市场的了解不可能做到面面俱到，多看、多听、多想能使我们广泛获取信息，及时从别人的知识、经验、想法中汲取有益的东西，从而增加发现机会的可能性。

（3）要培养独特的思维

机会往往是被少数人抓住的，我们要克服从众心理和传统的习惯思维的束缚，敢于相信自己，有独立的见解，不人云亦云，不为别人的评头论足、闲言碎语所左右。在创业的道路上，有时需要的恰恰是发现一般人没有看到的机会，或者说做一般人不屑于去做的事，最后把平凡的事做到不平凡。

创业案例 5-1

1 美分垒起的大富翁

1989 年，默巴克是美国斯坦福大学的一名普通学生。为减轻父母的压力，默巴克利用空闲时间承包打扫学生公寓的工作。第一次打扫学生公寓时，默巴克在墙脚、沙发缝、学生床铺下扫出了许多沾满灰尘的硬币，这些硬币有 1 美分的、2 美分的和 5 美分的。默巴克将这些硬币还给同学们时，谁都没有表现出丝毫的热情。

此后，默巴克给财政部和央行写信，反映小额硬币被人白白扔掉的事情。财政部很快给默巴克回信说："每年有 310 亿美元的硬币在全国市场上流通，但其中的 105 亿美元正如你所反映的那样，被人随手扔在墙脚和沙发缝中睡大觉。"

看到这样的回信，默巴克震惊了！如果换成一般人也许只会发出一声感叹，之后就不了了之了。但是，默巴克的脑子里却偏偏冒出了这样一个想法：如果能使这些硬币流通起来，利润将多么可观啊！

1991 年，刚毕业的默巴克成立了自己的"硬币之星"公司，推出了自动换币机。顾客只要将手中的硬币倒进机器，机器会自动点数，然后打出收条，显示出硬币的面值总额。顾客凭收条到超市服务台领取现金。而自动换币机收取约 9%的手续费，这笔费用由默巴克与超市按比例分成。

短短 5 年时间，默巴克的"硬币之星"公司在美国 8 900 家主要超市连锁店设立了 10 800 台自动换币机，并成为纳斯达克的上市公司。默巴克也从一个默默无闻的穷小子，成了令人瞩目的亿万富翁。

（资料来源：现代家庭报）

【评析】

创业无大小，在成功者面前，财富无处不在，就要看你有没有一双发现财富的慧眼。默巴克从沾满灰尘的硬币上发现了一般人没有看到的机会，也做了一般人不屑于去做的事情，最终实现了致富梦想。

5.2.3 常见创业机会的识别方法

1. 新眼光调查法

（1）注重二级调查

阅读某人发表的作品、利用互联网搜索数据、浏览寻找包含你所需信息的文章等都是二级调查的形式。

（2）开展初级调查

通过与顾客、供应商、销售商交谈和采访他们，直接与这个世界互动，了解正在发生什么及将要发生什么。

（3）记录你的想法

瑞士最大的音像、书籍公司的创始人说，他就有一本用来记录想法的笔记本，当记录到第 200 个想法时，他坐下来，回顾所有的想法，然后开办了自己的公司。

2. 问题发现法

问题就是商机。马云曾经说过，只要有抱怨的地方，有投诉、不合理的地方就存在创业机会。优秀的创业者要善于从自己、他人的问题和抱怨中发现商机。

试着从你的周围发现商机：自己遇到的问题；工作中碰到的问题；听到、看到其他人的问题；所在社区中发现的问题。

人类所有的财富都躲到问题的后边，当你帮助别人解决问题的时候，财富就会随之而来。

拓展阅读 5-2

罗红与他的艺术蛋糕

十多年前，好利来公司总裁罗红还只是一个仅仅拥有梦想与激情的年轻人。在母亲退休后的第一个生日，为了表达孝心与祝福，他希望能为母亲选购到一个式样新颖、口味馨香的生日蛋糕，然而他几乎跑遍了全城，仍然没有找到合适的蛋糕。于是他想，别人在买生日蛋糕的时候可能也会碰到和我一样的问题，如果我在市场上出售制作精巧而且美味的生日蛋糕应该会受欢迎，因为这样的蛋糕不仅仅是商品，还寄托了人们对亲人和朋友的爱心与祝福。似乎只是一个不起眼的小小想法，却在当时的罗红心中生根发芽，令他开始了艺术蛋糕的事业。也正是这样一个温馨而富于感情色彩的开始，决定了好利来永久的品牌内涵——甜蜜的事业、快乐与爱心的使者。

1991 年，罗红在四川雅安开办了第一家蛋糕店，开始了艺术蛋糕的事业。1992 年 9 月 13 日，罗红挟技西进，在兰州开设了第一家蛋糕专卖店，以前店后厂、现订现卖为经营模式，推出了琳琅满目、样式新颖的蛋糕，在兰州一炮打响。这是我国烘焙行业第一家大型的西饼专营店。他给自己的蛋糕专卖店起了一个吉祥如意的名字——“好利来”，这是他对自己刚刚起步的蛋糕事业的美好期盼，也是对每一位购买“好利来”食品的顾客的一个美好祝福。1994 年，吉林、包头好利来蛋糕世界相继成立，也获得了良好的市场效应。目前，好利来投资有限公司已经成为我国最大的烘焙食品企业。

3. 顾客建议发现机会法

一个新的机会可能会由顾客识别出来，因为他们知道自己究竟需要什么。然后，顾客就会为创业者提供机会。顾客的建议多种多样，他们可能会提出一些诸如“如果那样的话不是会很棒吗”这样的非正式建议，留意这些，有助于你发现创业机会。

4. 通过创造获得机会法

这种方法在新技术行业中最为常见，它可能始于拟满足的市场需求，从而使创业者积极探索相应的新技术和新知识，也可能始于一项新技术发明，进而使创业者积极探索新技术的商业价值。通过创造获得机会比其他任何方式的难度都大，风险也更高。同时，如果能够成功，其回报也更大。这种情况下产生的创新在人类所有具有重大影响的创新中，居于压倒性的主导地位。

索尼公司开发随身听（Walkman）就是一个很好的例子。索尼公司觉察到人们希望随身携带一个听音乐的设备，并利用公司微缩技术的核心能力从事项目研究，最终开发出划时代的产品——随身听，取得了巨大的成功。

5.2.4　大学生选择创业项目应注意的问题

创业需要一定的社会资源、一定的资金支持和一定的社会关系。大学生是一个比较特殊的群体，他们缺少社会实践经验，对社会现实了解不深。因此，大学生在选择创业项目时就要遵循一定的原则来弥补自身存在的不足，并充分发挥大学生创业的优势。以下几条建议可供大学生创业者在选择创业项目时参考。

1. 选择自己最擅长的创业项目

中国有句古语：“骏马能驰远，耕田不如牛。坚车能负重，渡河不如舟。”

各人的才能不同，长于此而短于彼，因此，创业者要选择与自己专业、特长挂上钩的项目，发挥自己的长处。

创业者最擅长的事，也就是最有可能干好的事。擅长，就是跟别人竞争时更具优势。只有强化自己的专长，成为专家，才会和别人拉开距离，在竞争中脱颖而出。因此，在创业之前，创业者需要认真地分析自己的特点，找出自己的强项，因为几乎没有人是选择了自己的短板而获得成功的。

比尔·盖茨曾经说过："做你自己最擅长的事。"人们在做自己擅长的事时，自信心最强，勇气最大，因此成功率最高。

拓展阅读 5-3

杜建裕：坚持做自己擅长的事情

杜建裕，绍兴上虞人，毕业于浙江科技学院车辆工程本科专业。还在读大学时，他就和同寝室的几个好兄弟约定，毕业后不能安于在单位上班，而要将创业作为职业生涯的方向。

不过，跨出大学校门后，他没有马上"自己干"，而是先到企业去上班。他还卖过一段时间的机械设备。经过一年多的历练，杜建裕敏锐地在汽车领域发现了商机，他说："这几年，'中国制造'的汽车零配件出口量非常大，而且每年保持高速增长，企业在出口零配件时需要取得国外采购商认同的检测认证，不过很多国内零配件制造商因为不熟悉出口国的检测标准、口岸政策等，走了不少弯路，如果我们可以为他们提供这方面的专业服务，应该可以开辟一个很大的市场。"

2009 年，在朋友的牵线搭桥下，杜建裕加入了一家检测公司。这家公司租用了一整栋办公楼，前后共招收了 100 多位员工，准备大干一场。然而，仅过了一年多，这家公司就失败了。

杜建裕说："这个行业的方向没有错，错的是我们过于贪大求全。"一开始，他们就雄心勃勃地把检测认证的产品定在了全球范围，而且除了汽车零配件，他们还做食品、药品、机械产品等各个行业产品的出口检测认证。

"实际上，我们当时不管是从检测能力还是业务量上来说，还达不到做全行业检测认证的要求，一年下来，公司只有几个项目是有业务的，多数项目甚至一单未开。"杜建裕说。

首个创业项目的失败，并没有让杜建裕失去对检测认证服务的信心，他准备从头再来。不过，第一次创业，他把所有的积蓄都花完了，而且一时又找不到新的合伙人。2010 年 10 月，他从同学、亲戚和朋友那里凑了 10 万元，在杭州赛博创业工厂租下了一间小办公室，又注册了一家新的检测公司。和之前 100 多人的规模相比，这家公司一开始只有杜建裕一个人，他既是老板也是员工，既做决策也跑业务。“钱都是借来的，资金紧张程度可想而知，那时候每个月的个人开销只有800元。”杜建裕说。

幸运的是，2010年年底，他就接到了青岛一家上市公司的一个单子，“虽然只有5万多元，但这是雪中送炭，也意味着我的业务能够稳定延续下去。”杜建裕说。因为第一次失败的教训，杜建裕这次在公司业务选择上变得稳妥了：只做汽车零配件的检测，出口地也限定在欧盟成员国、中东、美国等地，“先把这些做好了，再想其他的。”他是这么考虑的。

这样的策略也让公司的业务量稳步增长，年产值从2011年的250万元，上升到了2014年的800万元。2013年，杜建裕把公司搬到了浙江省国家大学科技园，公司员工数也增加至8人。

如今，他的公司已经成为国内唯一一家获得欧洲知名汽车技术服务机构授权的汽车轮胎检测认证机构，国内4家能够在国内、外开展汽车轮胎3C强制认证的机构之一。

杜建裕说，公司未来的目标是发展成国内领先的汽车及零部件行业第三方实验室。因此，他们已经收购了国内一家检测实验室的部分股份，实验室投运后，不仅让公司现在的检测成本大大降低，还能够让公司取得运营收益的分成。

对于时下互联网公司热衷的资本运作和风险投资，杜建裕坦承也与不少投资人接触过，也有投资人愿意给他的公司注入资金，让他迅速扩张业务。不过，他经过反复考量后，还是谢绝了。他认为，公司所做的是比较传统的业务，不适合激进的资本运作和扩张。他还是希望依靠自有资金一步一个台阶地往上走。

就如同他的团队建设那样，他们每年以“少而精”的方式招收员工，“我们公司的人员流动性很小，员工都是从应届毕业生开始培养，逐渐成为骨干的。对于业绩突出的员工，我们还给予股权激励，让他们对公司更有归属感。”杜建裕说。

对于大学生创业，杜建裕认为应该选择自己擅长的领域，不碰自己不熟悉的东西，“现在别人建议我去投资别的项目，甚至让我去炒股，我觉得这些不是我擅长的，就不会去碰。”另外，他认为不要因为一两次失败就失去信心，“懂得坚持做自己擅长的事情才会成功。”他说。

（资料来源：杭州日报）

2. 选择自己最喜欢的创业项目

选择你最喜欢的项目开始创业，是成功率很高的选择。做你最喜欢的事，你才最有可能坚持到底，才不至于遇到坎坷和困难时半途而废。

古语有云："知之者不如好之者，好之者不如乐之者。"只有在做自己最喜欢的事情时，人们才会废寝忘食、不知疲倦。这种乐在其中的感觉，会叫人乐此不疲，而创业最需要的是创业者坚持不懈的热情和执着。爱迪生一天平均有 18 个小时待在实验室里，当他的家人劝他休息时，他说："我没有在工作，我一直在玩。"所以，爱迪生的成功是因为他做了自己最喜欢的事。

3. 选择自己最熟悉的创业项目

各行各业都有它自己的规律，只有具有了这个行业相当的经验，你才会在机遇来临时率先看到它；在行业发展不利时，你第一个意识到它。这些直觉往往是依靠经验的积累而产生的。在你最熟悉的领域里，你会游刃有余，无往而不胜，这就是民间商人常说的"不熟不做"的道理。

4. 选择自己最有人脉资源的创业项目

俗话说"人脉就是钱脉"，任何人的成功都离不开他人的帮助。著名成功学大师卡耐基说过："成功依靠的是 15%的专业知识和 85%的人际关系。"反过来说，在人们最喜欢、最擅长、最熟悉的行业里，朋友也会更多，共同的爱好和志趣会使创业者在创业初期很快找到志同道合的新朋友，从而建立起对创业有利的人脉关系。好的人脉关系也有利于创业者整合现有的资源，组建一个优势互补的团队。一个优秀的合作团队，不仅能够为创业者的能力发挥创造良好的条件，而且还会使合作双方产生彼此都不曾拥有的新力量。

5. 选择最有市场潜力的创业项目

如果创业项目确实是创业者很熟悉也很擅长的项目，但是却属于市场需求越来越少或者即将衰退的行业（俗称"夕阳行业"），那么创业者也不要去做；与时俱进，顺势而为，才是最明智的选择。要知道什么项目是未来有潜在市场的，就需要创业者做一个详细的调研和论证，多分析国家发展的宏观规划，认真做好市场调查。

6. 选择最能满足顾客需求的创业项目

创业者确定创业项目时一定要清楚：可以创业成功的项目一定不是"你想做什么"，而是"你能做什么"；不是"你喜欢什么"，而是"顾客喜欢和需求什么"。因为如果你的产品或服务不能满足顾客的某种需求，就不会有顾客来购买。

最能满足顾客需求的项目一般也是有特色的项目，市场上没有的、先于别人发现的、与别人不同的、比别人强的项目都可以归类为有特色的项目。项目有特色就能够避免与同行竞争者拼杀，还可以提升产品的辨识度和认知度，拥有更高的定价空间。立志于自主创业的大学生，应该对市场动态变化保持敏锐的感知，时刻了解市场需求变化的方向，从而发现市场空白，设计出独具特色的、最能满足顾客需求的创业项目。

7. 选择享有优惠政策的创业项目

对于打算创业的大学生来说，可以根据自身的实际情况，在融资、注册、税收、创业培训与指导等可享受优惠政策的项目中找到适合自己的创业项目。大学生创业者要充分利用国家的优惠政策，尽量走绿色通道，这样不仅能减少一些手续，提高办事效率，还能解决创业初期资金不足、管理不当等问题。

从中央到地方，各项优惠政策数不胜数。国家在鼓励某些行业发展的同时，在税收、用地、资金等各方面都会出台各项相关优惠政策，这从另一个方面也说明该行业具有良好的市场发展前景和政策发展环境。因此，创业者可以因势利导，找准自己的“落脚点”，创造属于自己的一份事业。

8. 选择资金投入较少、资金周转期短的创业项目

大学生创业的融资渠道较少，大部分的大学生创业者都是利用父母、亲友的资助或者自己的一些积蓄作为创业的启动资金，对于一般的大学生而言，其能够获取的创业资金是十分有限的。因此，大学生在校或是毕业初期创业时，应该尽量选择初始资金投入少、资金周转期短的项目，这样才能保证后期的项目运转有足够的资金，才有充足的现金流维持企业的正常经营。同时，大学生也要尽量避免选择那些需要大量库存的项目。库存多了流动资金就少了，而且大量的库存还会增加库存管理的成本及存货风险。当市场出现不稳定的状况时，必然会导致创业企业资金周转不灵，甚至陷入倒闭的困境。

9. 选择雇用人力较少的创业项目

大学生创业者普遍缺少管理经验，如果一上手就开始管理很多员工，往往会导致企业内部管理混乱。创业初期应该以开拓市场为主导，如果经常被人事工作所拖累，就不可能有大量的精力去完成其他重要的工作。因此，没有管理经验的大学生可以先选择创立之初只有几个人的小企业，积累管理经验，随着企业的不断壮大，大学生创业者自然有能力管理更多的员工。

另外，雇用的人员太多也会加重企业的薪资负担。对于一个刚刚创立的企业来说，如何精简人员、发挥人力资源的最大效用是需要慎重考虑的问题。因此，大学生创业者要尽量选择需要员工少的创业项目。

10. 避免技术性要求过高的创业项目

大学生如果没有十足的把握，应尽量避免一开始创业就进入高科技领域。因为高科技行业需要投入大量的研发成本，这对于缺少资金的大学生来说是一个很重的负担。所以，大学生可以选择一些相对比较容易的行业，在积累了一定资金及经验之后再考虑转入高科技行业。

5.3 市场调查

前面我们讲到，创业机会的识别与评价离不开市场调查，那么什么是市场调查？如何做市场调查？

创业名言

我们的口号是：一、不做调查没有发言权；二、不做正确的调查同样没有发言权。

“没有调查就没有发言权”，对于一个真正意义上的企业来讲，要占领市场并获得预期效果，必须依赖于行之有效的经营决策，而行之有效的经营决策要以科学的市场预测为前提条件，这就必须及时掌握市场信息、搞好市场调查。

顾名思义，市场调查是有计划地收集、分析市场的信息资料，提出解决问题的建议的一种科学方法。通过市场调查，创业者可以了解与市场相关的客观因素，诸如环境、政策、法规等方面的信息，以及与市场相关的主观因素，如消费者需求、竞争对手等信息。因此，详尽的市场调查有助于创业者有效地识别创业机会，做出准确的市场定位、更好的市场细分及企业的营销决策，以减少创业过程中的失误，增强创业成功的可能性。

5.3.1 市场调查的目的与作用

创业者在创业之前要弄清楚自己看中的或者掌握的创业项目的产品或服务在

当地有没有市场、做还是不做。不管是选择做还是不做，都要把调查的数据、材料摆到桌面上来，然后说服自己为什么能做，又为什么不能做，而这些都需要体现到市场调查上。所以，一次科学的市场调查可以决定某个项目（产品）的生或死，也可以决定创业者此次创业的成或败。

市场调查不仅仅在创业阶段是重要的，企业开办后，市场调查也应成为企业生命周期的一部分。简单地说，市场调查贯穿于整个创业过程，如图 5-1 所示。

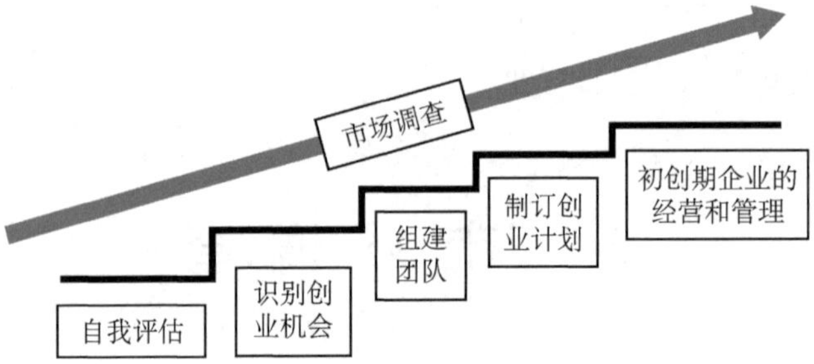

图 5-1　市场调查贯穿于整个创业过程

市场调查的主要目的介绍如下。

1. 聆听客户的心声

许多创业者在推出产品时总是表现得太自信，潜意识里总觉得自己非常优秀，坚信自己的产品构思和服务是能够迅速征服市场的，能够一下子就把对手“打败”。实际上，过去或现在的成功不能表明未来也一定会成功，因此通过市场调查真正了解客户心声是很有必要的。

2. 为管理者提供决策的依据

企业的营销活动是从市场调查开始的，创业者通过市场调查识别和确定市场机会，制定营销计划，选择目标市场，设计营销组合，并对营销计划的执行情况进行监控和信息反馈。在这一过程中，企业的每一步都离不开市场调查，都需要市场调查为决策提供支持和帮助。需要强调的是，市场调查对企业的决策还有检验和修正作用。企业可根据市场调查获得的资料，检验计划和战略是否可行，有无疏忽和遗漏，或是否需要修正，并提供相应的修改方案。

3. 获取创新的想法并监控市场的变化

通过市场调查，企业可以从受访者或被调查者那里获取一些新想法，这是企业获取新创意的重要途径。同时，随着市场经济的发展，消费者需求的变化越来越快，产品的生命周期日趋缩短，市场竞争更加激烈。企业通过市场调查，可以发现市场中未被满足或未被充分满足的需求，确定本企业的目标市场。同时，企业还可以根据消费者需求的变化特点，开发和生产适销对路的产品，并采取有效的营销策略和手段，将产品及时送到消费者手中，满足目标顾客的需要。

4. 有利于增强企业的竞争能力

通过市场调查，企业可以了解市场营销环境的变化，可以及时调整自己的产品、价格、渠道、促销和服务策略，与竞争对手展开差异化的竞争，逐渐树立自己的竞争优势。同时，企业还可以通过收集竞争对手的情报，了解竞争对手的优势和弱点，然后扬长避短，有的放矢地开展有针对性的营销，从而增强企业的竞争能力。

5.3.2　市场调查的分类与应用

在做市场调查时，要对创业环境、市场需求等信息展开调查。

1. 创业环境调查

顾名思义，创业环境就是指创业者开展创业活动的范围和领域，以及所处的境地和所面对的情况。创业环境对创业活动的决定性作用在于它能为人们的创业活动提供各种条件，能从各个方面影响创业活动的进程，决定创业活动的成败。因此，创业者需要通过调查了解企业所在的国家或地区的政治、经济、人口、社会文化、科技、资源甚至地理和气候等外部环境，还要了解企业所在行业的市场区域范围及规模大小、规模经济特征、行业进入与退出壁垒及难易程度、对资源的要求程度及平均投资回收期、市场成熟程度、市场增长速度、行业中公司的数量及其规模、购买者的数量及规模、分销渠道的种类及特征、技术革新的方向及速度、行业总体盈利水平等。只有这样，创业者才能准确地预测行业未来的利润和公司的发展前景。

2. 市场需求调查

创业者在生产或经销某一种或某一系列产品之前，应对这一产品的市场需求量进行调查。也就是说，通过市场调查，对产品进行市场定位。例如，想开眼镜店，应调查一下市场对它的需求量，相同或相类似的店铺有多少、其市场占有率是多少。又如，要提供制冷维修服务，应调查一下居民对这种项目的了解和需求程度，需求量有多大、有无其他人或公司提供相同的服务项目、其市场占有率是多少。

市场需求调查的另一项重要内容是市场需求趋势调查，了解市场对某种产品或服务项目的长期需求态势；了解该产品或服务项目是逐渐被人们认同和接受的，需求前景广阔，还是逐渐被人们淘汰，需求萎缩；了解该产品或服务项目从技术和经营两方面的发展趋势如何等。

3. 顾客情况调查

这里的顾客可以是原有的客户，也可能是潜在的顾客。顾客情况调查包括以下两个方面的内容。

（1）顾客的需求调查

例如，购买某种产品（或服务）的顾客大都是些什么人（或社会团体、企业），他们希望从中得到哪方面的满足和需求（如效用、心理满足、技术、价格、交货期、安全感等），现时的产品（或服务）为什么能够较好地满足他们的需要等。

（2）顾客的分类调查

重点了解顾客的数量、特点及分布，明确目标顾客，掌握他们的详细资料。如果是某类企业或单位，应了解其基本状况，如进货渠道、采购管理模式、联系电话、办公地址、某项业务负责人的具体情况和授权范围、对某种产品和服务项目的需求程度、购买习惯和特征；如果是消费者个人，应了解消费群体的种类，即目标顾客的大致年龄范围、性别、消费特点、对产品或服务能接受的价格范围、对产品或服务的需求程度、购买动机、购买心理、使用习惯。掌握这些信息，将为有针对性地开展业务做准备。

4. 竞争对手调查

在开放的市场经济条件下，做独家买卖太难了，在创业者开业前，也许已有人做相同或类似的业务，这些就是其现实的竞争对手。也许创业者开展的业务是全新的，有独到之处，在刚开始经营的时候，没有对手，一旦生意兴旺，马上就会有许多人学习其业务，竞相加入，这些就是其潜在对手。了解竞争对手的情况，包括竞争对手的数量与规模、分布与构成、优缺点及营销策略，做到心中有数，才能在激烈的市场竞争中占据有利位置，有的放矢地采取竞争策略，做到人无我有、人有我优、人优我独、人独我精。

5. 市场销售策略调查

这是指创业者要重点调查了解目前市场上经营某种产品或开展某种服务项目

的促销手段、营销策略和销售方式，如销售渠道、销售环节、最短进货距离和最少批发环节、广告宣传方式和重点、价格策略、有哪些促销手段、是有奖销售还是折扣销售、销售方式有哪些（批发还是零售，代销还是直销，专卖还是特许经营）等，调查一下这些经营策略是否有效，有哪些缺点和不足，从而为自己采取什么经营策略、经营手段提供依据。调查对象一般为消费者、零售商、批发商。在以消费者为调查对象时，要注意到有时某一产品的购买者和使用者不一致，如对婴儿食品的调查，其调查对象应为孩子的母亲。此外，还应注意到一些产品的消费对象主要针对某一特定消费群体或侧重于某一消费群体，这时调查对象应注意选择产品的主要消费群体。例如，对于化妆品，其调查对象主要为女性；对于酒类产品，其调查对象主要为男性。

5.3.3　市场调查的方法与过程

1. 市场调查的方法

创业者通过市场调查收集市场信息的方法有很多种，如问卷调查法、面谈访问法、电话询问法、观察调查法、实验调查法、E-mail 问卷调研法等，总结归纳为三种：间接法、直接法和网络调研法。

（1）间接法

间接法收集市场信息就是收集已存在的、别人调查整理的二手信息、情报、数据或资料。这些间接的信息可以从各个渠道得到，如报纸、杂志、互联网、行业协会、研究机构、政府部门、统计机构、银行财税、咨询机构等。对创业者来说，间接法收集二手市场信息比较方便、容易、费用少、来源广、节省时间，所以在创业调查分析中收集信息往往首先采用这种间接方法。对于创业者来说，可从以下几个主要渠道收集信息。

① 互联网。利用百度等搜索引擎输入需要收集的信息的关键词，将会得到很多想要的信息；在互联网上，还有各行各业的行业信息、商（厂）家信息等各种信息。

② 统计部门与各级各类政府主管部门公布的有关资料。国家统计局和各地方统计局都定期发布统计公报等信息，并定期出版各类统计年鉴，内容包括全国人口总数、国民收入、居民购买力水平等，这些均是很有权威性和价值的信息。这

些信息都具有综合性强、辐射面广的特点。

③ 各种经济信息中心、专业信息咨询机构、各行业协会和联合会提供的市场信息和有关行业情报。这些机构的信息系统资料齐全，信息灵敏度高，为了满足各类用户的需要，它们通常还提供资料的代购、咨询、检索等服务，是获取资料的重要来源。

④ 国内、外有关的书籍、报纸、杂志所提供的文献资料，包括各种统计资料、广告资料、市场行情和预测资料等。

⑤ 有关生产和经营机构提供的商品目录、广告说明书、专利资料及商品价目表等。

⑥ 各地电台、电视台提供的有关市场信息。近年来，全国各地的电台和电视台为适应市场经营形势发展的需要，都相继开设了“市场信息”“经济博览”等以传播经济、市场信息为主导的专题节目。

⑦ 各种国际组织、外国使馆、商会所提供的国际市场信息。

⑧ 国内、外各种博览会、展销会、交易会、订货会等促销会议及专业性、学术性经验交流会议上所发放的文件和材料。

尽管采用间接法可以便捷地收集到间接信息，但间接信息的时效性较差，采用这种间接方法收集的很多信息都已经过时了，现实中正在发展变化的新情况、新问题难以在其中得到反映；另外，间接信息针对性较差或精准度不高，与创业者的分析目的往往不能很好地吻合，其数据有时需要做进一步的加工处理。在间接法无法满足创业者的信息分析要求时，我们也可以考虑采用直接法收集市场信息。

（2）直接法

收集市场信息最直接的方法就是直接观察或调查相关人员，根据得到的答案或信息整理出有用的市场信息。用直接法收集的主要是微观市场信息；对于宏观市场信息的收集一般采用间接法。通常有以下几种直接收集信息的方法。

① 问卷调查法。问卷调查法是指根据调查或收集信息的目的，将需要搜集的信息分为一个个具体的问题集中在一张调查表上，根据被调查者的回答，整理出能够反映市场总体信息的一种调查方式。问卷调查是直接收集市场信息最常用的方法，在国内外被广泛采用。

问卷调查提供了标准化和统一化的数据收集程序，它使问题的表述用语和提问的程序标准化。每一个应答者看到或听到的都是相同的文字和问题，每一个访问员问的都是完全相同的问题，这使所得到的数据具有可比性。一份好的问卷可能有助于收集到质量非常高的市场信息。问卷调查法的优点是：访问过程较直接，易于操作；所收集的数据比较可靠；数据的整理、分析和解释都比较简单。问卷调查法的缺点是：对于涉及个人隐私或感情、信仰等方面的敏感问题，被调查者可能不愿意回答，还有一些被调查者不能回答，这些都可能影响数据的有效性；所问问题的措辞设计很不容易，所以要设计一份好的问卷难度较大。市场信息收集的好坏在很大程度上取决于问题设计的好坏。

② 面谈访问法。面谈访问法是指访问人员根据收集信息的提纲直接访问被访问者，当面询问有关问题。它既可以是个别面谈，主要通过口头询问；也可以是群体面谈，可通过座谈会等形式。一般来说，个别面谈用于商品需求、购物习惯等；群体面谈，是请一些专家就市场价格状况和未来市场走向进行分析和判断。面谈访问法的优点是：回答率高；可通过调查人员的解释和启发来帮助被访问者完成收集信息的任务；可以根据被访问者的性格特征、心理变化、对访问的态度及各种非语言信息，扩大或缩小收集范围，具有较强的灵活性；并可对访问的环境和访问背景进行了解。面谈访问法的缺点是：人力、物力耗费较大；要求访问人员的素质较高；对访问人员的管理较困难；此方法可能会受到一些单位和家庭的拒绝，从而导致任务无法完成。

③ 电话询问法。电话询问法是由工作人员通过电话向被访问者询问了解有关问题的一种方法。电话询问法的优点是：取得市场信息的速度较快；节省收集费用和时间；信息的覆盖面较广；可以访问到一些不易见到面的被访问者，如某些名人等。电话询问法的缺点是：被访问者只限于有电话的地区和个人；电话提问受到时间的限制；被访问者可能因不了解问题的详尽、确切的意图而无法回答或无法正确回答；对于某些专业性较强的问题无法获得所需的信息资料；无法针对被访问者的性格特点控制其情绪。

④ 观察调查法。观察调查法是收集信息的工作人员凭借自己的感官和各种记录工具，深入被观察者现场，在被观察者未察觉的情况下，直接观察和记录被观察者的行为，以收集市场信息的一种方法。观察调查法的优点是：可以实地记录市场现象的发生，能够获得直接而具体的生动材料，对市场现象的实际过程和当时的环境气氛都可以了解，这是其他方法不能比拟的。观察调查法不要求被观察者具有配合收集工作的语言表达能力或文字表达能力，因此适用性也比较强。观

察调查法还有资料可靠性高、简便易行、灵活性强等优点。观察调查法的缺点是：只能观察到人的外部行为，不能说明其内在动机，观察活动受时间和空间的限制，被观察者有时难免受到一定程度的干扰而不完全处于自然状态等。总之，运用观察调查法，须扬长避短，尽量减少观察误差。

⑤ 实验调查法。实验调查法是指市场调查者有目的、有意识地改变一个或几个影响因素，来观察市场现象在这些因素影响下的变动情况，以认识市场现象的本质特征和发展规律。实验调查既是一种实践过程，又是一种认识过程，并将实践与认识统一为调查研究过程。企业在经营活动中经常运用这种方法，如开展一些小规模的包装实验、价格实验、广告实验、新产品销售实验等，来测验这些措施在市场上的反应，以对市场形成一个总体的认识。

（3）网络调研法

随着互联网的普及，利用网络工具进行信息搜集已成为许多企业的重要手段，网络调研法对于人力、时间、精力有限的创业者来说无疑提供了一个良好的机会。网络调研法又称网上市场调查或联机市场调查，它指的是通过网络有系统、有计划、有组织地收集、调查、记录、整理、分析与产品、服务有关的市场信息，客观地测定及评价现有市场及潜在市场，用以解决市场营销中的有关问题，其调研信息可作为各项营销决策的依据。

① E-mail 问卷调研法。E-mail 问卷调研法包括主动问卷法和被动问卷法两种。

● 主动问卷法。例如，美国消费者调查公司（American Opinion）是美国的一家网上市场调查公司，它通过互联网在世界范围内征集会员，只要回答一些关于个人职业、家庭成员组成及收入等方面的个人背景资料问题即可成为会员。该公司每月都会寄出一些市场调查表给符合调研要求的会员，询问诸如“你最喜欢的食物是哪些口味、你最需要哪些家用电器”等问题，在调查表的下面注明完成调研后被调查者可以获得的酬金，根据问卷的长短及难度的不同，酬金的范围在 4～25 美元，并且每月还会从会员中随机抽奖，中奖者至少会被奖励 50 美元。该公司会员注册十分积极，目前已有网上会员 50 多万人。

● 被动问卷法。被动问卷法是一种将问卷放置在网站上，等待访问者访问时主动填写问卷的一种调研方法。例如，中国互联网络信息中心（China Internet Network Information Center，CNNIC）每半年进行一次的“中国互联网络发展状况调查”采用的就是被动问卷法。在调查期间，为达到可以满足统计需要的问卷数量，CNNIC 一般与国内一些著名的 ISP（网络服务提供商）/ICP（网络媒体提供商）合作设置调查问卷的链接，如新浪、搜狐、网易等，进行适当的宣传以吸引大量的互联网浏览者进行问卷点击，感兴趣的人会自愿填写问卷。

② 网上焦点座谈法。网上焦点座谈法是在同一时间随机选择 2～6 位被访问者，弹出邀请信，告知其可以进入一个特定的网络聊天室，相互讨论对某个事件、产品或服务等的看法和评价。

③ 使用 BBS 电子公告板进行网络市场调查。这种调研方式即网络用户通过 Telnet 或 Web 方式在电子公告栏发布消息。BBS 上的信息量少，但针对性较强，适合行业特点突出的企业。

④ 委托市场调查机构调查。企业委托市场调查机构开展市场调查，是主要针对企业及其产品的调查。调查内容通常包括网络浏览者对企业的了解情况；网络浏览者对企业产品的款式、性能、质量、价格、售后服务等的满意程度；网络浏览者对企业产品的意见和建议。

⑤ 合作方式的网络市场调查。这种调研由于是企业和媒体合作进行的，所以调查题目也是企业和媒体各出一半。

2. 市场调查的过程

市场调查是调查市场状况、周边环境和消费者需求，通过搜集、整理、分析有关市场营销的数据信息，了解市场现状和发展趋势的过程。

市场调查一般由 5 个步骤构成，分别为：明确市场调查目的；制定市场调查计划；组织实施计划；整理与分析调查资料；撰写市场调查报告（通过对调查资料的分析研究，对市场情况形成一个明晰的认识。针对市场供求矛盾和调查发现的问题，供领导决策参考）。

（1）明确市场调查目的

明确市场调查目的就是明确在市场调查中要解决哪些问题、通过市场调查希望取得哪些资料、取得这些资料有什么用途等问题。只有明确了市场调查目的，才能确定调研的范围、内容和方法，以免在调查表中列入一些无关紧要的调查项目，而漏掉重要的调查项目，以致无法满足市场调查的要求。

（2）制定市场调查计划

制定市场调查计划就是根据市场调查的目的和调查对象的性质，在实际调查之前，对市场调查工作的各个方面和阶段进行总体安排，制定出合理的工作程序，主要包括以下内容。

① 市场调查内容。市场调查内容是根据市场调查目的来确定的。例如，某个市场调查的目的是全面了解主要竞争品牌的信息，那么，市场调查内容应该包括主要竞争者的产品和品牌的优、劣势；营销方式和营销策略，市场概况和营销网络状态等。

② 市场调查对象。市场调查对象是根据调查目的和调查内容确定的被调查群体。应该根据市场调查目的和经费来确定合适的调查对象数量。

③ 市场调查人员。由于被调查对象是社会各阶层成员，其思想认识、文化水平差异较大，所以调查人员的素质要求要根据调查对象和调查方法来确定。创业应围绕市场调查内容，对市场调查人员进行思想教育，使每个调查人员都能深刻认识调查的目的和意义。另外，企业要对调查人员进行工作技能训练，包括如何面对调查对象、如何提问、如何解释、遇到一些情况如何处理等。根据市场调查方案，一般可将市场调查人员分为调查督导、调研人员和复核员 3 种。

④ 市场调查方法。如上节所述，市场调查方法有很多种，采用哪种方法取决于调研对象和调研任务。一般复杂的市场调查都是多种调查方法的结合运用。

（3）组织实施计划

该环节包括根据调查任务和规模建立调查组织或外请专业调查公司、准备调查工具、实地展开调查等。

（4）整理与分析调查资料

在整理与分析调查资料的过程中应对资料进行科学的分析，检查资料是否齐全；对资料进行编辑加工，去粗存精，去伪存真，透过现象看本质，找出误差，剔除前后矛盾之处；对资料进行分类、制图、列表，以便于归档、查找、使用；运用统计模型和其他数学模型对数据进行处理，以充分挖掘现有数据中可推出的结果，在看似无关的信息之间建立起内在联系。

（5）撰写市场调查报告

市场调查报告应包括以下内容。

① 引言。引言用来说明市场调查的目的、对象、范围、方法、时间和地点等。

② 摘要。摘要用来简明概括整个研究的结论和建议，这也许是决策者有时间读的唯一部分。这部分内容包括对市场调查主要内容的总结，并提出如何利用已

证明为有效的措施和解决某一具体问题可供选择的方案和建议。结论和建议与正文部分的论述要紧密对应，不可以提出无根据的结论，也不要进行无结论性意见的论证。

③ 正文。正文用来详细说明市场调查的目标、过程、结论和建议。

④ 附件。附件包括样本分配、数据图表、问卷附件、访问记录、参考资料等。

5.4　创业机会的评价与确定过程

5.4.1　创业机会的特征

识别创业机会是思考和探索互动反复，并将创意进行转变的过程。创业机会具有如下特征。

① 普遍性。凡是有市场、有经营的地方，客观上就存在着创业机会。创业机会普遍存在于各种经营活动过程之中。

② 偶然性。对一个企业来说，创业机会的发现和捕捉带有很大的不确定性，任何创业机会的产生都有“意外”因素。

③ 消逝性。创业机会存在于一定的时空范围之内，随着产生创业机会的客观条件的变化，创业机会也会相应地消逝和流失。

5.4.2　创业机会的评价标准

对创业机会，从以下方面进行评价。

- 创业机会的盈利能力，包括能否满足用户的真实需要，客户的终生价值又如何？
- 创业机会的发展能力，包括能否有可以利用的资源，能否找到降低获客成本的方式?
- 创业机会的市场空间，是没人竞争的小赛道，还是有想象力的大赛道？
- 创业可能的风险承受，我能不能承受得起这个损失？是否可以通过融资来为风险买个保险？
- 创业的自身准备，有没有相关的经验？商业知识够不够？

● 创业机会的目前趋势，有哪些高势能的平台能为我的团队赋能？

● 团队成员，他们的战斗力如何？是否能够齐心协力？是否拥有“创新”和“效率”这两把武器？

5.4.3 创业机会的价值评价

创业机会具有及时性，所以创业者发现创业机会的时候必须迅速地识别创业机会，评价创业机会的价值。创业者对创业机会的评价来自他们的初始判断，而初始判断通常就是假设加简单的计算。牛根生在谈到牛奶的市场潜力时说：“民以食为天，食以奶为先，而我国人均喝奶的水平只是美国的几十分之一。”也许这就是他对乳制品机会价值的直观判断。

创业机会的模糊特性导致创业机会很难被识别，创业机会的价值很难被准确地评估。但创业机会转瞬即逝，如果对每个创业机会都要进行周密的市场调查，这经常会令人难以把握机会，所以有人认为只有创业天才才能识别创业机会，只有具有天才型商业敏感能力的人才能抓住创业机会。

评价创业机会的商业敏感能力与个人能力、天赋和决心直接相关。有些人具有天才型商业敏感能力，在很大程度上取决于其个人天赋。但是我们可以发现，具备较高商业敏感能力的人具有以下共同的特征。

① 较强的信息处理能力。发现创业机会需要相对充分、准确、及时的信息，并能获取别人难以获取的有价值的信息。但是评价创业机会，则需要较强的信息处理能力，这跟一个人的认知能力和逻辑思维能力有关。

② 良好的人际关系。良好的人际关系不但可以帮助创业者发现更多的创业机会，还可以帮助创业者识别创业机会。判断一个创业机会的价值，不同的人有不同的分析视角。众多的朋友可以帮你从更多的角度去分析创业机会，使你能更清楚地认识创业机会，更为理性地识别创业机会。

③ 专注精神。判断一个事物，对其认知程度决定了判断的准确性。而认知程度并不是天生的，而是后天习得的。专注精神提高了一个人在某方面的认知程度。创业者往往比别人更容易发现某行业的创业机会，并且能更为快速、准确地判断创业机会的价值。调查表明，大多数创业者都是从先前工作的行业中发现创业机会，并迅速抓住创业机会实现创业的。如果一个人专注于一个行业，并凭借专业

知识，就能迅速判断创业机会的价值。

④ 自信、乐观的心态。自信的人往往比较相信自己的判断。乐观的人往往比较看好创业机会的前景而不是风险。所以，自信、乐观的人在创业机会面前体现出的是一种勇敢和敢于尝试的冒险精神，往往能在别人之前识别机会和抓住机会。

创业案例 5-2

李维斯（Levi's）的诞生

深受年轻人喜爱的时尚牛仔裤是由美国人李维斯发明的。当年他像许多年轻人一样，带着梦想前往西部追赶淘金热潮。在途中，人们被一条大河挡住了去路，苦等数日而不得过河，被阻隔的行人越来越多，但都无法过河。于是陆续有人向上游、下游绕道而行，也有人打道回府，更多的则是怨声一片。而心情慢慢平静下来的李维斯却说："太棒了！"他想到了一个绝妙的创业主意——摆渡。没有人吝啬一点小钱坐他的渡船过河，他人生的第一笔财富居然因大河挡道而获得。

不久，摆渡的生意被人抢了，李维斯又说："太棒了！"他又想出了一个绝妙的创意——卖水。因为这时采矿工人越来越多，饮用水的销量很紧张，于是别人去采矿他卖水，他又赚了不少钱。后来卖水的生意又被抢走了，李维斯又说："太棒了！"他开始调整自己注意的焦点。他发现采矿工人跪在地上，裤子的膝盖部分特别容易磨破，而矿区里却有许多被人遗弃的帐篷，于是他又有了一个绝妙的创意——把那些旧帐篷收集起来，洗干净，就这样，他缝成了世界上第一条牛仔裤！从此，他一发不可收拾，最终成为举世闻名的"牛仔裤大王"。

【评析】

心理学家认为，一个人事业成功必须具备高智商、高情商和高挫折商这三个因素。在智商和情商都跟别人相差不大的情况下，挫折商对一个人的事业成功起着决定性的作用。李维斯将问题当作机会，最终实现了财富梦想，得益于他在挫折面前的一种乐观开朗的积极心态，以及善于抓住机会的细致观察力和能够满足人们需求的绝妙创意。

1. 主观评价创业机会的价值

主观评价创业机会的价值基本依靠的是创业者的个人能力，需要创业者具备以上 4 种特征，这样就能更为准确地评价创业机会的价值。另外，具有价值的创业机会本身也具备一些特征，创业者可以根据其特征比较分析自己的创业机会是否具有价值。

① 满足顾客的需求。一切创业机会都来源于顾客需求，能否满足顾客需求是评判创业机会的价值的根本标准。

② 较大的市场容量。有些细分市场容量太小，导致企业投资成本过大，难以实现盈利。较大的市场容量带来旺盛的需求和较高的利润，同时意味着创业窗口关闭的时间比较晚，企业的发展空间比较大，利润的增长空间也比较大。

③ 需求的及时性。有些机会具有较大的市场容量，但是时机没有到，市场没有成熟，这样的机会风险比较大。只有能及时满足顾客需求的市场，才能支撑得起初创企业的生存。

④ 较明确的目标市场。如果一个创业机会连目标市场都不明确，就很难相信这个创业机会具有价值。具有价值的创业机会一般都有比较明确的目标市场。

2. 客观评价创业机会的价值

假设简单计算的结果只是创业者对机会的初始判断，进一步的创业行动还需依靠调查研究，对机会价值做进一步的客观评价——定量分析。

（1）蒂蒙斯的创业机会评价框架

美国百森商学院的蒂蒙斯教授就创业机会提出了比较完善的评价方法。他的创业机会评价框架，涉及行业和市场、经济因素、收获条件、竞争优势、管理团队、致命缺陷问题、创业者的个人标准、理想与现实的战略性差异 8 个方面的 53 项指标，给我们提供了一个系统的评价框架和一套可量化的指标体系，如表 5-1 所示。创业者可以利用这个工具对行业和市场问题、竞争优势、财务指标、管理团队和致命缺陷等做出判断，来评价一个创业项目的价值与可行性。

表 5-1　蒂蒙斯的创业机会评价表

行业与市场	1. 市场容易识别，可以带来持续收入
	2. 顾客可以接受产品或服务，愿意为此付费
	3. 产品的附加价值高
	4. 产品对市场的影响力大
	5. 将要开发的产品生命长久

续表

行业与市场	6. 项目所在的行业是新兴行业，竞争不完善
	7. 市场规模大，销售潜力达到 1000 万～10 亿元
	8. 市场成长率在 30%～50%甚至更高
	9. 现有厂商的生产能力几乎饱和
	10. 在 5 年内能占据市场的领导地位，达到 20%以上
	11. 拥有低成本的供货商，具有成本优势
经济因素	1. 达到盈亏平衡点所需要的时间在 1.5～2 年
	2. 盈亏平衡点不会逐渐提高
	3. 投资回报率在 25%以上
	4. 项目对资金的要求不是很大，能够获得融资
	5. 销售额的年增长率高于 15%
	6. 有良好的现金流量，现金占到销售额的 20%～30%
	7. 能获得持久的毛利，毛利率达到 40%以上
	8. 能获得持久的税后利润，税后利润率超过 10%
	9. 资产集中程度低
	10. 运营资金不多，需求量是逐渐增加的
	11. 研究开发工作对资金的要求不高
收获条件	1. 项目带来的附加价值具有较高的战略意义
	2. 存在现有的或可预料的退出方式
	3. 资本市场环境有利，可以实现资本的流动
竞争优势	1. 固定成本和可变成本低
	2. 对成本、价格和销售的控制较高
	3. 已经获得或可以获得对专利所有权的保护
	4. 竞争对手尚未觉醒，竞争较弱
	5. 拥有专利或具有某种独占性
	6. 拥有发展良好的网络关系，容易获得合同
	7. 拥有杰出的关键人员和管理团队
管理团队	1. 创业者团队是一个优秀管理者的组合
	2. 行业和技术经验达到了本行业内的最高水平
	3. 管理团队的正直、廉洁程度能达到最高水平
	4. 管理团队知道自己缺乏哪方面的知识

续表

致命缺陷问题	不存在任何致命缺陷
创业者的个人标准	1. 个人目标与创业活动相符合
	2. 创业者可以做到在有限的风险下实现成功
	3. 创业者能接受薪水减少等损失
	4. 创业者渴望创业这种生活方式，而不只是为了赚大钱
	5. 创业者可以承受适当的风险
	6. 创业者在压力下状态依然良好
理想与现实的战略性差异	1. 理想与现实情况相吻合
	2. 管理团队已经是最好的
	3. 在客户服务管理方面有很好的服务理念
	4. 所创办的事业顺应时代潮流
	5. 所采取的技术具有突破性，不存在许多替代品或竞争对手
	6. 具备灵活的适应能力，能快速地进行取舍
	7. 始终在寻找新的机会
	8. 定价与市场领先者几乎持平
	9. 能够获得销售渠道，或已经拥有现成的网络
	10. 能够允许失败

评价体系说明了以下几点。

① 该指标体系主要适用于具有行业经验的投资人或资深创业者对初创企业的整体评价。

② 该指标体系必须运用创业机会评价的定性与定量方法才能得出创业机会的可行性及不同创业机会间的优劣排序。

③ 该指标体系涉及的项目比较多，在实际运用过程中可作为参考对象、创业机会所属行业特征及机会自身属性等进行重新分类、梳理简化，提高使用效能。

④ 该指标体系及其项目内容比较专业，创业导师在运用时一方面要多了解创业行业、企业管理和资源团队等方面的经验信息，另一方面要掌握这50多项指标内容的具体含义及评估技术。

蒂蒙斯创业机会评价体系只是一套评价标准，在进行创业机会评价实践时，还需要辅以科学的步骤和专业的评价方法才能操作。下面介绍一种常用且易操作的评价方法。

（2）标准矩阵打分法

标准矩阵打分法是指将创业机会评价体系的每个指标设定 3 个打分标准（如极好 3 分，好 2 分，一般 1 分）而形成的打分矩阵表，如表 5-2 所示。在打分后，求出每个指标的加权评价分。

表 5-2　标准打分矩阵

标准	专家评分		
	极好（3）	好（2）	一般（1）
易操作性 10%			
质量和易维护性 10%			
市场接受度 10%			
增加资本的能力 10%			
专利权状况 10%			
市场的大小 10%			
制造的简单性 10%			
广告潜力 10%			
成长潜力 10%			
投资回报 10%			

资料来源：左凌烨，雷家啸. 创业评价方法研究综述. 中外管理导报，2002（7）.

这种方法简单易懂、易操作，主要用于不同创业机会的对比评价，其量化结果可直接用创业机会的优劣排序。如果只用于一个创业机会的评价，则可采用多人打分后进行加权平均。其加权平均分越高，说明该创业机会越可能成功。

5.4.4　创业机会的确定过程

创业机会的确定过程包括三个阶段，如图 5-2 所示。

阶段一：机会的搜寻（Opportunity Searching）这一阶段创业者对整个经济系统中可能的创意展开搜索。如果创业者意识到某一创意是潜在的商业机会，具有潜在的发展价值，就将进入到机会确定的下一阶段。

阶段二：机会的识别（Opportunity Recognition）。相对整体意义上的机会识别过程，这里的机会识别应当是狭义上的识别，即从创意中筛选合适的机会。这一过程包括两个步骤：首先是通过对整体的市场环境，以及一般的行业分析来判断

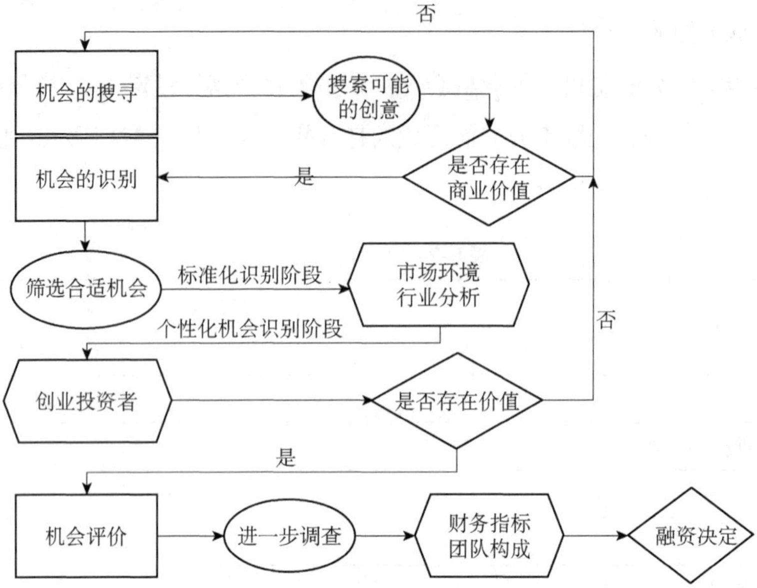

图 5-2　机会确定过程的三阶段模型

该机会是否广泛意义上属于有利的商业机会，Noel.J 和 Justin Craig 称之为机会的标准化识别阶段（Normative Opportunity Recognition Phase）；第二步是考察对于特定的创业者和投资者来说，这一机会是否有价值，也就是个性化的机会识别阶段（Individualise Fit Opportunity Recognition Phase）。

阶段三：机会的评价（Opportunity Evaluation）。实际上这里的机会评价已经带有部分“尽职调查”的含义，相对比较正式，考察的内容主要是各项财务指标、创业团队的构成等，通过机会的评价，创业者决定是否正式组建企业，吸引投资。

5.5　创业风险与防范

创业名言

要留神任何有利的瞬时，机会到了莫失之交臂！明智的人总是抓住机会，把它变成美好的未来，而这需要不怕可能的风险。过分审慎，就会坐失良机。等待没有风险的机会，无异于等待月光变为金银。

——歌德（德国科学家、小说家、诗人）

有机会，就有风险！创业者要善于识别风险，搞清可能的风险收益，并敢于承担风险。阅遍中国的创业大佬，还没有发现没有遇到过风险的人。

——黄维学（北京和力记易科技有限公司董事长）

创业案例 5-3

防范风险，合作共赢

闫钰焓，2006 年毕业于北京科技大学国际贸易专业，因为不想平平淡淡地工作，毕业时他就有了创业的打算。但那时由于没有具体的创业项目，她选择了先在北京就业。在北京一家经营 LED 的公司工作的两年时间里，她了解到 LED 照明是传统照明的替代产品，是未来大发展的行业趋势，而且，地处辽西北的鞍山几乎没有经营 LED 的公司。因此，她认为这是一个机会。

2007 年年底，闫钰焓辞职回到家乡鞍山，在一家做 LED 屏幕的公司做市场营销，她在工作中了解了鞍山的客户情况。2009 年，闫钰焓组建了鞍山盛众传媒有限公司（以下简称“盛众传媒公司”），主营 LED 广告屏的组装和维护。通过努力和把握市场机会，公司起初取得了非常好的业绩。同年，闫钰焓获得了 YBC 鞍山办公室为她提供的 3 万元创业扶持资金和 100 多平方米的创业场地。同时 YBC 鞍山办公室为她安排了一对一的创业导师，指导和支持她的创业。闫钰焓的导师是一位当地有名的律师。

合同藏陷阱，损失惨重

2010 年 6 月，盛众传媒公司接到一个大订单，因工期紧，急需购进 LED 广告屏组件。经朋友介绍，闫钰焓和省外一家公司签订了买卖合同。

不久，盛众传媒公司技术人员就发现组装好的 LED 屏存在屏不亮、显示内容不完整等质量问题。盛众传媒公司决定要求供货方公司做出说明、赔偿损失和承担违约责任。对方公司了解情况后承认该批供货存在质量问题，但只同意更换问题产品，并由买方盛众传媒公司承担运费；或者退回产品，扣除运费后返还货款，同时解除合同，除此之外不承担其他违约责任。

得到供货方公司的答复后，闫钰焓知道无论如何，盛众传媒公司都会蒙受损失；而对方公司尽管有责任，却没有任何损失。再查双方供货合同，闫钰焓发现当时由于急于签订合同，只对货品种类、交货时间和付款期限做了约定，而对供货方违约后应承担的责任未做约定。为了不影响工期，盛众传媒公司只能吞下这个苦果，退回产品并承担运费，蒙受了约 10 万元的经济损失，而当时公司的流动资金仅有10万元了。

事后，闫钰焓咨询了她的创业导师，发现除了供货方不承担违约责任，该合同还约定双方有争议时需要由供货方所在地法院管辖。这些法律陷阱使得盛众传媒公司处于极为不利的地位。如果盛众传媒公司采取行动维护其自身合法权益，也将面临额外的维权成本。通过这件事情，闫钰焓认识到了签订合同时专业法律意见的重要性。在签订合同时必须重视和研究各项条款，对于不利条款，一定要据理力争，以期建立平等、互利的经济合作关系，否则极有可能遭受损失。

“丑话”说前头，实现互利

2010年12月，盛众传媒公司和某大厦物业部门达成了初步合作意向，由盛众传媒公司提供LED组件在该大厦的外墙面组装户外广告屏，再交由第三方运营管理。闫钰焓和该大厦物业部门经理就签订合同事宜进行了沟通，该大厦物业部门经理交给闫钰焓一份合同草稿，建议在此基础上进一步统一意见，落实合同条款内容。闫钰焓向专业导师征询了法律意见。经过与甲方见面沟通，闫钰焓将自己能想到的可能出现的情况一一与对方进行了充分沟通与交流。

有了上次的教训，闫钰焓意识到，商业谈判中必须清楚地表达己方的立场，以掌握主动权，限定谈判对方的前提条件，从而引导事件朝有利于己方的方向发展，这也就是通常人们说的“丑话”说在前面。由于双方对于合作的主题非常明确，内容深入，终于签订了充分表达双方意见，并在以后执行操作中充分落实具体内容的合同，实现了互利。

2011年9月，盛众传媒公司进一步拓宽经营渠道，准备与某媒体合作，将自己名下的38处广告屏的使用权转让给该媒体。该媒体的做法非常强势，它提供了一份要求立刻签字盖章的合同。闫钰焓拿到合同后粗略一看，便发现了很多条款内容对自己不利，还有很多内容表述不明白。该媒体提供的合同是由其律师起草制定的，自然约定了对其单方有利的条款内容；合同还使用了很多专业术语，对于不懂专业法律知识的闫钰焓来说具有很大的迷惑性。

闫钰焓陷入两难：一方面，想与对方坦诚合作拓展业务；另一方面，不甘心签这种不平等“条约”。经过慎重考虑，闫钰焓采取以下做法：第一，请专业律师审核合同，挖掘风险隐患；第二，修改合同，使之遵循诚信和公平原则，既反映了某媒体的主张，同时也保护了盛众传媒公司的利益。

闫钰焓拿着修改后的合同文本和某媒体深入地交换了意见，赢得了对方的理解和尊重。双方对合同又做了小的调整，新的合同文本出炉了。随后签字盖章生效，实现了双赢。

课堂思考与讨论：

1. 在碰到对己方不合理的合同条款，而你又非常想和对方合作时，如何有效地规避风险?

2. 如果签订了一份条款内容对自己不公平的合同，可以通过哪些途径得到帮助?

5.5.1 创业风险的构成与特征

1. 创业风险的构成

创业风险是指企业在创业过程中存在的各种风险。由于创业环境的不确定性，创业机会与创业活动的复杂性，创业者、创业团队与创业投资者的能力和实力的有限性而导致的创业活动结果的不确定性，就是创业风险。

创业者不要简单地以为经过千斟万酌而确认的创业机会就不会有风险了，其实再有价值的创业机会也是有风险的，因为多数创业机会都蕴含着诸多的不确定性。

传统意义上，创业的风险按产生的原因可分为主观创业风险和客观创业风险；按照创业风险的内容可分为技术风险、政策风险、市场风险、生产风险、管理网险、其他风险等。从创业的不同阶段来对创业风险的类型进行划分，包括创业准备与创业初期的风险、创业成长期的风险和创业平稳发展期的风险。虽然技术、政策、市场、生产、管理等风险在创业的各个阶段都存在，但其主次地位是不同的。在此处按创业阶段来划分风险类型主要是强调该阶段占主导地位的风险。

2. 创业风险的特征

创业风险种类繁多，贯穿并交织于整个创业过程，但是这些风险具有一些共同的特征。

- 客观性。创业本身就是一个识别风险和应付风险的过程，风险的出现是不以人的意志为转移的，所以创业风险的存在是客观的。
- 不确定性。由于创业的影响因素具有不确定性，这些因素是不断变化、不断发展的，甚至是难以预料的，因此造成了创业风险的不确定性。

- 双重性。创业有成功和失败两种可能性，创业风险有盈利和亏损双重性。
- 可变性。随着影响创业因素的变化，创业风险的大小、性质和程度也会发生变化。
- 可识别性。根据创业风险的特征和性质，创业风险是可以被识别和划分的。
- 相关性。创业风险与创业者的行为紧密相连。同一风险，采取不同的对策，将会出现不同的结果。

5.5.2 创业风险的分析与防范

1. 创业风险的分析

关于创业风险的来源，“五缺口”理论与“缺口”理论较为盛行。但并非明确地从上述两个理论框架下进行分析，而是综合当下社会创业现状来分析风险之来源。创业风险的来源，主要包括以下四个方面。

（1）缺乏交易记录与信用记录，运营成本高

创业资金的筹集本身就是创业者在创业过程中需要迈过的第一道“坎”，对于大学生或是返乡创业的农民工，更是其创业路上的巨大“拦路虎”。一般长期合作的企业间进行交易，往往会有赊销、赊购等行为，但由于创业者在商业圈子里是个新人，缺乏与他人变易的记录，其信用情况也难以在短时间内获得业内人士的认可。因此其在进行商业活动时，往往是现金支付，没有时间差，如此一来，其所需要的资金量就较大，运营成本提高，加大了创业风险。

（2）缺之亲身实践调研，未及时把握市场动态

在我国，许多人选择创业之前，往往是从亲朋好友或网络、电视等媒介来获取创业信息的。但在创业之前，亲身做全面的市场调查是十分必要的。市场是一个动态的架构，那“看不见的手”无时无刻不在改变着一些行业的情况，或是悄然渐变，或是疾风骤雨似的突变，这些仅靠熟人的转述或大众传媒的间接介绍即使能了解大概，也是不够具体细致的，更何况这中间还有“时间差”这一重要因素。

在创业过程中，时机的把握尤为重要。许多人看到周围人在某一行业创业如鱼得水，于是自己不顾时机也奋身跳下，往往是先机已被他人占尽，其只能铩羽而归。这样的创业从一开始就注定了其失败的结局。

当然，做市场调研，把握市场动态不仅在于时机的选择，还在于行业的选择。若是夕阳产业，即使调研显示利润颇丰，但从长期看，创业成功的持久性也难以保障。因此，应在选择朝阳产业的前提下，充分利用获取的第一手信息，跨出创业的第一步。

（3）初期期望值过高，承压能力低

创业者总是饱含热情的，当然这是创业所必需的主观精神状态，但在热情之余，好高骛远的心理也并不罕见。初期的期望值过高，希望毕其功于一役是不太现实的。在实际的创业中，“天时地利人和”的条件难遇。若短期创业未能成功，一些心理承压能力低的创业者面临的创业风险就会急剧加大。在创业过程中，信心、勇气、执着信念是第一位的。在波涛汹涌的创业环境中，若是心理素质不够硬，创业风险往往会使刚扬帆起航的创业之舟倾覆。

（4）懂技术不懂管理，人才流失

如今高新技术产业作为朝阳产业，其发展势头迅猛，许多高新技术人员凭着自身过硬的专项技术纷纷创业。这些创业企业在运营初期，工作人员较少，凭借技术占领广阔市场的一席之地。但在企业扩大过程中，管理因素的重要性日益凸显。由于创业起步不久，资金一般并不充裕，难以雇用到专门的高级管理人才。

其实，有时即使是有充足的资金聘请管理人员，创业者也并不乐意让其代为管理企业。在中国，家族企业盛行，“谁出钱企业就是谁的，就归谁管”的观念根深蒂固，在企业规模扩大时，最初的创业者往往是请亲朋好友以一种类似“帮忙”的方式协助自己进行管理，其始终固守着“一言堂”。在这样的情况下，管理水平长久难以提高，技术人才看着升职为管理人员无望，流失更为严重，创业风险随之陡然上升，阻遏企业的顺利发展。

2. 创业风险的防范

（1）树立创业风险意识，热情与理性并重

在选择创业之初，就应牢固树立创业风险意识，不要期望创业中不遇或少遇风险，而是有直面风险、积极防范的信心与勇气。在创业过程中，除了热情，理性也不可或缺。只有热情而没有理性，往往热情一过，创业就难以继续；而只有理性没有热情，则创业者在整个创业过程中往往情绪较为低沉，难以享受创业带来的乐趣，对于企业的长期发展尤其是企业文化的形成是极为不利的。树立创业风险意识，把握热情与理性的平衡点，需要创业者在创业实践中积极培养。

（2）选择熟悉行业，讲求团队合作

而今已是讲求合作与竞争并存的时代，个人单干取得成功的概率不断下降，而创业团队取得成功则比比皆是。在一个创业团队中，每个成员各司其职，优势互补，并通过头脑风暴等方式不断找到企业的创新点，企业前行的动力才会长久。当然，在团队合作的同时，这个团队进入的领域也必须是其大多成员所熟悉的。若是几个门外汉组建的团队，在创业过程中，往往也会事倍功半。

（3）摆正创业期望值，循序渐进展开

创业者在起初对于创业结果的期望值不能抱得太高，否则期望与现实相去甚远，会打击其创业热情，而合适的期望值会促进创业过程循序渐进地展开。若总期望一蹴而就，创业者有时会采取孤注一掷的做法，导致流动资金短缺或造成铺张浪费。对于这一防范措施，大学生创业者尤为需要注意。大学生总梦想着比尔·盖茨式的创业，但这只是不多见的在特定的创业环境、时代背景中出现的。脚踏实地地走好创业的每一步，朝着一个合理的期望值前进，这样的创业才是经得起市场考验的。

（4）多实践、亲调研、积经验

中国人重视社会关系的培养，对于创业信息的获取、创业道路的选择等往往是从复杂的关系网的某一局域获取的。但实际上，虽然这是获取信息的有效途径有时甚至是捷径，但毕竟是不全面的，并或多或少地包含了一定主观色彩。因此，创业者在创业之前多实践，亲身到市场进行细致调研，多积累经验是必要的。当然，此处的实践、调研等都需要在创业方向既定的前提下进行，否则漫无目标地进行，益处往往不大。

（5）重视管理，不搞“一言堂”

正如前面所述，管理因素在创业的后期阶段是十分重要的。其实许多创业者并非不知管理的重要性，只是知其重要性但不知如何做，或是习惯了“一言堂”的管理模式，不愿轻易打破自身在企业决策中的绝对至高地位。对于前者，在资金充裕的前提下，聘请专业的管理人员就可相对有效地防范管理风险；而至于后者，创业者首先应端正心态，顺应当今企业所有者与管理者相分离的潮流，实现决策民主，科学管理，才能避免之前的所有努力付诸东流。

5.5.3　大学生创业过程中的常见风险

大学生创业过程中面临的风险主要有自身因素的原因及社会环境方面的影响，具体来说，主要包括以下因素。

1. 创业心态——心态不成熟，难以承受挫折

眼高手低、纸上谈兵是大学生最常见的创业风险。大学生长期待在校园里，对社会缺乏了解，更缺少创业经验，其创业想法往往因一时创业激情而起，大学生易把创业问题简单化、理想化，对创业过于自信，对困难估计不足，认为自己学历高、成绩好、获得过各种奖励，动手创业就能成功。

还有些大学生过分夸大创业困难，过高估计创业压力，过低估计自身价值，妄自菲薄，没有信心和勇气面对创业，根本不愿意动手尝试。另外，有的大学生由于没有经受过挫折的考验，心理承受能力和自我调节能力较差，创业受挫后易产生强烈的挫折感，忧心忡忡，胆怯心虚，不能正确认识自己的创业优势，甚至把自身的长处看成短处，在创业竞争中信心不足，自我设限，错失许多机会，严重影响了创业的成功。

2. 项目风险——项目选择盲目，缺乏针对性

创业项目选择风险是指在创业初期因选择的创业项目不当，导致企业无法盈利而难以生存的风险。

大学生创业激情高，但容易盲目选择项目，多数大学生没有进行前期市场调查和绩效分析，看到别人干什么自己也跟着模仿，缺乏针对自己特长及资源的调查分析，企业形态选择盲目。例如，加盟连锁经营型创业模式虽可以直接享受知名品牌的影响，复制他人的成功经验，并能获得资源支持，降低经营成本，但也存在着虚假宣传、交纳高额加盟费，甚至以合法形式掩盖非法目的等不良现象的风险，大学生创业者一旦被天花乱坠的宣传语所迷惑，没有收集资料，也不进行实地考察和市场分析，就盲目选择加盟连锁创业模式，而不考虑自己的实际情况，那么企业发展的风险就会较大，从而影响创业的成功。

创业案例 5-4

加盟连锁的创业风险

郑州即将毕业的大学生小朱在创业过程中，就被高回报忽悠了一把。

2008年冬天，小朱按网上地址找到北京一家销售木纤维毛巾的加盟连锁公司，听了招商部经理对这种成本低、利润高且风险小的产品推介，她心动了，把从亲戚那里借来的钱全换成毛巾，并取得了该公司在河南省的独家代理权。

头一个月，她兴冲冲地跑遍了周边所有学校，没卖出一条毛巾。然后她又去居民小区推销，效果还是不好。于是，她开始通过网络进行推销。哪知两个月过去后，仍没卖出一件产品。

调查发现，有小朱这样遭遇的大学生不在少数。不少高校毕业生选择了加盟连锁的创业方式。他们从电视和网络等媒体了解到加盟连锁项目的丰厚条件，例如，企业总部提供免费指导，不收取任何加盟费用，进货达到一定额度就能获得额外奖金，低风险甚至无风险等，于是，就开始创业了。小朱说，我们一无资金，二无经验，加盟连锁会让自己开店的风险降低很多，可结果却事与愿违。

【评析】

一些所谓的加盟连锁企业深谙大学生的创业心理，鼓吹加盟连锁能快速致富，已为大学生们准备好了连环套：说品牌在国外已有十几年甚至几十年成功运营史，实际已死无对证；说生产基地在某发达省市，可是路途遥远不便去看；说加盟利润很高，这只有天知道；说经营好了还给你返奖金和装修费，前提是经营好，这基本没希望；说还有许多成功范例，带你去看其他加盟店，实际就是托；更重要的是，说投资成本仅两三万元，还有优厚的换货条件，利用高回报低风险诱惑大学生。大学生创业加盟连锁要小心受骗。

3. 资金风险——融资渠道单一，企业发展缺乏动力

资金风险是指因资金不能适时供应而导致创业失败的可能性。

对于新创企业，资金缺乏是最为普遍的问题，如果创业者不能及时解决这个问题，非常容易造成创业夭折。例如，巨人集团因为修建巨人大厦时1 000万元的资金缺口而轰然崩塌；辉煌一时的新疆德隆集团，短短几年内一下子进入十几个产业，总负债高达570亿元，酝酿了巨大的资金风险，2004年年初，德隆集团资金链开始断裂，建造在沙滩上的堡垒顷刻间分崩离析。

可见，资金风险对于初创企业来说往往是致命的。因此，快速、高效地筹措到资金是创业成功的重要因素。

大学生长期生活在校园里，没有资金来源，更无资金积累，再加上大学生交

往对象多为处境相同的学生，社会关系简单，人际交往单一，很少能够从同学处筹措到创业资金，并且刚出校门的大学生想轻松地从银行贷到资金也十分困难。目前，大学生创业的资金更多的是靠父母、亲戚的帮助，融资渠道单一，资金来源不稳定，资金数额较小，创业之初资金的局限性为后期的企业发展埋下了隐患。企业创办起来后，缺少发展资金会造成企业的现金流中断，不能支持企业的正常运作，使企业发展停滞不前甚至倒闭，从而造成创业失败。

4. 法律风险

大学生由于社会经验不丰富，法律观念不强，维权意识淡薄，在创业开始时乃至整个过程中都有可能深陷法律陷阱，这将会对企业造成致命的打击。例如，个人合伙制企业投资者要承担无限连带责任，如果企业对他人的人身造成损害或对财产造成损失，企业不但要以自身财产赔偿对方损失，在企业财产不足以赔偿对方损失时，投资合伙人还要以个人财产赔偿对对方造成的损失。

所以，大学生创业选择合伙制企业模式时一定要慎重考虑。再有，大学生创业者在与客户签订合同时不注意审查对方的主体资格，不调查、了解对方的信用、履行合同的能力及还债能力等情况，往往会造成合同无效、对方无力履行合同甚至钱款或货物被骗等情况发生。在权利受到侵害时，大学生创业者维权意识淡薄，不是通过法律途径来解决，更多的是托人情、找关系，私下解决，法律风险极大。

5. 市场风险

市场风险是指市场主体从事经济活动所面临的盈利或亏损的可能性和不确定性。

（1）市场需求量

如果产品的市场需求量较小或者产品在短期内不能为市场接受，那么产品的市场价值就无法实现，投资就无法收回，从而造成创业夭折。

（2）市场接受需要时间

一个全新的产品，打开市场需要一定的过程与时间，如果初创企业缺乏雄厚的财力进行营销策划，产品为市场所接受的过程就会更长，因而不可避免地出现产品销售不畅，前期投入难以回收，从而给初创企业资金周转带来极大困难。

（3）市场价格

产品价格超出了市场的承受力，就很难为市场接受，技术产品的商业化、产业化就无法实现，投资也就无法收回。当某种新产品逐渐被市场接受和吸纳时，其高额的利润会吸引来众多的竞争者，可能会造成供大于求的局面，导致价格下跌，从而影响高新技术产品创新的投资回报。

（4）市场战略

一项好的高新技术产品，如果没有好的市场战略规划，相反在价格定位、用户选择、上市时机、市场区域划分等方面出现失误，就会给产品的市场开拓造成困难，甚至功亏一篑。

6. 管理风险

（1）管理者风险

一个优秀的创业者，可以不具备精深的技术知识，但必须具备这样一些素质：具有强烈的创新精神与创业意识，不墨守成规、人云亦云；具有追求成功的强烈欲望，富于冒险精神、献身精神，有忍耐力；具有敏锐的机会意识和高超的决策水平，善于发现机会、把握机会和利用机会；具有强烈的责任感和自信心，敢于在困境中奋斗、在低谷中崛起。

一些大学生创业者虽然技术出类拔萃，但理财、营销、沟通、管理方面的能力普遍不足。发达国家初创企业的成功经验之一，就是技术专家、管理专家、财务专家、营销专家的有机组合，形成团队的整体优势，从而为初创企业奠定坚实的组织基础。那种由技术所有者包揽一切、集众权于一身的家长式管理，往往由于管理水平、管理模式等方面的问题，导致创业夭折。

（2）决策风险

无论是政治、军事还是商业，由于决策失误而造成失败的事例实在是太多了。对于大学生创业者而言，绝不可以根据自己的喜怒哀乐或不切合实际的个人偏好而做出决策。不进行科学的分析，而仅凭个人经验或运气的决策方式都可能导致惨痛的失败。

管理者决策水平的高低对初创企业的成败影响巨大，据美国兰德公司统计，世界上破产倒闭的大企业中，85%是因企业家决策失误造成的。

（3）组织和人力资源风险

组织和人力资源风险是指由于初创企业的团队分歧、组织结构不合理、用人不当所带来的风险。初创企业的迅速发展如果不伴随着组织结构、用人机制的相应调整，往往会成为初创企业潜在危机的根源。

现代企业越来越重视团队的力量。团队的力量越大，产生的风险也越大。一旦创业团队的核心成员在某些问题上产生分歧不能达到统一时，就极有可能会对企业造成强烈的冲击。事实上，做好团队的协作并非易事，特别是在处理与股权、利益相关联的事情时，很多初创时关系很好的伙伴都会闹得不欢而散。

“中国企业家调查系统第十届企业家成长与发展调查”对 3 539 位企业经营者的问卷调查结果表明：“企业经营者最容易出现的问题”中，“用人不当”仅次于排在第一位的“决策失误”。用人不当已经成为制约企业发展的重要因素。

7. 技术风险

技术风险是指在企业技术创新过程中，因技术因素导致创业失败的可能性。

（1）技术成功的不确定性

创新技术从研究开发到实现产品化、产业化的过程中，任何一个环节的技术障碍，都将使产品创新前功尽弃，归于失败。很多初创企业，在技术产业化实施的过程中，屡试屡败，其中的原因是多方面的。当用血汗赚来的资金或以家产抵押来的创业资金将要耗尽，却还没有生产出合格的产品时，企业将面临极大的风险。

（2）技术前景、技术寿命的不确定性

如果赖以创业的技术创新不能够实现产业化，或不能在高新技术寿命周期内迅速实现产业化，不能收回初始投资并取得利润，则必然造成创业的夭折。

（3）技术效果的不确定性

一项高技术产品即使能成功地开发和生产，但若达不到创业前所预期的效果，也会造成大的损失甚至创业夭折。

20 世纪 70 年代，著名的美国杜邦公司曾对一种被称为“Corfam”的皮革替代品进行产品开发并上市销售。预测和试穿的成功，使杜邦公司决策层非常乐观，他们希望“Corfam”不仅能一帆风顺地上市，而且能像公司曾经发明的尼龙一样，成为世界性的畅销商品，引发鞋面用料的革命，再现杜邦公司的辉煌。然而，最终的结果却大大出乎人们的意料。“Corfam”的产品开发亏损了近 1 亿美元，这成为杜邦公司历史上罕见的一次失败。

5.5.4　大学生创业风险管控对策

大学生创业虽存在诸多风险，但机遇和挑战并存，唯有冷静地分析风险，勇敢地面对挑战，大学生创业者才能防范风险，克服困难，走向创业成功。针对大学生创业过程中遇到的风险，可以从以下方面加以管控。

1. 调整心态，做好创业准备

对自己充分了解，是大学生进行创业的前提。大学生创业时要对自己的个性特征、特长等有充分的了解，选择适合自己个性特征、符合个人兴趣爱好的项目进行创业，同时创业者要掌握广博的知识，具有一专多能的知识结构，才能进行创造性思维，才可能做出正确的创业决策。大学生在创业前还要积累一些有关市场开拓、企业运营方面的经验，通过在企业打工或者实习、参加创业培训、接受专业指导，来积累创业知识，提高创业成功率。

大学生创业者还应当锻炼受挫能力，遇到挫折后应放下心理包袱，仔细寻找失利的原因。属于主观原因的，要适当调整自己的动机、追求和行为，避免下次出现同样的错误；属于客观或社会中自己无能为力的因素的，也不要过于自责、自卑或固执，应坦然面对，灵活处理，争取新的机会。即使失败，也要振作起来，使自己始终保持昂扬的斗志和必胜的信心，直至创业成功。

2. 审时度势，创业应有选择地量力而行

创业路途充满艰辛，绝不是一蹴而就的。因此，创业者应找到合适的切入点，选择合适的时机、合适的项目和合适的规模来进行。大学生创业者大多手中资金较少，创业经验不足，可以选择起点低、启动资金少的项目进行创业。

另外，大学生创业要选择一种适合自己的企业法律形态。创业者选择个体工商户、合伙制企业的形态模式时，虽没有最低注册资本的要求，但创业者或投资人要对企业承担无限连带责任，企业如果经营不善欠下债务，股东要对企业的债务承担继续偿还的责任，创业时应慎重选择；创业时如果设立的是有限责任公司，公司具备法人资格，能够独立承担法律责任，公司如果资不抵债宣告破产，对公司不能清偿的债务，股东仅以其出资额承担法律责任，超出的部分不承担法律责任。同时，有些人为的因素，可能会导致合伙人之间、股东之间因经营理念、利益分割而产生矛盾，甚至因性格原因发生冲突，因此，创业者在组建团队时，也应注意选择志同道合、善于沟通、以企业利益为重的合作者，这是非常重要的。

3. 充分利用优惠政策，迈出创业坚实的第一步

支持大学生创业，已经成为各级政府的重要议事内容。近年来，相关部门陆续出台了许多优惠政策，鼓励和支持大学生创业。虽然有些优惠政策在实施过程中出现了配套措施不到位、具体操作烦琐等情况，但大学生创业者一定要充分了解这些优惠政策，并把它们充分运用到自己的创业实践中。具体来说，高校要向大学毕业生详细宣讲政府出台的创业优惠政策，使大学生创业者对自己能享受到的优惠政策熟记在心；相关部门对这些优惠政策要出台具体实施办法及操作指引等，以方便大学生创业者操作实施，使党和政府支持大学生创业的优惠政策，成为帮助大学生创业的阳光、雨露，使大学生迈出创业坚实的第一步。

4. 多渠道融资，降低创业资金风险

虽然大学生创业融资渠道相对较少，但社会相关各方仍能为大学生创业提供资金。政府为大学生创业提供贴息贷款。有的经营项目，能够提供有稳定收入的行政、事业单位的正式职工作为担保人的，大学生创业者可以申请最高额度为 10 万元、期限为 3 年的政府贴息贷款，还可以得到各类创业基金的资金支持。目前，由中国社会福利教育基金会发起的中国大学生创业基金、由共青团中央发起的中国青年创业就业基金、由社会知名人士郑泽等人发起的中国大学生西部创业基金等，都可以帮助大学生解决部分创业资金的短缺问题。由共青团中央、中国科学技术协会、教育部和中华全国学生联合会等单位主办的“挑战杯大学生创业大赛”为冠军提供 10 万元的创业基金。大学生参加创业大赛，既可以锻炼创业能力，又可能获得高额的创业资金，是一种很好的融资途径。大学生创业者还可以引入风险投资。虽然风险投资风险高，但回报也高。风险投资者比较关注创业管理团队的构成、管理者的素质、创业者自身持续奋斗的精神等，有优秀的创业团队、独一无二的技术支撑、光明市场前景的创业项目，有可能得到风险投资家的青睐，从而获得创业资金。大学生创业的成功典范——江南春创办的分众传媒，在两年内获得了近 500 万美元的风险投资。

5. 树立团队意识，与他人合作共赢

新东方教育集团总裁俞敏洪认为，创业除了自己成功，还要与别人一起成功。一个人的能力是有限的，创业一定要抛弃单打独斗、孤军奋战的个人英雄主义思想，牢固树立团队合作共赢的理念。大学生创业应建立一个由各方面专才组成的合作团队，大家既有共同的理想，又能有效地使技术创新与经济管理互补，保证团队形成最大合力，在市场竞争中取胜，推动企业发展，取得创业成功。

6. 重法治淡人情，在法律规则中稳步发展

市场经济是法制经济，企业的诞生和发展必须在法律框架下进行，符合法律规定。虽然中国人很重视人情、关系，但要想使企业稳步发展，把企业做大做强，大学生创业者从一开始就应该依法办事，淡化人情，让法律成为大学生创业成功的基石。具体来说，创业之初选择企业形态要慎重，合伙制企业一定要制定合伙章程，明确合伙人之间的权利、义务及盈利或亏损的分配方式，最好找专业法律人士审查把关；企业形态最好选择有限责任公司的模式，分清公司责任和个人责任，降低个人风险；企业运营应严格遵守法律规定，安分守己，合法经营，切不可为小利而做违法乱纪之事；依法为企业员工交纳社会保险，降低企业风险；出现纠纷最好通过法律途径解决，依法维护企业的合法权益。

总之，在社会发展的汹涌大潮中，大学生创业已成为时代的选择。随着社会各方对大学生创业的理解和支持，以及大学生自身身心发展的日趋成熟，知识结构更加完善，大学生创业遇到的风险会随之减少，创业者的风险管控能力更强，大学生创业必将发展到一个新阶段。

思考与训练

1. 思考并回答以下问题

（1）创业机会有什么特征？主要来源于哪里？

（2）简述如何识别与评估创业机会。

2. 创意思路产生练习

挖掘创意，寻找市场空白。创意往往存在于空白的或细分的市场中，任何人们期望世界的改变均可能成为一个好的商机。选择一个你相对比较感兴趣或熟悉的领域，进行头脑风暴，找出市场空白点并填入表 5-3 中。

表 5-3　创意思路产生练习表

项目	现状	未来
你个人的兴趣	哪些是你所不满足的	你认为可以开发的
如：自主旅游	安全性较差	旅游安全产品开发
（1）		

续表

项目	现状	未来
（2）		
你最感兴趣的产品	哪些是你所不满足的	你认为可以开发的
如：手机	老要充电	一周充一次电
（1）		
（2）		
你最感兴趣的行业	产业中缺乏的	你认为未来会有的
如：游戏业	缺乏真实性与高智商性	3D 高智商游戏
（1）		
（2）		
你最渴望的生活方式	现在缺乏的	你希望实现的
如：自由	没有收入	在家中工作
（1）		
（2）		

3. 分析以下案例并回答问题

昙花一现的肉牛养殖场

创业青年王正平原本经营着一家装饰公司，生意做得挺红火，一年也有几十万元的收入。

但王正平是一个胸怀大志的创业者，他希望做一家有成就的大公司，成为一名受人尊敬的企业家。由于装饰行业的竞争越来越激烈，而且本地装饰市场的总量有限，王正平认为这个行业不是自己最终实现梦想的平台，他一直在寻找新的机会。

王正平在一次回乡探亲的时候了解到，为了加快贫困地区经济建设和改善生态环境，政府决定把一些贫困地区的几十万群众整体移民到自己的家乡，成立了本省最大的县级移民经济开发区，通过发展现代农业和畜牧业来改善移民群众的生活，为了扶持当地的农业和畜牧业发展，省市各级政府都给予了许多的优惠和扶持政策。王正平敏锐地意识到自己一定能从家乡的开发建设中找到新的事业起点和更好的发展机会。他开始在家乡四处搜集信息，很快他发现了一家外地人投资的大型肉牛养殖场，可这家肉牛养殖场的基础建设还没完成，老板就因为陷入法律纠纷而被判刑入狱了，肉牛养殖场也荒废了下来。这家肉牛养殖场拥有 300 多亩土地和大量未完工的生产建筑与设施等资产，鉴于那位外地老板的现实情况，王正平相信自己有可能以低廉的价格收购这家企业。

有了这个想法，王正平立即行动起来，他设法见到了尚在狱中服刑的这位外地老板，经过与这位老板及其代理人的反复谈判，果然不出王正平所料，对方答应可以以 60 万元的低价把肉牛养殖场卖给王正平。王正平经过核算发现，收购肉牛养殖场的现有资产、完成剩余的基础建设、启动生产、必要的流动资金等加起来需要 200 多万元，可是自己手头没有这么多钱。王正平决定卖掉自己在省城的装饰公司，先把这家肉牛养殖场买下来，剩余的资金再想其他办法筹借。

王正平尝试用各种方法来筹借项目的启动资金。功夫不负有心人，王正平终于找到了几位愿意出资合股参与这个项目的朋友，他又从银行贷了一部分款，这样项目的启动资金就凑齐了，王正平顺利地启动了肉牛养殖场的项目。

争取政府支持，获得政策扶持

在当初筹划项目的时候，王正平就确立了一个原则，鉴于肉牛养殖是当地政府确立的重点产业发展方向，因此一定要让自己的企业得到政府的关注与支持，要努力借助政府和政策的资源来发展企业。在项目启动之初，肉牛养殖场还处于基础建设阶段，王正平就凭着自己在家乡有很多亲戚朋友的社会关系优势，积极地联系当地政府各个部门的领导。王正平善于包装自己，善于与政府领导打交道，拥有出色的公关技巧，也敢于大胆地投入。很快，王正平就和当地政府的一把手——开发区管委会的主任建立起了联系并成了朋友。

这位主任非常看好王正平的个人素质和他的企业的发展前景，也希望能通过扶持王正平的企业带动整个地区的肉牛养殖产业。于是在这位主任的主导之下，当地各级政府部门都把眼光聚焦到了王正平的企业。肉牛养殖场还没有投产，政府就一次性无偿给了王正平价值 150 万元的青储饲料，并投入 50 万元给王正平的企业铺设了一条专用道路。

在肉牛养殖场完成基建投产后，王正平再接再厉，继续从政府争取各种优惠政策。在他出色的运作之下，好事接踵而至，当地开发区管委会把王正平的企业确立为肉牛产业龙头企业、县城经济观摩点、科技特派员示范点，王正平本人也获得了农村科技致富带头人、优秀创业青年等荣誉，甚至当地管委会还推举王正平为人大代表。管委会还以极低的价格给王正平的企业划拨了饲草种植基地。

配合领导要求，企业加大投资

王正平的企业受到当地政府的大力关注和扶持，一举成为当地规模最大的肉牛养殖企业。政府的各级领导也频频到现场视察他的肉牛养殖场，王正平的主要精力几乎都放在了联系政府各级部门、参与政府组织的各项活动、应付各级领导的检查参观上。

一次，当地开发区管委会的主任专门找到王正平，提出考虑到各级领导去王正平企业考察比较频繁，而企业目前只有生产区而没有办公区，为了更好地展示企业的实力和政府扶持的成效，政府考虑再在黄金位置给王正平无偿划拨 30 亩土地，用于企业建设一个高规格的办公接待区，但基建费用必须由企业承担。

听到这个消息，王正平犹豫了，他知道企业的流动资金并不充裕，如果把有限的资金投入到基建中，很可能影响企业的生产。管委会主任安慰王正平，让他不要担心，说不久上级政府划拨的一大笔专项扶持资金就会到位，到时候可以拨给王正平的企业，以帮助他们保持正常的生产。有了主任的承诺，王正平虽然心里还是有点打鼓，但一想到政府给了自己的企业这么大的支持，自己的企业也理应为政府做些贡献，而且那 30 亩黄金位置的土地也确实是个不小的诱惑，他决定按照主任的要求建设高规格的办公接待区。

领导人事变动，企业财务恶化

其实，王正平的肉牛养殖场从创办之初开始，企业的财务状况就一直很紧张，200 多万元的启动资金根本不够完成养殖场所有的基建工程，很多欠建筑承包商的工程款还没有付清，购买种植基地的钱也没有付，流动资金也只能保证已建成的 12 座大型肉牛养殖车间中的一小半维持正常生产。

为了建设新的办公接待区，王正平不得已把本就少得可怜的流动资金挪用了，但钱还是不够，他只好要求建筑承包商先垫款开工，并承诺等政府的专项扶持资金一到账，就连同养殖场所欠的工程款一起付清。

就这样，新办公接待区的工程勉强开工了。王正平因为有管委会主任专项扶持资金的承诺，所以大胆地更改了工程的设计方案，大幅度地提高了建设标准。办公楼落成后仅王正平的一间办公室面积就有近 200 平方米，配有全套的高档办公家具，空调、计算机一应俱全，还有专用的休息室和卫生间。

可就在办公楼刚落成，其他附属设施开始动工，王正平还沉浸在搞大工程、上大项目、自己已经感觉很像大企业家的亢奋中的时候，养殖场出问题了，由于缺乏最起码的流动资金，正常的生产不得不停滞下来。王正平非常着急，立即去找管委会主任想问问政府的那笔专项扶持资金什么时候能到位。可没想到的是，主任告诉王正平自己马上就要调到其他地区任职，专项资金的事要等到下一任主任到任后再决定是否拨给王正平的企业。

没办法，王正平不得不又耐心地等了一段时间。等到新的开发区管委会主任到任后，王正平立即去拜访，可新主任的工作思路和老主任并不一样，他婉转地告诉王正平，今后开发区政府重点扶持的产业方向不再是肉牛养殖而是设施农业，所以政府的专项扶持资金不会再拨给王正平的企业了。

这个答复无疑是对王正平的当头一棒，企业的现金流已经断了，企业已欠下了巨额债务，这样用不了多久，企业就难以为继了。王正平得不到政府扶持资金的消息不胫而走，于是为企业承包养殖场和办公接待区建设的建筑商们立即停工，并纷纷上门找王正平催要欠款，就连之前入股的股东们也纷纷要求撤股。种植基地也因为王正平迟迟付不了款而被政府收回了。

每天债主盈门的王正平寝食不安，不得已把养殖场仅剩的肉牛卖掉还了债，又把自己的轿车抵了债，可仍然偿还不了巨额债务。王正平想了很多的办法恢复生产，他找到银行，可因为他之前的贷款还没有还清，银行拒绝继续给他贷款；找其他的投资人融资，可企业的巨额债务让有兴趣的投资人望而却步；他甚至想把养殖场卖掉，可一家已经停产的养殖场和一大堆已经停工的烂尾工程一时很难找到买主。在苦苦支撑了几个月后，王正平终于坚持不下去了，成立仅仅两年多的企业就这样倒闭了。

【问题】

1. 王正平争取政府的关注和支持到底是对还是错？问题出在哪里？

2. 在与政府合作中企业应如何提升自身规避风险的能力？

第 6 章　大学生创业计划

学习目标

通过学习本章的内容，学生能知道创业计划书的作用，了解创业计划书的基本结构，懂得如何收集创业计划书编写过程中所需的信息，掌握创业计划书的撰写和展示的方法与技巧。

学习重点与难点

重点： 创业计划书的内容与撰写技巧、项目路演的内容。

难点： 投资回报部分的撰写、项目路演的技巧。

案例分析 6-1

张华的创业计划

张华毕业于某名牌大学，经过多年的业余研究，他在室内环境污染治理方面取得了一项重要突破，这项技术如果在实际中得到应用，前景非常广阔。于是，张华便辞去原来的工作，准备自己创业。但由于多年的积蓄都用在了室内环境污染治理的研究上，在七拼八凑注册了一家公司后，张华已经无力再招聘员工和购买实验材料了。无奈之下，张华想到了风险投资基金，希望通过引入合作伙伴的方式解决困境。为此，他多次与一些风险投资机构或个人投资者接洽商谈。虽然张华反复强调他的技术多么先进，应用前景多么好，并拍着胸脯保证投资他的公司回报绝对低不了，但总是令对方难以信服，而且对于投资人问到的很多数据，他也无法提供，如市场需求量具体有多少，一年可以有多少销售量，投资后年回报率有多高，等等，就连想招聘一些技术骨干也比较困难，应聘者对公司的前景缺乏信心。

这时，曾经在张华注册公司时帮助过他的一位做管理咨询的朋友的一句话点醒了他："你的那些技术有几个投资者搞得懂？你连一份像样的创业计划书都没有，怎么让别人相信你？投资者凭什么相信你？"于是，在向相关专家请教咨询后，张华又查阅了大量的资料，然后静下心来，从公司的经营宗旨、战略目标出发，对公司的技术、产品、市场销售、资金需求、财务指标、投资收益、投资者的退出等方面进行了分析和论证，当然在这个过程中，他还会不时做一些市场调查。一个月后，他拿出了一份创业计划书初稿，经过几位相关专家的指点，他再次对创业计划书进行了修改和完善。凭着这份创业计划书，张华不久就与一家风险投资公司达成了投资协议，有了风险投资的支持，员工招聘问题也就迎刃而解了。

现在，张华的公司经营得红红火火，年销售利润已达到500万元。回想往事，张华感慨地说：编制创业计划书绝不是随便写一篇文章的事。编制创业计划书的过程就是我不断理清自己思路的过程。只有自己的思路清楚了，才有可能让投资人、员工相信你。

课堂思考与讨论：

1. 为什么张华开始时拍着胸脯的保证无法令投资者相信，甚至连招聘技术骨干都很困难？

2. 创业计划书对张华的创业成功起到了什么作用？

6.1 创业计划与创业计划书

创业名言

商业计划绝对不是一个销售计划，里面有无数细节，无数人才的运营。

——马云

没有商业计划书，谈何创业？没有吸引眼球的商业计划书，谈何融资？

——丰厚资本　杨守彬

6.1.1 创业计划书的作用

创业计划书是创办企业时根据外部环境和内部条件分析，提出一段时间内要实现的企业目标、实施路径和风险评估的全局性计划。作为一份书面文件，它是创业者全面思考、明确目标战略的规划，是业务发展进展的衡量标准，是创业团队凝心聚力共同努力的方向，是获得投资者青睐和风险投资的敲门砖。

大学生创业者缺乏行业经验、企业经营管理经验，撰写计划书进行创业模拟、实践尤为必要。在创意创新项目酝酿后，脑海里有一个初步的思路，而对具体实施还不够成熟清晰，书面梳理分析可行性、深入思考商业模式和多个关键因素、指导创业行为能提高创业成功的概率。编制一份翔实可行的创业计划书对大学生创业项目而言有着关系成败的关键意义。

1. 理清思路，自我评价

创业要素、资源和信息是分散的，各种工作看似杂乱无章，编写创业计划书的过程就是梳理市场调研、前沿动态、竞争分析、差异化经营的思路，反复推敲各个程序的时间点、实施条件和目标，各种资源在创业者的整合调动下形成最佳组合和行动计划，是战略思考和可操作实施的方案，同时创业者可以加强人力、财力方面的风险自我评估分析，制定必要的应对措施，让创业路走得更加长远。

2. 凝聚人心，有效管理

创业计划书是团队为了共同的创业目标而自觉自愿团结在一起设计构思的规划蓝图，通过调动团队成员的所有资源和才智，遇到潜在问题出谋划策，与他人协商听取意见共同决策，产生强大而且持久的力量。同时普通员工可以据此和创业者保持一致的行动方向、理解企业目标和完成企业计划等。

3. 筹措资金，扩大宣传

创业计划书可以向风投、潜在客户和供应商全面介绍产品、发展方向及价值，吸引创业人才进入、新股东加盟和感兴趣的公司赞助，同时通过网络、创新创业比赛等宣传让更多的人了解公司，提高知名度和社会关注度。

6.1.2　创业计划书的基本结构

那么如何写创业计划书呢？根据计划书的用途和查阅对象不同，比如给投资者、银行贷款和企业潜在员工，计划书的撰写重点也会有所不同，但基本结构通常包括封面、目录、执行概要、正文和附录五部分。

1. 封面

以醒目的字体和字号来显示创业计划书的标题，如《××公司/项目创业计划书》，同时可附上负责人联系方式、网页网址、公司 Logo、制定时间等。如参加创新创业大赛，可加上比赛名称字样。

2. 目录

计划书各部分、分部分内容列表及附录所在页码，目录可在 Word 中自动生成，链接显示相应的一、二级或三级标题内容。

3. 执行概要

作为初创企业，一般撰写提纲式执行概要，简练概述需要投资的目的，按计划书正文的各部分、最关键部分或相关部分内容合并主题后，分主题撰写重点，通常 1 页左右。

4. 正文

创业计划书的主体，鉴于市场分析的重要性，该部分要保证足够时间来深度挖掘分析，各部分具体写作方法和范例参见“6.1.4 撰写创业计划书的正文内容”。

5. 附录

附录是对主体部分的补充，是计划书的重要组成部分。正文简洁精练，支撑增强正文说服力、必备的补充材料可列入附录中，附录也应尽可能言简意赅，常见的有市场调查结果、专业技术证书、专利授权证书、重要合同或技术信息截图等。

包含以上 5 个部分的创业计划书一般多少篇幅合适呢？有研究发现种子轮融资平均进程为联系 58 个投资人、40 个融资见面会、130 万美元融资、12.5 周完成，计划书平均长度 19.2 页，而投资人阅读每份计划书平均时间为 3 分 44 秒。因此，要得到投资者的青睐，必须有一份完美的计划书。

创业案例 6-1

杰夫 · 海曼和他的创业计划书

1995 年，杰夫 · 海曼足足花了七八个月时间才完成一份关于开发 Career Central 招聘网站的创业计划书。到他写完的时候，这份计划书足足有 150 页。当时和他同在硅谷工作的同事们都对这份计划书的完整、缜密赞不绝口，最后他也确实成功拿到了创业所需的 50 万美元启动资金。但是，每当回忆起这件事时，他总是忍不住要想，花这么长的时间写创业计划书是否值得呢？

2011 年，杰夫 · 海曼在芝加哥有了另一个创业灵感——以数据跟踪为特色的减肥中心 Retrofit。这一次，他没有花很多时间来写创业计划书，而是用了 4 个月的时间来考察自己的想法，他走访了潜在消费者、分销商和肥胖问题专家，彻底了解相关市场。经过 100 多次访谈后，他写出了一份仅有两页纸的创业计划书。

最后，他就靠这两页纸拿到了创业所需的 250 万美元启动资金。

（资料来源：创业邦）

【评析】

事实上，一份具有可行性的创业计划书是融资最起码的条件，但好的创业计划书无关篇幅的长短。虽然，满怀激情的创业者可以在几小时内就写完一份创业计划书，但却要花好几个月的时间来调查市场、收集相关信息、分析创业项目的可行性和市场前景，因为他们的目标非常明确：我要干一番事业，而不是在纸上谈一番事业。

从上面的案例中我们不难发现，准备创业计划书的过程实质上是信息搜集的过程，是分析并预测环境进而化解未来不确定性的过程。只有准确、到位的市场信息和行业信息才能帮助创业者了解市场行情、知晓客户需求、洞悉对手状况、明晰自身发展。而市场调查是创业者搜集信息的最主要的方法，是决定创业计划书的论证是否有理有据，检查创业计划是否切实可行的主要工具。

拓展阅读 6-1

江苏省 2019 年“互联网+”大学生创新创业大赛商业或项目计划书提纲

第一章　执行总结（此章节是后续各章节的总结和提炼）

1.1　项目或企业背景

1.2　项目或企业规划

1.3　市场分析

1.4　行业竞争分析

1.5　组织与人事分析

1.6　财务分析

1.7　风险分析

第二章　项目或公司简介

2.1　项目或公司概述

2.2　项目或公司服务及业务简介

2.3　发展规划

第三章　市场与竞争分析

3.1　市场现状

3.2　市场前景

3.3　目标市场

3.4　市场营销策略或商业模式阐述

3.5　竞争分析

第四章　运营分析

4.1　生产组织

4.2　质量控制

4.3　组织管理

4.4　人事管理

第五章　财务分析

5.1　投融资分析

5.2　财务预算

5.3　财务分析

第六章　风险分析

6.1　风险识别

6.2　风险防范及措施

6.3　风险资本退出

第七章　团队介绍

附录：各类附件证明材料

6.1.3　凝练创业计划的执行概要

创业名言

一份好的创业计划书可以节省相当多的时间和金钱，减轻他们在商业概念形成之前，而不是在企业计划创建之后的心中之痛。

——布鲁斯·R·巴林杰

从看到 BP 第一眼就能判断这个项目是否值得投。

——创新工场李开复

执行概要是整个创业计划书的概述和亮点，通常为创业计划书的第一页，是计划书留给读者、投资人的第一印象。一般依次为公司介绍、产品服务、市场分析、营销战略策略、财务分析、风险分析等主题及其核心内容，按照章节顺序或部分章节合并介绍。

当然，执行概要的撰写不需要完整描述整个创业计划，概要要点没有硬性要求，要根据用途和投资人的偏好做相应调整，没有通用模板。在计划书完成后撰写概要，反复修改并注意以下几点：

- 简要介绍商业项目，一般 500 字左右。
- 清晰界定产品或服务、市场定位及目标客户，让投资者一目了然，迅速抓住重点。
- 论证市场前景、竞争优势、计划切实可行。
- 介绍目前发展阶段、营销策略及关键支撑数字，商业模式经得住考验且不易被复制。
- 团队是投资者的重要关注点，创业初期更看重团队带头人能否胜任，团队成员的背景、分工合作、行业经历、创业经验、相关技能能否支撑项目的成功运行。
- 拟筹集的资金用途、数额及投资人回报。

拓展阅读 6-2

以 2018 年第四届全国大学生互联网+创新创业大赛金奖项目——“90 后”女孩有点“田”的项目概述为例，思考如何撰写或修改执行概要。

1. 产品/服务

目前，企业种植和销售有机果蔬、稀有果蔬：大叶冰草、红颜草莓、有机苦菊、泰国无斑油麦菜等，以及种子和深加工产品果酱、轻食。企业多个产品具有技术优势，如大叶冰草和红颜草莓。2014 年，引入非洲冰草，并试种成功。2015 年，成为江苏最大的冰草种植基地、江苏农科院的冰草数据采集基地。2016 年，全国首个留种培育成功“大叶冰草种子”，摆脱冰草种子依赖进口的现状。

2. 市场分析与定位

目前全国总种植面积 500 多亩，但多为分散种植，生产基地主要分布在山东、江苏、新疆三个省和自治区。其中江苏省种植基地以南通、淮安为主，而南通多为零散农户小规模种植（一般 3～4 亩），远不如本企业规模（2018 年 82 亩）。目前，天英农业立足淮安市、面向江苏省，去年冰草在淮安地区的销售量达 75.8 吨，本地市场占有率达 90%以上，江苏省市场占有率达 40%。

3. 商业模式

利用技术和渠道优势，通过完善供应链、销售链、产品链、技术链和人才链来实现企业的战略目标，并发挥冰草优势，带动其他果蔬，塑造天英农业品牌。

4. 营销策略

针对上游种子、初级产品和深加工产品，分别采取不同的营销策略。产品策略，推广种子、主打冰草和发展轻食；价格策略，由于冰草供不应求，同时也为了提升品牌形象，采取略高定价。渠道策略，线下与中国淮扬菜集团、大润发、苏果超市等知名企业形成稳定的合作；线上拓展了与味罗天下、本来味道等平台的合作；促销策略，由于轻食是新产品，通过自媒体广告、人员促销、活动折扣等加强推广。

5. 财务分析

2017 年，销售额达 500 多万元，营业利润近 300 万元。为了扩大生产及市场占有率，企业在 2018 年进行融资，并对企业资产进行了评估。

6. 风险控制

农业种植和销售存在着一定风险，如自然风险、市场风险、运输风险、技术风险。

针对农业存在的风险，我们采取了相应的策略。

7. 团队组织分工

企业法人代表为“90 后”女大学生丁蓉蓉；聘请冰草种植第一人吴则锋为生产总监；邀请淮安草莓种植第一人黄三为技术顾问；并与扬州大学、南京农业大学等高校进行合作，聘请农业经济博士及副教授为企业研发和管理人员。

6.1.4 撰写创业计划书的正文内容

创业计划书一般包含公司概述、产品服务、市场分析、营销策略、财务分析、风险分析等，各组成部分从常见思路、相应介绍与常用图表来分析。

1. 公司概述

公司概述包括公司简介、目标宗旨、战略规划及组织结构等。

① 公司简介，主要包括公司的注册规模、发展状况、主营业务，通常附上营业执照、企业网站及荣誉图片。

② 目标宗旨，关于公司存在的目的或对社会发展的某一方面应做出的贡献的陈述，有时也称企业使命。

③ 战略规划，包括研发、管理、营销、品牌战略。

④ 组织结构与团队介绍。

组织结构分为直线制、职能制、直线职能、事业部制、矩阵制几种类型，各有优缺点。对于创业公司来说，要实事求是，这里指初期现有的组织架构，随着公司的不断发展，结构会做出相应调整。通常创业团队成员人数有限，均承担多种角色，职能有分工也有重合，如市场部需要大部分成员投入开拓维护，也可直接列明主要成员的经历及在团队中的职务，以梳理公司部门职责及人员安排。导师顾问和成员经验的介绍需与本项目、专业有关，可用数据说明。组织结构图示例如图 6-1 所示。

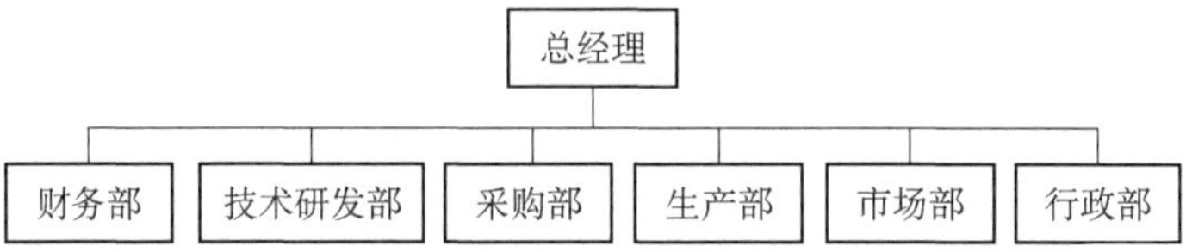

图 6-1　组织结构图示例

2. 产品服务

按照创新活动点不同，创新分为产品创新、工艺流程创新、服务创新、商业模式创新四类，创业项目的产品服务创新是以上四类的组合，建立在用户需求调研基础上，填补细分市场空白。

① 产品创新描述包括产品技术概况、形态特征、技术指标、技术地位、传统工艺缺陷、设备工艺优越性、功能描述、应用领域、新产品开发计划等，工艺流程创新描述要介绍自主研发产品服务，要有巨大的市场机会来平衡高风险，基于高科技的产品服务，要用非专业人士能理解的语言来描述，从产品图片、必要的说明及技术参数、实现功能、研发阶段及专利等方面进行说明。

② 服务创新指突破技术等限制因素，应用于服务系统中，创新服务、推出新服务、延伸服务、改善服务或风格，用先进的客户端交互平台，增强客户交互体验，提升用户黏性。

③ 商业模式创新指改变企业价值创造的基本逻辑，以提升顾客价值和企业竞争力。项目可使用商业模式画布来分析重要合作、关键业务、价值主张、客户关系、核心资源、渠道道路、客户细分、成本结构及收入来源九大模块，构想项目的商业模式，进行模式再造，在资源重构中找到企业定位，为企业发展提供新思路。商业模式画布如图 6-2 所示。

图 6-2　商业模式画布

计划中着重说明新的商业模式与盈利模式，注意模式是否在相关领域得到验证、复制、清晰，商业模式对项目主体、客户用户、供应商之间的联系画成图，并对相互关系注释说明，运营模式有 B2C、B2B、C2B，盈利模式有现有及未来盈利模式分析，包括盈利分析、盈利点、盈利渠道分析，并对盈利数据进行简要介绍，有分析有数据，如平台类线上盈利模式有主营业务利润、广告位出租、加盟收入、佣金、会员充值、增值服务、定制服务等。

3. 市场分析

市场分析的常见思路是行业背景→国内外市场概述→SWOT 分析→市场细分与定位→市场容量，层层递进分析，运用常见的模型、商业案例、图表与数字论证，找准本项目的市场定位。

（1）行业背景

进入一个行业前，要在掌握大量相关调查资料的基础上，对该行业的现状和发展趋势有深入的认识，包括外部环境分析、行业的吸引力和竞争环境。

PEST 分析法是外部环境分析的基本工具，通过政治的（Politics）、经济的（Economic）、社会的（Society）和技术的（Technology）四个方面的因素分析，从总体上把握宏观环境，并评价这些因素对企业战略目标和战略制定的影响。宏观环境分析 PEST 模型示例如图 6-3 所示。

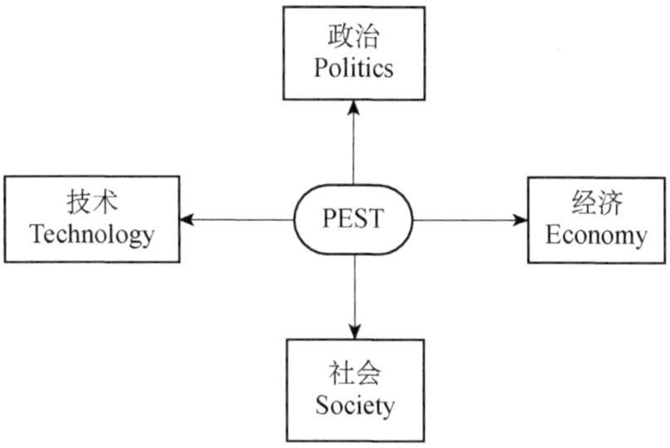

图 6-3　宏观环境分析 PEST 模型示例

波特五力模型分析法从供应商和购买者的讨价还价能力、潜在进入者的威胁、替代品的威胁和行业内竞争者的竞争能力五个方面来分析竞争规模和程度，揭示本行业中的盈利空间。波特五力模型是常用的战略分析工具，蕴含着总成本领先战略、差异化战略、集中战略战略思想。可结合模型图，从五个方面详细分析不同发展阶段的强弱、降低议价能力及威胁的应对措施。波特五力模型示例如图 6-4 所示。

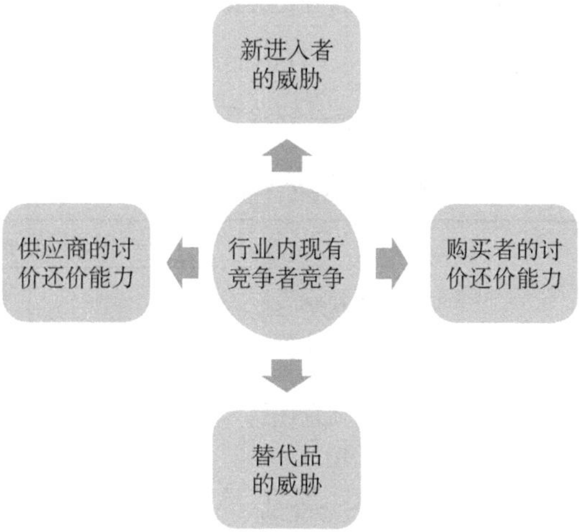

图 6-4　波特五力模型示例

（2）国内外市场概述

国外市场概述包括主要国家地区市场的调研数据、竞争或关注点，发展方向、产品应用行业等，国内市场概述包括市场需求、产品服务的发展应用、成本、市场占有率等方面存在的问题和痛点，该部分可比较分析国内外典型企业的概况。领军企业分析图示例如表 6-1 所示。

表 6-1　领军企业分析图示例

	A 公司	B 公司	C 公司	**公司
品牌知名度	区域知名度	……	……	……
团队规模	人员构成	……	……	……
服务范围	主要业务在……方面	专注于……领域	……	……
运营模式	……	……	……	……
渠道资源	渠道丰富/单一……	……	……	……
主营业务、客户群体、服务价格……				

（3）SWOT 分析

SWOT 分析是企业基于内外部竞争环境和竞争条件下的态势分析、制定战略计划与决策。S（Strengths）是核心优势，如市场优势、模式优势、技术优势、团队优势、规模经济、资源优势、成本优势等；W（Weaknesses）是劣势，如缺乏资金和管理经验、市场认可度低等；O（Opportunities）是机会，如国家政策、行业发展、现有产品劣势、潜在市场容量大等；T（Threats）是威胁，如替代产品、市场走势、政策变化、客户新需求、国内外市场壁垒解除等。SWOT 分析示例如表 6-2 所示。

表 6-2　SWOT 分析示例

<table>
<tr><td colspan="2" rowspan="2">SWOT 分析</td><td colspan="2">内部环境分析</td></tr>
<tr><td>优势（S）
成本低
知识产权
研发团队
创新</td><td>劣势（W）
资金短缺
市场占有率低
无品牌
知名度低
产品不够多元</td></tr>
<tr><td rowspan="2">外部环境分析</td><td>机会（O）
**是行业趋势
**市场前景广阔</td><td>SO 策略
找准市场机遇，积极推广价格优势开拓市场
立足优势，消费者从接受到依赖</td><td>WO 策略
抓住趋势吸引投资，解决资金困难
加大研发，进一步降低成本</td></tr>
<tr><td>威胁（T）
市场开发力度不够
国内同行的竞争压力
国外发展，市场渗透</td><td>ST 策略
掌握市场行情，积极开发潜在市场
加大研发、创新力度，以技术和高品质抢占市场
加大宣传力度，提高知名度，建立品牌</td><td>WT 策略
调研市场资料，抓住机遇
关注用户需求，畅通用户反馈，以优质服务取胜</td></tr>
</table>

续表

最终分析结果如下：	
产品优势	……
应对竞争方法	……
总结	……

（4）市场细分与定位

市场细分与定位是根据特定标准将客户群划分为需求不同的子市场，根据行业背景、市场现状及企业内外部环境，来确定公司的目标市场，再根据竞争者现有产品地位、客户重视的特定需求，确定公司产品服务在客户心中的独特位置。可借助 STP 营销战略来分析：市场细分（Market Segmentation）、目标市场（Market Targeting）及市场定位（Market Positioning）。某医疗公司市场及行业因素细分如表 6-3 所示，STP 分析示例如表 6-4 所示，市场目标分析表范例如表 6-5 所示。

表 6-3　某医疗公司市场及行业因素细分

行业	效果	服务配套	价格	实验周期	操作便利……
医疗					
高校科研					
检验检疫……					

表 6-4　STP 分析示例

分类	S（市场细分）	T（目标市场）	P（市场定位）
按产业细分			
按功能细分			
……			

表 6-5　市场目标分析表范例

年度	主打产品服务	星级	目标市场	预期目标
第**年	以**为主	★★★	以**目标市场为主，兼顾**市场	从目标市场着手促进需求
	**	★		
第**年	根据客户要求**	★★★	加强潜在市场开发，完善目标市场，兼顾**市场	普及产品服务应用，扩大市场占有率，逐步建立品牌
第**年	根据客户要求**	★★★	以目标市场和潜在市场为主，兼顾**市场	进一步拓展市场，树立行业的领导地位

（5）市场容量

市场容量是指在不考虑产品价格或供应商的前提下，市场在一定时期内能够吸纳某种产品或服务的单位数目，其预测是调查研究、综合分析和计算推断的过程。根据目标市场所在行业的统计数据测算，如据某行业协会统计，2018 年我国某行业有 *A* 家主营企业，预估有 *B*%的企业采用**技术/需要**产品，平均每个企业使用 *C* 件，每件单价约为 *D* 元，则该行业市场容量为：$A\times B\%\times C\times D$ 元。实际消费能力是由市场容量推算的行业消费能力，是财务分析中销售收入预算的根据。

4. 营销策略

营销策略是指服从于公司的总体战略发展目标，以客户需求为出发点，有计划地按具体方案组织各项经营活动以实现营销目标。一般可按 4P 营销策略组合理论来分析，即产品（Product）、定价（Price）、渠道（Place）、促销（Promotion），是实现营销目标的最优手段。

（1）产品策略

在企业经营中实施与产品本身有关的具体营销策略，主要包括商标、品牌、包装、产品定位、产品组合、产品生命周期等方面的策略，是营销策略的基础。

产品策略可以包括：公司初期一般采用单一品牌策略，利用多种平台、优质产品服务、公关活动等扩大品牌影响力和忠诚度；产品创新包括研发经费投入、基础研究、产品改进计划；售前、售中、售后服务的措施；不同经营阶段产品定位和拓展；产品导入期“集中化战略”、成长期“成本领先战略”及成熟期“差异化策略”分析。

（2）定价策略

定价策略是营销策略中最难以确定的因素，要求既考虑公司总体战略发展目标、成本利润，又考虑消费者对价格的接受能力，分析定价策略并对新产品、产品组合和价格调整做好选择。

定价策略分析可采用 3C 模型，即成本 Cost、客户 Customer 和竞争者 Competitors。

成本方面，定价方法有总成本加成定价法、目标收益定价法、边际成本定价法和盈亏平衡定价法，根据公司产品特点、销售方向和价格调整情境来选择具体方法，通常以成本、利润、竞争产品价格和消费者购买价格相结合来定价。

客户方面，定价方法有认知价值定价法和反向定价法。结合产品的重要性和替代性分析产品是富有弹性还是缺乏弹性，如缺乏弹性，定价可稍高于市场平均价格，待规模效应产生后考虑下调价格以吸引更多的客户群体。

竞争方面，定价方法有随行就市定价法、密封投标定价法和主动竞争定价法。

定价策略选择：新产品定价策略有撇脂定价策略、渗透定价策略、满意定价策略；产品组合定价有产品打雷定价、核心产品定价、附加产品定价等；价格调整策略有区域定价及与促销策略、渠道策略相关的策略。如高科技的接近垄断的产品可在初期采用撇脂定价策略，中期降低销售价格深入市场，后期采用渗透战略，继续降低价格抢占市场。整体产品图示例如图 6-5 所示。

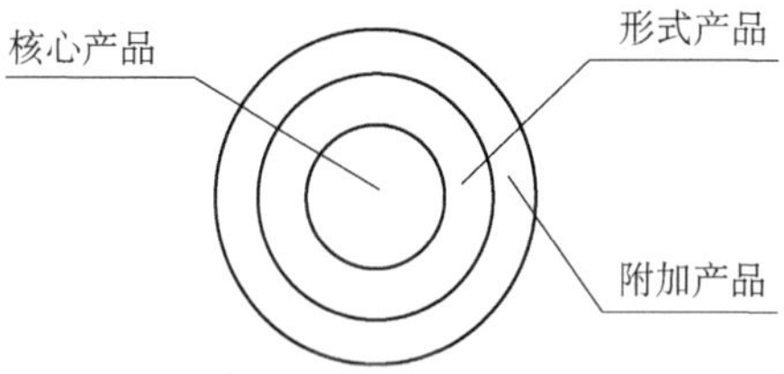

图 6-5　整体产品图示例

（3）渠道策略

同一渠道中根据经销商、零售商、消费者及潜在用户等有针对性地采取不同做法。营销渠道按不同标准分为直接渠道或间接渠道的营销策略、长渠道或短渠道的营销策略、宽渠道或窄渠道的营销策略、单一营销渠道和多营销渠道策略、传统营销渠道和垂直营销渠道策略，针对产品属性分类型差异化销售，并分阶段选择渠道。分阶段渠道策略示例如图 6-6 所示。

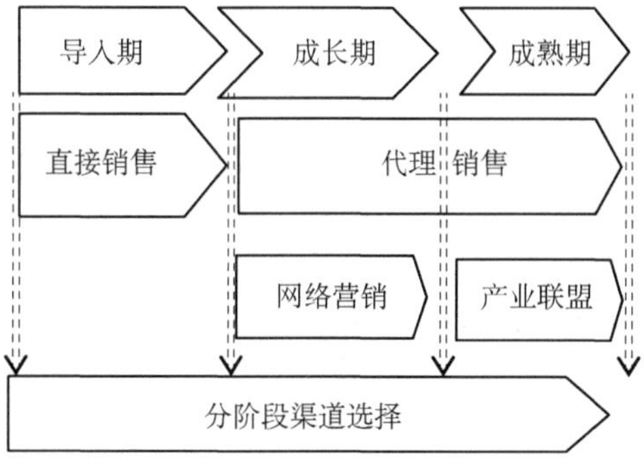

图 6-6　分阶段渠道策略示例

（4）促销策略

常用的促销策略有传统媒体、新媒体运营、SEO（Search Engine Optimization，搜索引擎优化）网络广告、专业杂志推广、批发折扣、客户团购、试用期营销、优惠折扣、展销、研讨会营销、公共关系营销等，促销组合策略分推式、拉式两种，推式以人员推销为主，拉式以广告为主，配合其他方式。促销策略的选择根据产品性质不同、产品生命周期不同而变化。

5. 财务与投资分析

（1）融资计划

融资计划主要指筹建初期资金需求预测及股本结构。初始投资资金用途有开办费用（注册、人员、培训、宣传等费用）、固定资产投资（办公、研发、生产）、初期运营资金（制造费用、管理费用、销售费用）及其他预留。设计股本结构时要把握以下原则，即不平均原则、控制权原则、提前考虑股权释放转让。股本结构表示例如表 6-6 所示。

表 6-6　股本结构表示例

资金来源	金额	股权比例
***入股		
风险投资		
团队自有资金		
合计		

（2）财务分析

从财务假设、基本预算、财务报表、主要财务指标分析四个维度进行分析。

财务假设从成本核算、固定资产、市场需求、存货、通胀、人力成本、费用提取、项目计算期、税收政策不变、公司前景方面来设定。

基本预算包括销售收入预算、成本费用预算。销售收入预算表示例如表 6-7 所示。成本费用预算表示例如表 6-8 所示。

表 6-7　销售收入预算表示例

项目		第一年	第二年	第三年	第四年	第五年
主营业务 A	单价					
	销量					
预计销售收入						

表 6-8　成本费用预算表示例

项目	第一年	第二年	第三年	第四年	第五年
直接材料费					
直接人工费					
固定资产折旧					
人工费					
水电费					
管理费用					
销售费用					
财务费用					

财务报表主要指通过资产负债表、现金流量表、利润表来分析财务状况、经营成果、现金流量，三个表的样式可参见企业会计准则，同时可以单列主要财务数据的预测情况。重要财务数据预测表示例如表 6-9 所示。

表 6-9　重要财务数据预测表示例

项目	第一年	第二年	第三年	第四年	第五年
营业收入（万元）					
净利润（万元）					
所有者权益					

主要财务指标由指标项目及相应分析组成，常见指标项目如表 6-10 所示。

表 6-10　财务指标表

指标	具体
偿债能力指标	流动比率、速动比率、资产负债率
运营能力指标	营业周期、流动资产周转率、应收账款周转率、总资产周转率
盈利能力指标	销售利润率、资产净利率、净资产收益率
成长能力指标	销售增长率、净利增长率

（3）投资收益分析

在进行项目的可行性研究、投资决策、方案选择、效益评估、获利能力与财务表现等方面，要进行经济分析。投资现金流量预测表示例如表 6-11 所示。

表 6-11　投资现金流量预测表示例

项目	初期	第一年	第二年	第三年	第四年	第五年
初始现金投资						
运营资金投资						
净利润						
加：折旧						
净现金流量						
净现金流量现值						

在此数据基础上，计算分析静动态投资回收期、净现值 NPV、内含报酬率 IRR、敏感性分析（单价、销量、变动成本、固定成本敏感系数）、不确定性分析（盈亏临界分析、不同因素对盈亏平衡影响）等。

6. 风险分析与应对措施

根据项目前期分析，如实识别、分析存在风险，不要生搬硬套，每项风险具体描述后提出应对策略。常见的风险有产品服务质量控制、管理风险、市场风险、竞争风险、法律风险、技术风险、团队管理风险、营销风险、财务风险及其他不可预见的风险。

例如：团队管理风险。

风险描述：本团队都是在校大学生，有创业热情，但存在执行力不够、对市场运营规律了解不够、公司管理和商业运作的实战经验不够的问题。

应对策略：成员均为大学生，但有专业积累、知识结构多元，经长时间合作锻炼，职责分工明确，凝聚力强，通过工作计划、汇报、考核、例会等方式促进信息沟通和项目推进。同时，聘请有工作经验的人士参加，保证市场的敏感度和洞察力。

7. 退出机制

在综合考虑投资者退出时的回报、产品服务前景、潜在风险及盈利能力等因素后，设计风险投资退出的方案及退出时机选择，常见方案有 IPO、公司并购、股东回购、清算。退出方式比较示例如表 6-12 所示。

表 6-12 退出方式比较示例

退出方式	收益	公司发展要求	费用	操作程序
IPO	高	高	高	复杂
公司并购	较好	一般	一般	较简单
股东回购	一般	一般	一般	较简单
清算	低	低	一般	较简单

6.1.5 创业计划书的撰写原则与技巧

① 撰写创业计划书是不断思考创业项目的过程，主要构思人、执笔人是该公司项目的创始人。

② 整理素材、搜集图片数据，资料要与本项目密切相关，切忌过于宏观空泛。

③ 创业计划书中包含内容多、涉及面广，在开始撰写前列出主要任务、子任务、任务优先级、责任人和进程安排，大项目进一步细分信息，整合成计划书撰写日历。

④ 对计划书各模块进行深入思考和详细构思后，做好系统规划，有理有据准备充分再动笔撰写。

⑤ 以市场需求为基础，重点突出项目的独特优势和竞争力，以切合实际的调查数据去验证，避免过于理想化。

⑥ 语言要规范专业、清晰简练，切忌文字繁多、条理不清，表述形象直观，尽可能采用图表描述，但不要多余花哨地装饰。

⑦ 加强团队分工协作，成员各司其职后由项目负责人统一协调定稿，避免零散重复、不连贯、风格不一致等问题。

⑧ 计划书中使用资料要注重时效，制定周期长的创业计划时应及时更新有关数据信息。

⑨ 处理好细节，文字图表做到零错误，要显示创业团队的态度、专业性和综合素质。

⑩ 不套用模板，完成初稿后学习他人的创业计划书，理清修改思路，从读者的心态和角度去看懂计划书，向身边的人推荐计划书，交流学习，征求意见。同时对项目进行评估，做好落地准备，在企业实践中进一步修改完善。

拓展阅读 6-3

江苏省2019年“互联网+”大学生创新创业大赛参考资料
——各类商业（项目）计划书撰写注意事项

1.“创意组”商业计划书撰写注意事项

（1）充分体现项目创新性

应突出原始创意的价值，不鼓励模仿；体现互联网技术、方法和思维；在销售、研发、生产、物流、信息、人力、管理等方面有突破和创新。

（2）商业模式阐述清晰

强调设计的完整性与可行性，完整地描述项目的商业模式，评测其盈利能力推导过程的合理性；在机会识别与利用、竞争与合作、技术基础、产品或服务设计、资金及人员需求、现行法律法规限制等方面具有可行性；在调查研究方面，考察行业调查研究程度，项目市场、技术等调查工作是否形成一手资料，不鼓励文献调查，强调田野调查和实际操作检验。

（3）重视项目团队建设

阐述管理团队各成员的教育和工作背景、价值观念、擅长领域，成员的分工和业务互补情况；公司的组织构架、人员配置安排是否科学；创业顾问，寻求的主要投资人和拟分配的持股情况；对战略合作企业及其与本项目的关系，团队是否具有实现这种突破的具体方案和可能的资源基础。

（4）带动就业前景情况分析

对综合考察项目发展战略和规模扩张策略的合理性和可行性；预判项目可能带动社会就业的规模等情况的分析和预判。

2.“初创组”商业计划书撰写注意事项

（1）充分体现商业性

在经营绩效方面，重点考察项目存续时间、项目的营业收入、税收上缴、持续盈利能力、市场份额等情况，以及结合项目特点制定合适的市场营销策略，带来良性的业务利润、总资产收益、净资产收益、销售收入增长、投资与产出比等情况；在商业模式方面，强调项目设计的完整性与可行性，并给出完整的商业模式描述，以及在机会识别与利用、竞争与合作、技术基础、产品或服务设计、资金及人员需求、现行法律法规限制等方面需具有可行性；在成长性方面，重点阐述项目目标市场容量大小、可扩展性及该项目是否有合适的计划和可能性（包括人力资源、资金、技术等方面）支持其未来 5 年的高速成长。

（2）创新性

应突出原始创意的价值，不鼓励模仿；体现互联网技术、方法和思维；在销售、研发、生产、物流、信息、人力、管理等方面有突破和创新。

（3）团队情况

主要阐述管理团队各成员有关的教育和工作背景、价值观念、擅长领域，成员的分工和业务互补情况；公司的组织构架、人员配置以及领导层成员；创业顾问，主要投资人和持股情况；战略合作企业及其与本项目的关系。

（4）带动就业前景

对项目增加社会就业份额；发展战略和扩张的策略合理性，上下产业链的密切程度和带动效率等情况阐述。

3.“成长组”商业计划书撰写注意事项

（1）充分体现项目的商业性

围绕经营绩效方面，重点阐述项目存续时间、项目的营业收入、税收上缴、持续盈利能力、市场份额等情况，以及结合项目特点制定合适的市场营销策略，带来良性的业务利润、总资产收益、净资产收益、销售收入增长、获得机构或个人股权投资轮次、投资与产出比等情况；在商业模式方面，强调项目设计的完整性与可行性，并给出完整的商业模式描述，以及在机会识别与利用、竞争与合作、技术基础、产品或服务设计、资金及人员需求、现行法律法规限制等方面需具有可行性；在成长性方面，重点阐述项目目标市场容量大小及可扩展性以及该项目是否有合适的计划和可能性（包括人力资源、资金、技术等方面）支持其未来 5 年的高速成长。

（2）团队情况

主要阐述管理团队各成员有关的教育和工作背景、价值观念、擅长领域，成员的分工和业务互补情况；公司的组织构架、人员配置以及领导层成员；创业顾问，主要投资人和持股情况；战略合作企业及其与本项目的关系。

（3）创新性

突出原始创意的价值，不鼓励模仿；体现互联网技术、方法和思维；在销售、研发、生产、物流、信息、人力、管理等方面有突破和创新。

（4）带动就业前景

阐述要点包括项目增加社会就业份额；发展战略和扩张的策略合理性，上下产业链的密切程度和带动效率。

4.“就业型创业组”商业计划书撰写注意事项

（1）充分体现项目的商业性

围绕经营绩效方面，重点阐述项目存续时间、项目的营业收入、税收上缴、持续盈利能力、市场份额、就业带动等情况，以及结合项目特点制定合适的市场营销策略，带来良性的业务利润、总资产收益、净资产收益、销售收入增长、获得机构或个人股权投资轮次、投资与产出比等情况；在商业模式方面，强调项目设计的完整性与可行性，并给出完整的商业模式描述，以及在机会识别与利用、竞争与合作、技术基础、产品或服务设计、资金及人员需求、现行法律法规限制等方面需具有可行性；在成长性方面，重点阐述项目目标市场容量大小及可扩展性以及该项目是否有合适的计划和可能性（包括人力资源、资金、技术等方面）支持其未来5年的高速成长。

（2）团队情况

主要阐述管理团队各成员有关教育和工作背景、价值观念、擅长领域，成员的分工和业务互补情况；公司的组织构架、人员配置以及领导层成员；创业顾问，主要投资人和持股情况；战略合作企业及其与本项目的关系。

（3）创新性

突出原始创意的价值，不鼓励模仿；体现互联网技术、方法和思维；在销售、研发、生产、物流、信息、人力、管理等方面有突破和创新。

（4）带动就业前景

阐述要点包括项目与当地经济发展紧密结合，促进区域社会经济转型升级，增加社会就业份额；与学校和专业特色紧密结合，发展战略和扩张的策略合理性，上下产业链的密切程度和带动效率。

6.2 项目路演

创业计划书要通过路演来展示，路演是企业融资过程最重要的一步，分为线上项目路演和线下项目路演。策划路演，运用路演演讲技巧，制作路演 PPT，把控路演现场，在短时间内说明白企业理念、产品服务、商业模式及盈利模式。

6.2.1 项目路演 PPT

路演展示时口头汇报与 PPT 结合，PPT 是视觉呈现、传达信息、吸引注意力的重点。在制作 PPT 时要考虑基本处理、表现内容及形式等。

1. 基本步骤

路演的基本步骤为：确定目标→分析听众→了解时间等限制→梳理逻辑结构→选择素材→写出演讲词→各页草图→制作 PPT→美化修改→讲述。

2. 处理原则

基本原则有很多提法，如孙小小提出的一目了然原则、视觉化原则，要点关键词和文字翻译成图片；英国设计师罗宾提出的对齐、对比、聚拢、重复原则，整洁有序，格式对比，内容相关，重复使用一致字体大小、颜色、色块形状等；构图的平衡、层次、聚焦原则；近似色、互补色、对比色等。

3. 表现内容

PPT 是在简化版的创业计划书上重点突出地传递项目要做什么、为什么做、为什么是我们做、如何做四个问题。用图片、数据、关键词来清晰深入分析主要内容和亮点，包括市场痛点、我们的解决方案、项目产品和商业模式、核心竞争力、项目运营现状（阶段、落地、市场化、荣誉专利等材料）、财务分析（简版报表、资金计划、业务流水纳税等材料）、团队成员（主成员、导师顾问）。

4. 表现形式

注重内容打造，形式简单有效。一般 15～20 页，选择简洁大气的模板，背景、色系与主题搭配，少用动态播放和特效，一页 PPT 聚焦一个中心，图表数据不追求数量，留下强有力支撑内容即可。

拓展阅读 6-4

爱彼迎是一家联系旅游人士和家有空房出租的房主的服务型网站，成立于 2008 年 8 月，2011 年服务增长 800%，2017 年首次盈利，营业额增长超过 80%，截至 2017 年 3 月完成五轮融资后，该公司估值达到 310 亿美元，超过了全球最大的酒店希尔顿市值。2018 年 12 月，世界品牌实验室发布《2018 世界品牌 500 强》

榜单，爱彼迎排名第 425。

该公司 A 轮融资于 2011 年前完成，融资金额为 780 万美元，天使融资 PPT 共 14 页，清晰阐明项目商业模式及解决问题的办法，从 Welcome（用最简单、最凝练的语言描述产品是干什么）→Problem（清晰地直击当前市场及用户痛点）→Solution（根据痛点所在提出符合 Airbnb 特色的解决办法）→Market Validation（解决方案是否有效，用数据来验证市场的可行性）→Market Size（市场规模预估让投资人看到项目的市场潜力）→Product（向投资者明了地展示出已上线的产品是如何进行运作的）→Business Model（商业模式的优劣直观展示）→Adoption Strategy（推广方案的制定需要具有不同角度的着眼点）→Competition（使用四象限法能够向投资者展示出更为全面的竞品分析）→Competitive Advantages（核心竞争力）→Team（核心团队分工明确职能互补）→Press（各界关注）→User Testimonials（用户认可）→Financial（清晰的融资条件与目标、需求及使用计划），如图 6-7 所示。

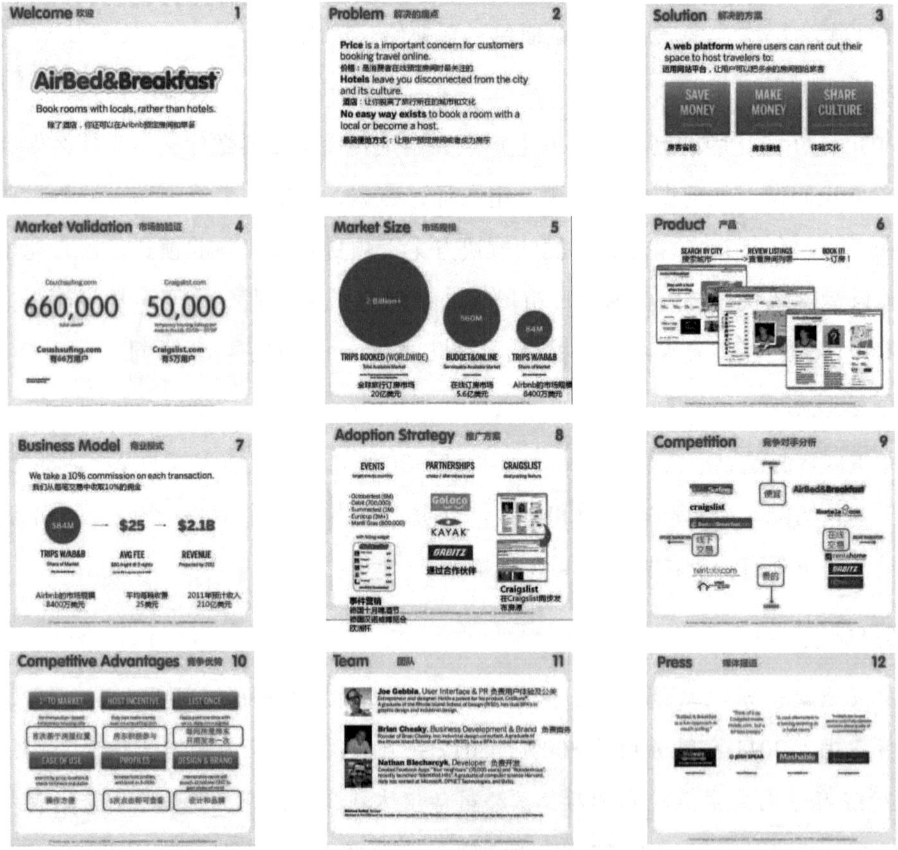

图 6-7 爱彼迎天使融资 PPT

图 6-7　爱彼迎天使融资 PPT（续）

6.2.2　路演常见提问

路演常见提问分为市场类、战略类、技术类、管理类、财务类。通常评委会根据路演现场汇报情况提出感兴趣的问题、困惑的地方，问题随项目和评委而不同。

市场类问题如项目如何实现盈利？如何持续实现盈利？现在市场上已经有***做了类似的项目，你们的优势是什么？产业化过程中进入国际市场的方式和核心策略是什么？产品的市场应用有哪些？发展瓶颈是什么？你所处的行业成功的关键因素是什么？有哪些替代品？你的竞争对手会对你公司做出什么反应？商业模式闭环如何设计？

战略类问题如目前你们的项目在创意阶段，之后你们会成立公司，将这个创意落地实现吗？为什么想到做这个项目？为什么你们有机会将这个项目做成？如果让你们从现在想做的事情中，选一件最想做的事，你们会选哪一个？你们这个项目是公益项目还是商业项目？用一句话来描述所做的是什么？未来最大的困难是什么？

技术类问题如现有产品有***劣势，本项目如何应对？如何进一步研发转化？专利外还有什么壁垒？现有技术如何反哺全球？科技成果转化为现实生产力的困难有哪些？该技术推向全球的计划是什么？

管理类问题如你在团队中是什么角色？什么规模时考虑团队转型？团队成员在创业中要退出怎么办？团队人员无实践经验，如何可以胜任？技术人员如何激励保持稳定？

财务类问题如资金已投入多少，如何安排？回收周期是如何确定的？成本角度考虑何时规模化生产？利润数据是如何预测出来的？产品服务的资本市场估值是多少？如何进行应收账款的风险管理？

6.2.3 注意事项

1. 做好充分准备，沉着大方自信

内容准备：开场通俗易懂，让评委读懂项目；对项目的基本情况非常熟悉，要脱口而出，不翻看 PPT 作答；对于评委可能的提问，列出大纲，梳理观点，提前准备好；抓住投资人的关注点，预设话题，提高评委的互动参与率，调动情绪和现场气氛。

形式准备：时间方面，把握好路演时间，包括 PPT 演讲、评委提问答辩环节及时间要求，展示时间根据最想展现的内容的重要程度和各部分的 PPT 占比来计算，反复演练，时间把控力求精准到秒，控制在剩余 20 秒左右结束，收放自如；组织成员或邀请专家导师提问，模拟答辩；人员分工方面，一个人讲即可，尽可能不多人穿插讲述，答辩时团队协作回答评委问题，专业的人回答专业的问题，提高答辩质量；选词、语气口语化，语言亲切，注意礼仪、肢体和眼神交流。

2. 加强路演学习，实事求是回答

大学生参加的创新创业比赛通常都有省国级决赛的路演视频，向优秀作品和团队学习，提高站位，反思不足，加强改进；介绍及答辩清晰简洁，客观公正，整合资源及合作能力等要符合现状，对于回答不出或不懂的问题，不逃避坦然承认，对于确实存在的问题，表示从哪些方面尝试解决过，效果不明显，正在寻找更好办法。

3. 立足项目实践，摆正路演心态

路演是检验项目的方法，让公司和项目走向更多人，结识朋友，甚至是创业合伙人，找到不足和方向，路演要摆正心态，不卑不亢面对投资人，同时坚守本心，不因外界评论轻易改变，坚持下去。

思考与训练

1. 思考并回答以下问题

（1）为什么说准备创业计划书的过程实质上是信息的搜集过程？

（2）请简述创业计划书的主要内容和撰写技巧。

2. 分组讨论与实操

（1）从网上至少搜集一份获奖的创业计划书，阅读后讨论其获奖的原因。

（2）针对已有的创业项目，制作一份 12 页的路演 PPT，并尝试进行项目路演。

第 7 章　开办一个新企业

学习目标

通过本章的学习，使学生了解不同企业法律组织形式之间的区别、新企业注册的程序与步骤、新企业选址的影响因素及零售店铺选址的要点。认识新企业获得社会认同的必要性和基本方式，掌握新企业管理的基本原则、管理重点与行为策略。

学习重点与难点

重点：新企业注册的程序、步骤与新企业管理的基本原则。

难点：针对新企业的管理重点和行为策略。

案例分析 7-1

刘建卓的新媒体公司

2019 年，青岛求实学院机电系的刘建卓准备与他的 3 个大学同学一起创办一家新媒体引流带货、代运营的传媒公司。他们一共凑齐了 10 万元，随后就开始张罗着选址、注册公司，并给公司起名字。4 个从来没有创办企业经历的年轻人从公司注册这一步就开始晕菜了。虽然在项目运营实施中他们个个都是好手，但是在准备创办企业这件事上，他们甚至连工商管理部门的大门朝哪边儿开都不清楚，这让他们心里没了底。为了了解注册程序，他们先到工商管理部门拿了一套注册公司的程序介绍。几个人回来研究了一番，却发现越研究越不明白。像他们这样新媒体的公司究竟应该注册成什么类型的企业？应该提供哪些资料？具体的费用是多少？究竟该怎么给自己的公司起名？几个人商讨了好几个晚上还是没有个结果。烦琐的注册程序，使几个人同时产生了畏难情绪。

课堂思考与讨论：

1. 刘建卓准备创业开公司，那么第一步应该做什么呢？

2. 刘建卓的公司采用什么样的组织形式比较合适呢？

3. 你能给刘建卓的公司起个好名字吗？

7.1　新企业开办的法律流程

创业名言

法律是一种强制性秩序。

——凯尔森（美籍奥地利法学家）

创业者在开办新企业之前，应该了解和熟悉创业企业设立的一般流程，其中包括企业登记注册的法定程序，这对于创建的效率来说是非常重要的。

一般而言，创业企业设立流程如下：第一步，选择合适的企业组织形式；第二步，登记注册，具体包括企业名称登记、工商注册、税务登记和其登记备案事项。

7.1.1　企业法律组织形式的选择

“我想创业，我应该注册一家什么样的公司呢？”或者“我想和同学一起创业，我应该采取一种什么样的组织形式？”这个问题是创业者创业首先遇到的一个问题。

毫无疑问，新企业创立之前，创业者应该首先确定拟创办企业的法律组织形式。新创企业可采用不同的组织形式，如创业者个人独立创办的个人独资企业、由创业者团队创办的合伙制企业、以法人为主体的有限责任公司或股份有限公司。对创业者而言，各种法律组织形式没有绝对的好坏之分，各有利弊，选择合适，便可趋利避害；选择不恰当，就会为将来的运作带来巨大的隐患。但无论选择怎样的形式，都必须根据国家的法律法规要求和新创企业的实际情况，科学衡量各种组织形式的利弊，决定合适的组织形式。

1. 个体工商户

有较高的不确定性，因此经营风险非常高。初创企业成功与否，在很大程度上取决于创建初期的个体工商户。

依照相关法律规定，个体工商户即公民在法律允许的范围内，经工商行政管理机关核准登记，从事工商业经营的个体劳动者。个体工商户是一种我国特有的公民参与生产经营活动的形式，也是个体经济的一种法律形式。

个体工商户业主只需一个人或一个家庭，人数上没有过多限制，注册资本也无数量限制，开办手续比较简单。业主只需要有相应的经营资金和经营场所，到工商部门办理登记手续即可。在经营上，由于全部资产属于自己所有，决策程序比较简单，不受他人制约；利润分配上，全部利润归自己或家庭，但同时对外要承担无限责任，相应的风险也比较大。

2. 个人独资企业

个人独资企业是最古老也是最常见的企业法律组织形式。个人独资企业又称个人业主制企业，是指依法设立，由一个自然人投资并承担无限连带责任，财产为投资者个人所有的经营实体。当个人独资企业财产不足以清偿债务时，选择这种企业形式的创业者须依法以其个人其他财产予以清偿。

个人独资企业在业主数量与注册资金上与个体工商户相似，但设立手续比个体工商户要复杂，需要有合法的企业名称、有投资人申报的出资、有固定的生产经营场所和必要的生产经营条件及必要的从业人员。在经营决策与利润分配上与个体工商户相似，决策程序简单，利润归出资人，同时负无限责任。

3. 合伙企业

如果两个或两个以上的人共同创业，那么可以选择合伙制作为新企业的法律组织形式。根据《中华人民共和国合伙企业法》，合伙企业是指依法在中国境内设立的由各合伙人订立合伙协议，共同出资、合伙经营、共享收益、共担风险，并对合伙企业债务承担无限连带责任的营利性组织。

合伙企业包括普通合伙企业和有限合伙企业两种形式。两者最大的区别在于有限合伙企业有两种不同的所有者：普通合伙人和有限合伙人。其中，普通合伙人对合伙企业的债务和义务负责；而有限合伙人仅以投资额为限承担有限责任，但后者一般不享有对组织的控制权。另外，普通合伙企业合伙人可以用货币、实物、知识产权、土地使用权或者其他财产权利出资，也可以用劳务出资；但有限合伙企业的有限合伙人不得以劳务出资。以下主要介绍普通合伙企业。

除要有合伙企业的名称、经营场所及从事合伙经营的必要条件，设立合伙企业还应当具备以下几个条件：

- 合伙企业必须有两个以上合伙人，合伙人应当具备完全民事行为能力，且能够依法承担无限责任。

● 合伙人应当遵循自愿、平等、公平、诚实信用原则订立合伙协议，合伙协议应载明合伙企业的名称、地点、经费范围、合伙人出资额和权责情况等基本事项。

● 合伙人应当按照合伙协议约定的出资方式、数额和缴付出资的期限，履行出资义务。合伙人出资可以用货币、实物、土地使用权、知识产权或者其他财产权利；上述出资应当是合伙人的合法财产及财产权利。合伙人以劳务出资的，其评估办法由全体合伙人协商确定。

4. 有限责任公司和股份有限公司

公司是现代社会中最主要的企业形式。它是以营利为目的，由股东出资形成，拥有独立的财产，享有法人财产权，独立从事生产经营活动，依法享有民事权利，承担民事责任，并以其全部财产对公司的债务承担责任的企业法人。所有权与经营权分离，是公司制的重要产权基础。与“两权合一”的业主制、合伙制相比，创业者选择公司制作为企业组织形式的一个最大特点就是仅以其所持股份或出资额为限对公司承担有限责任；另一个特点是存在双重纳税问题，即公司盈利要上缴公司所得税，创业者作为股东还要上缴企业投资所得税或个人所得税。根据《中华人民共和国公司法》（以下简称《公司法》），我国的公司分有限责任公司（包括一人有限责任公司）和股份有限公司两种类型。

（1）有限责任公司

有限责任公司的股东以其认缴的出资额为限对公司承担责任，公司以其全部资产对公司的债务承担责任。创业者设立有限责任公司，除了要有固定的生产经营场所和必要的生产经营条件，还应当具备下列条件。

① 股东符合法定人数。根据我国《公司法》第 24 条规定：有限责任公司由 50 位以下股东出资设立。需要说明的是，一人有限责任公司是在 2005 年 10 月 27 日第十届全国人民代表大会第十八次会议通过的新《公司法》中加入的。

② 股东出资。从 2014 年 3 月 1 日起，公司登记实行注册资本认缴制。除法律、行政法规及国务院决定对特定行业注册资本最低限额另有规定的，取消有限责任公司最低注册资本 3 万元、一人有限责任公司最低注册资本 10 万元、股份有限公司最低注册资本 500 万元的限制，也就是说理论上可以“一元钱办公司”。不再限制公司设立时全体股东（发起人）的首次出资比例，不再限制公司全体股东（发起人）的货币出资金额占注册资本的比例，不再规定公司股东（发起人）缴足出资的期限，也就是说理论上可以“零首付”。股东可自主约定出资方式和货币出

资比例，对于高科技、文化创意、现代服务业等创新型企业可以灵活出资。

③ 股东共同制定公司章程。法律对有限责任公司章程有明确的要求，要求应当载明的事项包括：公司名称和住所，公司经营范围，公司注册资本，股东的姓名或者名称，股东的权利和义务，股东的出资方式和出资额，股东转让出资的条件，公司的机构及其产生的办法、职权、议事规则，公司的法定代表人，公司的解散事由与清算办法，股东认为需要规定的其他事项。

④ 建立符合有限责任公司要求的组织机构。

（2）股份有限公司

其全部资本分为等额股份，股东以其认购的股份为限对公司承担责任，公司以其全部资产对公司的债务承担责任。设立股份有限公司要有公司名称，要建立符合股份有限公司要求的组织机构，要有固定的生产经营场所及必要的生产经营条件，股份发行、筹办事项要符合法律规定。除此之外，根据我国《公司法》规定还应当具备下列条件。

① 发起人符合法定人数。设立股份有限公司，应当有 2 人以上 200 人以下为发起人，其中须有半数以上的发起人在中国境内有住所。

② 发起人认缴和募集的股本达到法定资本最低限额。股份有限公司的注册资本为在公司登记机关登记的全体发起人认购的股本总额。自 2014 年 3 月 1 日起，不再限制公司全体股东（发起人）的货币出资金额占注册资本的比例，除法律、行政法规及国务院决定对特定行业注册资本最低限额另有规定的，取消股份有限公司最低注册资本 500 万元的限制。

③ 股份发行、筹办事项符合法律规定。

④ 发起人制定公司章程，采用募集方式设立的经创立大会通过。

总之，不同组织形态的企业存在不同的成立条件、承担责任形式等不同特征。为了让初创业者有个更为直观和较为系统的认识，现对主要存在的 4 种小、微型企业做一个比较和梳理，如表 7-1 所示。

表 7-1　小、微型企业法律形态特征比较

法律形态 特征比较	个体工商户	个人独资企业	合伙企业	有限责任公司 （除一人有限公司外）
法律依据	《个体工商户条例》	《个体独资企业法》	《合伙企业法》	《公司法》
企业性质	非法人、非企业	非法人企业	非法人企业	法人企业

续表

法律形态 特征比较	个体工商户	个人独资企业	合伙企业	有限责任公司 （除一人有限公司外）
投资人数	一个自然人或家庭	一个自然人	2人以上	2～50人
注册资本	无注册资本限制	无注册资本限制	无注册资本限制	无注册资本限制
出资形式	无限制	无限制	普通合伙企业无限制，有限合伙企业中有限合伙人不可以以劳务出资	货币、实物、知识产权和土地使用权等均可作为出资，但是劳务、商誉等不可作为出资
投资主体	自然人或家庭	自然人	国有公司、国有企业、上市公司、公益性事业单位、社会团体不得为合伙人	2～50个自然人或法人
经营主体	个人或家庭	投资者	合伙人共同经营	股东不一定参与经营
成立条件	有相应的经营资金和经营场所即可	①自然人；②有合法的企业名称；③出资额；④有固定的生产经营场地和必要的生产经营条件；⑤有必要的从业人员	①有2个以上合伙人，依法承担无限连带责任；②有书面合伙协议；③有合伙人实际缴付出资；④有企业名称；⑤有经营场地和经营必要的条件	①股东符合法定人数；②出资额达到法定最低额；③制定公司章程；④有公司名称与符合有限责任公司的组织结构；⑤有固定的生产经营场所和条件
税收	定额，不缴纳企业所得税	定额，不缴纳企业所得税	缴纳个人所得税，不缴纳企业所得税	双税制，缴纳企业所得税和个人所得税
责任形式	由个人经营的，以其个人资产对债务承担无限责任；由家庭经营的，以家庭财产承担无限责任	投资人以其个人资产对企业债务承担无限责任	普通合伙人承担无限连带责任，有限合伙人承担有限责任	以出资额为限承担有限责任
利润分配	归个人或家庭	对个人	合伙人按照合伙协议分配	股东按出资比例分配

7.1.2 企业登记注册流程

企业从事经营活动，必须到工商行政管理部门办理登记手续，领取营业执照。如果从事特定行业的经营活动，还须事先取得相关主管部门的批准文件。企业设立后，需要进行税务登记，需要会计人员做财务，这其中涉及税法和财务知识，创业者需要了解企业需要缴纳哪些税项。企业办理注册登记手续一般包括以下几个步骤。

1. 核准企业名称

注册企业的第一步就是企业名称审核，即查名。创业者需要通过工商行政管理局进行企业名称注册申请，由工商行政管理局 3 名工商查名科注册官进行综合审定，给予注册核准，并发放盖有工商行政管理局名称登记专用章的“企业名称预先核准通知书”。

申办人需提供法人和股东的身份证复印件，并提供 2～10 个企业名称，写明经营范围、出资比例。企业名称要符合规范，格式如下：

企业名称=行政区划+字号（2 个字以上）+行业+组织形式

例如，邵阳市智丰众创空间有限责任公司。在这里，“邵阳市”就是行政区划，指代企业所在地的省（包括自治区、直辖市）或县（市辖区）的行政区划名称。企业名称应当冠以企业所在地的省（包括自治区、直辖市）、市（包括州）或者县（包括市辖区）的行政区划名称。“智丰”就是字号，字号是该设立的企业区别于其他企业的标志，是企业形象的一种代表。行业特征要求的是能够依照国家行业分类标准划分的类别，判断出该企业生产、经营或服务的范围或特点。企业的组织形式就是前面所讲述的内容。

2. 经营项目审批

如新创企业的经营范围中涉及特种行业许可经营项目，则需要提前办理特种行业申请并准予后，才可以继续工商注册程序。例如，你要开设一家书店，就需要向辖区的文化部门申请“出版物经营许可证”。

特种许可项目涉及旅馆、印铸刻字、旧货、典当、拍卖、信托寄卖等行业，需要消防、治安、环保、科学技术委员会等行政部门审批。特种行业许可证的办理，根据行业情况及相应部门规定不同，分为前置审批和后置审批。

3. 生产经营场所的获得

以现存的经营形态而言，除了淘宝网上的个体工商户很大程度上没有实际意义上的实体店，其他的企业组织形式都要求有自己的实际经营场所或办公场地，可以是你自己所有的或者租用的。

企业办理工商注册登记过程中，需要使用图章，由公安部门刻出。企业用章包括公章、财务章、法人章、全体股东章、企业名称章等。

4. 编写企业章程

企业章程是指企业依法制定的，规定企业名称、住所、经营范围、经营管理制度等重大事项的基本文件，也是企业必备的规定企业组织及活动基本规则的书面文件。企业章程是股东共同一致的意思表示，载明了企业组织和活动的基本准则，是企业的宪章。企业章程具有法定性、真实性、自治性和公开性的基本特征。企业章程与《公司法》一样，共同肩负着调整企业活动的责任。作为企业组织与行为的基本准则，企业章程对企业的成立及运营具有十分重要的意义，它既是企业成立的基础，也是企业赖以生存的灵魂。

5. 申领营业执照

工商局对企业提交的材料进行审查，确定符合企业登记申请，经工商行政管理局核定，即发放工商企业营业执照，并公告企业成立。相关材料包括企业章程、名称预先核准通知书、法人和全体股东的身份证、企业住所证明复印件（房产证及租赁合同）、前置审批文件或证件、生产性企业的环境评估报告等。

6. 办理税务登记证

税务登记证应到当地国税局办理。办理税务登记证应提供的材料包括企业营业执照副本、组织机构代码证副本（2016 年起取消）、经营场所产权证及租赁合同复印件、法人身份证、企业章程、验资报告（2014 年起取消）及公章。

7. 银行开户

新创办企业需设立基本账户，企业可根据自己的具体情况选择开户银行。开户银行应提供的材料包括营业执照正本、公司公章/法人章/财务专用章、法人身份证、国税和地税税务登记证正本等。

创业小贴士

为全面推进法人和其他组织统一社会信用代码制度建设，国家质监局于 2016 年全面取消组织机构代码证的办理，这意味着今后国家机关、事业单位、社会团体及其他依法成立的机构将无须再申领和更换组织机构代码证。

拓展阅读 7-1

《注册资本登记制度改革方案》（部分）

根据《国务院机构改革和职能转变方案》，为积极、稳妥地推进注册资本登记制度改革，制定本方案。

1. 2014 年 3 月 1 日起，实行注册资本认缴登记制

公司股东认缴的出资总额或者发起人认购的股本总额（即公司注册资本）应当在工商行政管理机关登记。公司股东（发起人）应当对其认缴出资额、出资方式、出资期限等自主约定，并记载于公司章程。有限责任公司的股东以其认缴的出资额为限对公司承担责任，股份有限公司的股东以其认购的股份为限对公司承担责任。公司应当将股东认缴出资额或者发起人认购股份、出资方式、出资期限、缴纳情况通过市场主体信用信息公示系统向社会公示。公司股东（发起人）对缴纳出资情况的真实性、合法性负责。

放宽注册资本登记条件。除法律、行政法规及国务院决定对特定行业注册资本最低限额另有规定的，取消有限责任公司最低注册资本 3 万元、一人有限责任公司最低注册资本 10 万元、股份有限公司最低注册资本 500 万元的限制。不再限制公司设立时全体股东（发起人）的首次出资比例，不再限制公司全体股东（发起人）的货币出资金额占注册资本的比例，不再规定公司股东（发起人）缴足出资的期限。

公司实收资本不再作为工商登记事项。公司登记时，无须提交验资报告。现行法律、行政法规及国务院决定明确规定实行注册资本实缴登记制的银行业金融机构、证券公司、期货公司、基金管理公司、保险公司、保险专业代理机构和保险经纪人、直销企业、对外劳务合作企业、融资性担保公司、募集设立的股份有限公司，以及劳务派遣企业、典当行、保险资产管理公司、小额贷款公司实行注册资本认缴登记制问题，另行研究决定。在法律、行政法规及国务院决定未修改前，暂按现行规定执行。已经实行申报（认缴）出资登记的个人独资企业、合伙企业、农民专业合作社仍按现行规定执行。鼓励、引导、支持国有企业、集体企业等非公司制企业法人实施规范的公司制改革，实行注册资本认缴登记制。

积极研究探索新型市场主体的工商登记。

2. 改革年度检验制度

将企业年度检验制度改为企业年度报告公示制度。企业应当按年度在规定的期限内，通过市场主体信用信息公示系统向工商行政管理机关报送年度报告，并向社会公示，任何单位和个人均可查询。企业年度报告的主要内容应包括公司股东（发起人）缴纳出资情况、资产状况等，企业对年度报告的真实性、合法性负

责，工商行政管理机关可以对企业年度报告公示内容进行抽查。经检查发现企业年度报告隐瞒真实情况、弄虚作假的，工商行政管理机关依法予以处罚，并将企业法定代表人、负责人等信息通报公安、财政、海关、税务等有关部门。对未按规定期限公示年度报告的企业，工商行政管理机关在市场主体信用信息公示系统上将其载入经营异常名录，提醒其履行年度报告公示义务。企业在三年内履行年度报告公示义务的，可以向工商行政管理机关申请恢复正常记载状态；超过三年未履行的，工商行政管理机关将其永久载入经营异常名录，不得恢复正常记载状态，并列入严重违法企业名单（“黑名单”）。改革个体工商户验照制度，建立符合个体工商户特点的年度报告制度。探索实施农民专业合作社年度报告制度。

3. 简化住所（经营场所）登记手续

申请人提交场所合法使用证明即可予以登记。对市场主体住所（经营场所）的条件，各省、自治区、直辖市人民政府根据法律法规的规定和本地区管理的实际需要，按照既方便市场主体准入，又有效保障经济社会秩序的原则，可以自行或者授权下级人民政府做出具体规定。

4. 推行电子营业执照和全程电子化登记管理

建立适应互联网环境下的工商登记数字证书管理系统，积极推行全国统一标准规范的电子营业执照，为电子政务和电子商务提供身份认证和电子签名服务保障。电子营业执照载有工商登记信息，与纸质营业执照具有同等法律效力。大力推进以电子营业执照为支撑的网上申请、网上受理、网上审核、网上公示、网上发照等全程电子化登记管理方式，提高市场主体登记管理的信息化、便利化、规范化水平。

7.1.3 创办企业必须考虑的法律与伦理问题

法律是一个监督员，时时刻刻监督着你的行为，只有你遵守法律，法律才会保护你。简单地说，法律在一定程度上允许或禁止创业者所做的某些决策和采取的部分行动。因此，创业者必须了解并处理好一些重要的法律和伦理问题。

1. 创办企业必须考虑的法律问题

与新创注册企业相关的法律有《民法通则》《公司法》《合伙企业法》《个体工商户条例》《个人独资企业法》《合同法》《会计法》《知识产权法》《税收征收管理

法》《物权法》《商标法》《专利法》《著作权法》《广告法》《反不正当竞争法》及国家工商行政管理总局《关于禁止侵犯商业秘密行为的若干规定》等。那么，这么多部法律，主要在新创企业注册时体现出的相关法律问题是出资的形式（货币、实物、知识产权、土地使用权等的界定）；企业内部的核心战略无形资产（商标、专利、技术、发明创造）等。

2. 创办企业必须考虑的伦理问题

创业伦理是创业者在开拓市场、资本积累、互惠互利、协同合作、个人品德、后天修养等方面的一些行为准则。创业者进入一个新企业后，势必要进入市场竞争的圈子，相应地，也得遵守这个圈子所共同维护的行为规范。

在企业注册过程中，由于企业所处的阶段不同，因此，所要考虑的伦理问题会有自己的表现形式。一般而言，创业者初创企业之前会在一个单位工作，那么到了创业注册经营阶段，就会发生创业前、创业中及创业过程必然联系到的相关利害关系人。因此，所要考虑的伦理问题包括以下几个方面的内容。

① 创业者与原雇主之间的伦理问题。尽管有些创业企业由学生或自我雇佣者建立，但大部分新企业仍是由曾经从事传统职业的人们所创建。在辞职进行创业后，一些创业者出乎意料地发现，自己已置身于与前雇主公司敌对的境地。以下是辞职时必须遵循的两个最重要原则。

- 职业化行事。员工恰当表露离职意图十分重要，急不可耐的离职会让雇主十分恼火；此外，在未签订离职协议且生效之前仍为该单位员工，必须认真负责地做好先前的工作，并做好交接工作。
- 尊重所有雇佣协议。对准备创业的雇员来说，充分知晓并尊重自己曾签署的雇佣协议至关重要。

在一般情况下，关键雇员都签署了保密协议和非竞争协议。保密协议是雇员或其他当事人严格遵守的协议。非竞争协议则规定了在特定时段内，个人禁止与前雇主相竞争。如果签署了非竞争协议，要合理地离开公司，雇员就必须遵守相关协议。

② 创业团队成员之间的伦理问题。创建者之间就新企业的利益分配及对新企业未来的信心达成一致非常重要。对创业团队来说，易犯的错误就是因沉迷于开办企业的兴奋之中而忘记订立有关企业所有权分配的最初协议。创建者协议（或称股东协议）是处理企业创建者间相对的权益分割、创业者个人如何因投入企业“血汗股权”或现金而获得补偿、创建者必须持有企业股份多长时间才能被完全授

予等事务的书面文件。以下列出了创建者协议所包含的主要内容：

- 未来业务的实质。
- 简要的商业计划。
- 创建者的身份和职位头衔。
- 企业所有权的法律形式。
- 股份分配（或所有权分割）方案。
- 各创建者持有股份或所有权的支付方式（现金或血汗股权）。
- 明确创建者签署确认归企业所有的任何知识产权。
- 初始运营资本描述。
- 回购条款，明确当某位创建者逝世、退出出售股份时的处理方案。

③ 创业者和其他利益相关者之间的伦理问题。创业者和其他利益相关者之间的伦理问题涉及如下方面。

● 人事伦理问题。这些问题与公正、公平对待现有员工和未来员工有关。不符合伦理的行为范围非常广泛，从招聘面试中询问不恰当问题到不公平对待员工的方方面面，其根源可能是因为他们在性别、肤色、道德背景、宗教等方面有所不同。

● 利益冲突。这些问题与那些挑战雇员忠诚的情景相关。例如，如果公司员工出于私人关系以非正当商业理由将合同交给其朋友或家庭成员，这就是不恰当的行动。

● 顾客欺诈。这个领域的问题通常出现在公司忽视顾客尊重或公众安全的时候，如误导性广告、销售明知不安全的产品等。

7.2 新企业选址策略和技巧

创业名言

门店最重要的是什么？第一是选址，第二是选址，第三还是选址。

——业内名言

7.2.1 企业选址的重要性

企业选址是关系到新企业成败的至关重要的因素，也是创业初期便涉及的几个问题之一。一个好的地理位置虽然只可以使一个普通的企业生存下去，但一个错误的地理位置却可以使一个优秀的企业失败。

据中国香港工业总会和中国香港总商会的统计，在众多开业不到两年就关门的企业中，由于选址不当所导致的企业失败数量占据了总量的 50%以上。由此可见，企业选址的重要性不言而喻。企业选址的重要性可以从以下 4 个方面去理解。

① 地址是制定经营战略及目标的重要依据。经营战略及目标的确定，首先要考虑所在区域的社会环境、地理环境、人口、交通状况及市政规划等因素。依据这些因素明确目标市场，按目标顾客的构成及需求特点，确定经营战略及目标，制定包括广告宣传、服务措施在内的各项促销策略。事实表明，经营方向、产品构成和服务水平基本相同的企业，会因为选址的不同，而使经济效益出现明显的差异。不理会企业周围的市场环境及竞争状况，任意或仅凭直观经验来选择企业地址，是难以经受考验并获得成功的。

② 地址选择是对市场定位的选择。地址在某种程度上决定了客流量的多少、顾客购买力的大小、顾客的消费结构、企业对潜在顾客的吸引程度及竞争力的强弱等。选址适当，便占有了“地利”的优势，能吸引大量顾客，生意自然就会兴旺。

③ 地址选择是一项长期性投资。不论是租赁的，还是购买的，一旦被确定下来，就需要投入大量的资金。当外部环境发生变化时，企业的地址不能像人、财、物等其他经营要素一样可以做相应的调整，它具有长期性、固定性特点。因此，对企业地址的选择要做深入的调查和周密的考虑，妥善规划。

④ 地址选择反映了服务理念。地址选择要以便利顾客为首要原则。从节省顾客的购买时间和交通费用的角度出发，最大限度地满足顾客的需要，否则就会失去顾客的信赖和支持，也就失去了存在的基础。

7.2.2　影响企业选址的主要因素

企业选址要解决两个基本问题：选择一个独特的地区；在该地区选择一个独特的地点。而影响企业选址的主要因素可划分为市场因素、商圈因素、交通因素、物业因素、所区因素、个人因素、价格因素。

1. 市场因素

从顾客角度看，要考虑经营地是否接近顾客、周围的顾客是否有足够的购买力、所售的商品是否吸引这一带的顾客群。对于零售业和服务业，店铺的客流量和客流的购买力决定着企业的业务量。

2. 商圈因素

选址时需要对特定商圈进行特定分析，如车站附近是往来旅客集中的地区，适合经营餐饮、食品、生活用品；商业区是居民购物、聊天、休闲的理想场所，除了适宜开设大型综合商场，特色鲜明的专卖店也很有市场；影剧院、公园名胜附近，适合经营餐饮、食品、娱乐、生活用品等；在居民区，凡能给家庭生活提供独特服务的生意，都能获得较好的发展；在市郊地段，不妨考虑为驾车者提供生活、休息、娱乐和维修车辆等服务。

3. 交通因素

交通因素是指交通是否方便、停车是否方便、货物运输是否方便、乘车来去是否方便。便利的交通不仅对制造型企业很重要，对于服务型、零售型、批发型企业也至关重要。

4. 物业因素

在租用店铺前，创业者应首先了解地段或房屋规划的用途与自己的经营项目是否相符；该物业是否有合法权证，除此之外还应考虑该物业的历史、空置待租的原因、坐落地段的声誉与形象等，是不是环境污染区，有没有治安问题，是不是容易拆迁等。

5. 所区因素

所区因素指的是经营业务最好能得到当地所区和政府的支持，至少不能与当地的政策背道而驰。

6. 个人因素

有一些创业者往往容易过多地关注个人因素，如喜欢选择在自己的住所附近经营，这种做法，可能会令创业者丧失更好的机会或因经营受到局限，购买力无法突破。

7. 价格因素

创业者在购买商铺或租赁商铺时，要充分考虑价格因素。通常在租房时，租金的支付方式是押一付三，就是你需要一次性支出 4 个月的房租。这时，你既要考虑启动资金够不够，还要考虑在生意只投入未产出利润期间你的储备金是否充足；同时，还要对这个场地的销售额做出初步的预算，看你的盈利是否可以满足租金和管理费用的支出。如果营业额足够大，就算租金贵，也可以租用；但是，如果此地没有生意，就算再便宜也不要租用。

总之，创业者选址切忌盲听、盲信、盲从，缺少调查和评估的选址难以找到符合条件的经营场所。因而，选址不能一味求快，创业者应该多对有意向的地段进行多方面的考察，权衡各个因素的优劣，从长远角度考虑，为自己店铺日后的经营打下良好的基础。

拓展阅读 7-2

4 位大学生的创业失败案例

4 位梦想创业的大学生，每人凑齐 4 000 元，准备在校园附近开一家精品店。当他们和房屋转租者签好转让协议，对店面进行装修时，房东突然出现并进行阻挠。16 000 元创业资金已经花光，门面却无法开张。

小王是中南大学铁道校区大三学生，大二时他就忙着在学校做市场调查，他认为定位中高档的男士精品店会很受学生欢迎。这学期开学不久，他和另外 3 位有创业想法的同学一拍即合，每人投资 4 000 元准备开店。

校园附近的孙老板有 3 间紧挨着的店面，其中一个门面闲置着。孙老板同意以 12 000 元转让这个门面两年的使用权。小王告诉记者，当时孙老板说她有这个门面 3 年的使用权，但不要让房东知道房子已经转租给他们，就说几个大学生是帮她打工的，以此避免房东找麻烦。我们虽然知道孙老板不是房东，只是租用了房东的房子，但我们不知道一定要经过房东的同意才能租房。9 月 10 日，涉世未深的几位大学生和孙老板签下了门面转让协议书，并支付了 7 000 元。

当他们开始对门面进行装修时，房东闻讯赶来。房东表示，他和孙老板签订的合同上明确写了该房子只允许做理发店，并且不允许转租。房东阻止他们装修，并和孙老板发生了冲突。在店面前透过玻璃门看到，几个玻璃柜凌乱地摆放着，地上刨花满地。前不久，小王和另外 3 位同学还在一边贴墙纸，一边憧憬着美好前景。当时为了不影响上课，他们利用晚上装修，忙到深夜两三点是常事。

现在门上已经挂了 3 把锁。9 月，房东将第一把锁挂了上去，接着孙老板也挂了一把锁。小王等人的玻璃货架等物品都被锁在里面，无奈之下他们也挂了一把锁。现在要进入这个门面，要过三道关。几把锁锁死了他们的创业之路。孙老板从9月20日起就无影无踪，手机也不开机，不做任何解释。房东也不愿意和他们协商，反正房租已经收到了年底。这可苦了几位大学生，交给孙老板的7 000元房租，加上门面装修的5 000多元，以及进货花去的钱，4人凑的16 000元已经所剩无几。近日，孙老板终于出现，她提出，几个大学生将剩下的5 000元交上，再想办法和房东协商。如果要退还7 000元的房租，必须把已经装修的门面恢复原状并补偿她2个月的误工费，缓解家庭的经济压力。小王告诉记者，他的4 000元是软磨硬泡才从父亲那里借来的。

7.2.3 企业选址的基本步骤

① 根据自己的经营定位列出“必需的”和“希望的”选址条件。

② 对照选址条件确定备选地点。

③ 造访备选地点，挑选两三处较好的位置。

④ 按照“必需的”和“希望的”选址条件，对选上的几个地点进行比较。

⑤ 在每天白天、晚上的各个时段到各个地点实施观察，计算有效客流量。

⑥ 咨询有经验的人士，获得帮助。

⑦ 综合分析各种信息和意见。

⑧ 做出选址决策。

拓展阅读 7-3

家乐福超市的选址策略分析

1. 基本情况

家乐福1995年正式进入中国市场，在很短的时间内便在相距甚远的北京、上海和深圳3地开辟了大卖场。家乐福之所以会如此进行扩张，就是因为它们各自独立地发展了自己的供应商网络。根据家乐福自己的统计，从中国本地购买的商品占了商场所有商品的95%以上，仅2000年采购金额就达15亿美元。除了已有的上海、广东、浙江、福建及胶东半岛等各地的采购网络，家乐福在2001年年底还分别在北京、天津、大连、青岛、武汉、宁波、厦门、广州及深圳开设了区域化采购网络。

2. 家乐福独特的开拓市场的方法

家乐福在开拓市场的时候形成了一套独特的方法，下面从它的实际例子中来领略其独特性。

① 一人开辟一个市场。家乐福独特的开拓一个新的市场的方法是，每次家乐福进入一个新的地方，都只派 1 个人来开拓市场。这样的一种开拓市场的方法相信每一个第一次听到的人都会感到震惊，但家乐福确实是这样做的，而且也做得很好。

② 深入市场调查。家乐福派来的第一个人就是这个地区的总经理，他所做的第一件事就是招一位本地人做他的助理。然后，这位空投到市场上的光杆总经理，和他唯一的员工做的第一件事，就是开始市场调查。他们会仔细地去调查当时其他商店里有哪些本地的商品在出售、哪些产品的流通量很大，然后再去与各类供应商谈判，决定哪些商品会在将来的家乐福店里出现。一个庞大无比的采购链，就这样完完全全地从零开始搭建。尽管家乐福的这种进入市场的方式粗看起来让人难以理解，但却是家乐福在世界各地开店的标准操作手法。这种做法背后的逻辑是，一个国家或地区的生活形态与另一个国家或地区的生活形态经常是非常不同的。在法国超市中到处可见的奶酪，在中国却很难找到供应商；在中国台湾十分热销的槟榔，可能在上海一个都卖不掉。所以，国外家乐福成熟有效的供应链，对于以食品为主的本地家乐福来说其实意义不大。最简单有效的方法就是了解当地，从当地组织采购本地人熟悉的产品。

3. 家乐福选址所要考虑的因素

家乐福“Carrefour”的法文意思是十字路口，家乐福的选址就不折不扣地体现了这一标准：几乎所有的店都开在了路口，并且巨大的招牌在 500 米开外都可以看得一清二楚。而像家乐福这样的一个投资几千万元的店，当然不会是拍脑袋想出店址的，其背后精密和复杂的计算，常令业外的人士大吃一惊。根据经典的零售学理论，一个大卖场的选址需要考虑以下几个方面的因素并经过详细的测算。

（1）商圈内的人口消费能力

① 测定商圈所覆盖的范围。当时的中国并没有现在的资料如 CIS（人口地理系统）可以利用，所以店家不得不借助市场调研公司的力量来搜集这方面的数据。有一种做法是从某个原点出发，测算 5 分钟步行范围、10 分钟步行范围、15 分钟步行范围。根据中国的本地特色，还需要测算以自行车出发的，小片、中片和大

片半径范围，最后以车行速度来测算小片、中片和大片各覆盖了什么区域。如果有自然的分隔线，如一条铁路线，或是另一个街区有一个竞争对手，商圈的覆盖就需要依据这种边界进行调整。

② 分析商圈内人口的规模及其特征。在分析完商圈所覆盖的范围后，接着需要对这些区域进行进一步的细化，计算这片区域内各个居住小区详尽的人口规模并进行特征调查，计算不同区域内人口的数量、密度、年龄分布、文化水平、职业分布、人均可支配收入等许多指标。家乐福的做法还会更细致一些，根据这些小区的远近程度和居民可支配收入，再划出重要销售区域和普通销售区域。

（2）所选区域内城市的交通和周边商圈的竞争情况

① 考虑商圈内的交通状况。交通状况对于一个大型卖场来说很重要，如果一个未来的店址周围有许多的公交车，或是道路宽敞、交通方便，那么销售辐射的半径就可以大为放大。上海的大卖场的管理人员都非常明智，如家乐福古北店周围的公交线路不多，家乐福就干脆自己租用公交车定点在一些固定的小区间穿行，方便这些离得较远的小区居民上门一次性购齐一周的生活用品。

② 对商圈内竞争对手的分析。因为未来潜在销售区域也会受到很多竞争对手的挤压，所以家乐福也会将未来所有竞争对手计算进去。传统的商圈分析中，需要计算所有竞争对手的销售情况、产品线组成和单位面积销售额等数据，然后将这些估计的数字从总的区域潜力中减去，未来的销售潜力就产生了。但是，这样做并没有考虑到不同对手的竞争实力，所以家乐福在开业前，索性把其他商店的情况摸个透彻，以打分的方法发现它们的不足之处，如环境是否清洁、哪类产品的价格比较高、生鲜产品的新鲜程度如何等，然后依据这种精确调研结果进行具有杀伤力的打击。

（3）顾客群体的构成

① 对顾客群体的构成进行统计分析。任何一个商圈的调查不会随着一个门店的开始营业而结束，而是随着门店的开业继续对顾客群体进行统计分析。家乐福在这方面特别重视。家乐福自己的一份资料指出，顾客中有60%的人的年龄在34岁以下，70%的人是女性，然后有28%的人步行，45%的人乘坐公共汽车而来。

② 大卖场依据目标顾客的信息来调整自己的商品线。家乐福在上海的每家店都有小小的不同，这一点最能体现家乐福的用心。例如，在虹桥门店，因为周围的高收入群体和外国侨民比较多，其中外国侨民占到了家乐福消费群体的 40%，

所以虹桥店里的外国商品特别多，如各类葡萄酒、肉肠、奶酪和橄榄油等，而这都是家乐福为了这些特殊的消费群体特意从国外进口的；又如南方商场的家乐福因为周围的居住小区比较分散，就在商场里开了家电影院和麦当劳，增加自己吸引较远处人群的力度；而青岛的家乐福做得更到位，因为有 15%的顾客是韩国人，他们干脆就做了许多韩文招牌。

（4）地理位置

顾客在购物时由于总是选择地址便利的商店，所以辨别竞争对手的时候，店址的临近程度是门店选址的重要因素。要正确判断商圈内顾客的习惯性行走路线，最先占领有利地位，为门店的成功做好准备。

（5）成本的核算

连锁门店成本的核算相信不用多说，但有一点应当注意：连锁门店的成功之道在于利用规模经济的边际效益，而有些门店的位置距离中心库房很远，尤其是刚好超过货车一日的行程。如果门店之间距离很近（在互不影响的情况下），就可以节省相当一笔费用，如两个门店可以共用一个店长，商品配送更为便利等。

（6）邻居的选择

好邻居是否就能带来好生意呢？这个要看自己的企业和你的邻居的经营是否具有互补性。例如，目前越来越多的电影院、快餐店进驻大型购物中心，以借机利用周边的强大客流带动自己的生意。选择合适的邻居至关重要，尤其是有些邻居是不是也是暂住的流动人口甚至只是一个空牌子、有没有长期经营的打算等都要考察清楚。家乐福观音桥店的邻居就是肯德基，这为顾客提供了一个休息与就餐的地方。

以上这些因素，是基本的也是连锁门店选址时应当注意的要点。选址的好坏会影响门店日常经营的关键，同时也可以说你有好的选址，成功的概率就已经拿到了一半！

7.2.4　关于零售店铺选址的几点建议

中国人经商最讲究“天时、地利、人和”，对于做终端零售的经营者来说，店铺位置的好坏是能否盈利的关键。如何选择好的店铺位置是店铺经营者所面临的首要问题，如果不经过认真而科学的选择，而是仓促或者盲目开店的话，通常很容易遭受失败的打击。这里，我们对这类商铺的选址提出几点建议。

1. 要根据自己店铺的经营定位进行选址

店铺位置之前，首先要明确自己的经营范围和经营定位。如果经营的是日化、副食等快速消费品，就要选择在居民区或社区附近；如果经营的是家具、电器等耐用消费品，就要选择在交通便利的商业区。此外，还要考虑自己的目标消费群体，是主要面向普通大众消费群体，还是主要面向中、高阶层消费群体。简单地讲，就是要选择能够接近较多目标消费群体的地方。通常情况下，大多数店铺就是选择在人流量比较大的街区，特别是当地商业活动比较频繁、商业设施比较密集的成熟商圈。

2. 要尽量避免在受交通管制的街道选址

城市为了便于交通管理，在一些主要街道会设置交通管制，如单向通行、限制车辆种类、限制通行时间等，店铺选址应该避免这些地方；也尽量不要在道路中间设有隔离栏的街道开店，因为这样会限制对面的人流过来，即使你的店铺招牌做得再惹眼，对面的顾客也只能“望店兴叹”。交通方便是选择店铺位置的条件之一，店铺附近最好有公交车站点，以及为出租车提供的上、下车站等。另外，店铺门前或附近应该有便于停放车辆的停车场或空地，这样会更方便顾客购物。

3. 要选择居民聚集、人口集中的地区

人气旺盛的地区基本上都有利于开设店铺，尤其是开设超市、便利店、干洗店这样的店铺。城市新开发的地区，刚开始居民较少、人口稀零，如果又缺乏较多流动人口的话，是不适宜开设店铺的。虽然有时候在新建地区开店，可以独家卖货，但往往由于顾客较少，难以支撑店铺的日常运营。

4. 要事先了解店铺所在地的政府规划

随着城市的快速发展，旧城改造是经营中可能遇到的，开设店铺首先要调查和了解当地的城市规划情况，避免在容易拆迁的“危险”地区设置店铺。在租赁房屋时，还要调查了解该房屋的使用情况，如建筑质量、房屋业主是否拥有产权或其他债务上的纠纷等。忽视这些细节往往会导致店铺的夭折，给自己带来巨大的损失。

5. 要注意店铺所在街道的特点和街道客流的方向与分类

一条街道会因为交通条件、历史文化、所处位置不同，而形成自己的特点。要选择交通通畅、往来车辆和人流较多的街道，避免在一条“死胡同”里开店。

店铺的坐落和朝向也是十分重要的，店铺门面要尽量宽阔，方位朝北时要注意冬季避风，方位朝西时要注意夏季遮阳等。同样一条街道的两侧，由于行人的走向习惯，客流量不一定相同，要细心观察客流的方向，在客流较多的一侧选址。长途汽车站、火车站和城市的交通主干道，虽然人流也很大，但客流速度较快，滞留时间较短，很多人的目的不在购物，在这些地方开店，要根据自己的经营需要慎重选择。要选择同类店铺比较聚集的街区或专业市场。[①]

“货比三家”是很多人经常采取的购物方式，选择同类店铺集中的街区，更容易招揽到较多的目标消费群体。不要担心竞争激烈，同类店铺聚集有助于提高相同目标消费群体的关注。电子市场、花卉市场、建材市场等专业化程度较高的市场或商场，也是开设店铺的不错选择。需要注意的是，选择专业市场或商场开店，要考察这些市场和商场的管理水平、规模大小、在当地的影响力等因素。对规模较小、开业时间较短、管理水平差的专业市场或商场，要谨慎入驻。

7.3　新企业生存管理

创业名言

成长是企业生存所必需的。

——行业名言

案例分析 7-2

校先生科技有限公司的起步

2018 年，校先生的创始人雨浩和瑞峰大学毕业开始共同创业时，选择的项目是电子邮件的分布式存储系统。当时，电子邮箱开始收费，邮箱容量也越来越大。不过电子邮箱的存储市场并没有他们当初设想的那么大，两三个月后公司陷入困境，两人商量转型。雨浩发现，门户、邮箱、搜索、即时通信、下载中，其他的都有主流提供商，唯独下载没有，但对于大容量文件，如电影、网络游戏却有下载需求。于是，雨浩和瑞峰决定研发校软件。软件采用基于网络原理的多资源超线程技术，下载速度奇快，但漏洞百出。为了产品能以最快的速度发布，雨浩在

① 沈斐敏，徐国立. 大学生创新与创业教程［M］. 北京：高等教育出版社，2014.

研发过程中放弃了对产品各种细节的考究，只关注目标消费者最关心的特性。

为了让用户使用该软件，校先生网络科技公司聘请专业营销人员每月花费两三万元进行市场推广，但使用者还是寥寥无几。2004 年年中，雨浩通过朋友找到了软件公司的总裁向阳。此时，校先生网络科技公司没有名气，向阳只是给了他一次测试的机会。测试显示，校先生软件的下载速度是其他下载工具的 20 倍。于是，软件公司同意推荐其游戏用户使用软件免费下载其热门游戏的客户端软件。在获得了软件公司的认同后，校先生网络科技公司迅速和其他网络游戏厂商达成协议，新增用户量由每天不到 300 户增加到 10 000 多户。半年多时间，校先生网络科技公司拥有了 300 万名用户，95%由网游合作伙伴带来。有了可观的用户群后，校先生网络科技公司很快通过广告、软件捆绑、无线、按效果付费的竞价排名广告等渠道获得了收支平衡。随即，校先生网络科技公司也不断推出升级版本修正软件漏洞。

课堂思考与讨论：

1. 创业之初，企业最根本的目的是什么？校先生网络科技公司是如何操作的？

2. 校先生网络公司是如何在无法打开市场的情况下，短时间内迅速拥有 300 万名用户的？这对你有什么启发？

7.3.1 初创企业的管理原则

新企业成长和现有企业成长具有明显的不同。由于现有企业在激烈的市场竞争中已经建立了一定的竞争优势，包括品牌、服务、渠道等。作为新入行的企业，只有打破原有竞争格局才能够扭转不利局面。在核心竞争能力尚未形成的时候，新创企业应该采用以下管理原则与对手周旋，争取生存机会，然后不断积累实力，加强自身的地位。

1.“生存第一”原则

企业在创业初期的首要任务就是在市场中生存下来，让消费者认识和接受自己的产品。也就是说创业之初，企业最根本的目标就是生存，企业的一切活动都应围绕生存来运作，一切危及企业生存的做法都应避免。“生存第一”原则要求创业者把满足顾客的需求放在第一位，要求把盈利作为公司管理绩效的唯一考核指标。企业应有明确的生存理念指导员工时刻心系企业的生存安危，不断奋斗确保企业基业稳固持续发展。

2.“现金为王”原则

现金流对于企业而言，如同血液对于人一样重要。资金链断裂，往往会使刚刚成立起来的企业遭遇挫折甚至破产。

“现金为王”原则要求：第一，创业者周期性地评估企业的财务能力，要对当前现金流的状况做到心中有数；第二，创业者一定要节约用钱，要有“有多少钱、办多少事”的观念，每一分钱都应该用在最需要的地方，要千方百计增收节支、加速资金周转、控制发展节奏；第三，采用“早收账，迟付款”的方法来实现正现金流。

3.“分工协作”原则

初创期的企业员工虽然进行了初步的分工，建立了一套组织结构，但在现实中，平时各司其职，遇到紧急情况和重要任务时，往往需要大家齐心协力、团结一致去应对最紧要的事情。也就是说，初创企业的人员职责分工相对大企业而言比较模糊，企业员工之间处于一种“既分工又协作”的状态。

4.“事必躬亲”原则

初创期的企业由于人手少、资源缺乏，一切都处于萌芽阶段，所以创业者必须亲自去做很多事情，如直接向客户推销产品、参与商业谈判、处理财务报表、制定薪酬计划、从事广告宣传等。这个阶段的创业者切忌把自己当成“大老板”而目空一切、眼高手低，要有事必躬亲的精神，这样才能对企业经营过程中的每一个细节做到心中有数、了如指掌，从而才能使企业平安成长起来，并越做越大。

7.3.2　了解企业的生命周期

世界上任何事物的发展都存在着生命周期，企业也不例外。企业生命周期如同一双无形的巨手，始终左右着企业发展的轨迹。

所谓企业的生命周期，是指企业培育、成长、成熟、衰退甚至死亡的过程，如图 7-1 所示。虽然不同企业的寿命有长有短，但各个企业在生命周期的不同阶段所表现出来的特征却具有某些共性。了解这些共性，便于企业了解自己所处的生命周期阶段，从而修正自己的状态，尽可能地延长自己的寿命。

1. 培育期（初创期）

培育期是指企业初创的 1～3 年的时间。一般来说，这个阶段的企业生存能力

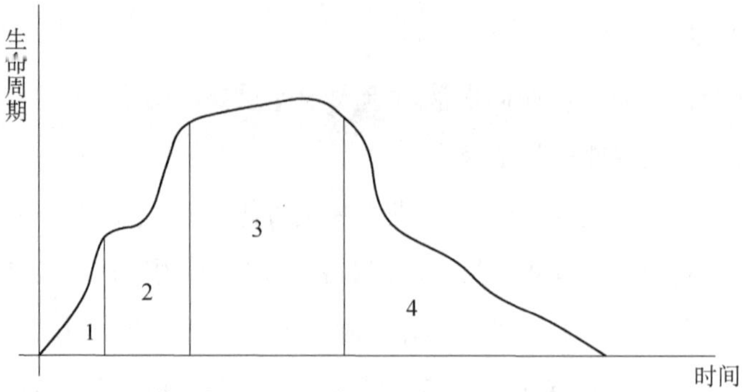

1—培育期；2—成长期；3—成熟期；4—衰退期

图 7-1　企业生命周期曲线

弱，抵抗力很低，很容易受到产业中原有企业的威胁。此时，新创企业处于学习阶段，市场份额低，资金不充裕，管理水平低，管理费用高，固定成本大，企业波动较大，失败率也很高。整个生产经营活动过程中出现的任何差错都可能导致企业的夭折。新产品开发的成败及未来企业现金流量的大小都具有较高的不确定性，因此经营风险非常高。初创企业成功与否，在很大程度上取决于创建初期的可行性分析，与市场预测和投资决策的关系很大。培育期重点需要解决企业的生存问题。

2. 成长期

在培育期生存下来的企业很快进入成长期，处于这一时期的企业称为成长企业。一般把成长期分为迅速成长期和稳步成长期两个时期。在这一阶段，企业年龄和规模都在增长，企业全面成长，经济实力增强，市场份额逐步提高，竞争能力增大，已能在产业中立住脚跟，企业素质得到全面提高，创新能力也很强，企业已经形成了自己的配套产品。此阶段的主要特点在于，该企业在产业中已经成为“骨干企业”，是中型企业的延伸，但尚未发展为大企业。但在这样的情况下，企业的经营风险仍然比较大，企业很容易跌入多元化陷阱。这主要是由于企业的市场营销费用加大，企业需要募集大量资金进行项目投资，企业的创业者往往会想当然地认为其过去成功的经验可以在多个领域中适用，于是会“大胆”地进入多个行业领域，甚至是自己极其不熟悉的非相关行业。诚然，多元化在初始阶段可能使企业的销售量大幅度增长，但盈利却未必会随着销售量的扩大而越来越多，反而可能是赔钱越来越多。但企业的现金流量却仍然是不确定的，且市场环境是多变的。因此，企业需要不断完善企业的管理制度，更新企业的未来发展规划，提高企业对市场的应变能力，以保证企业的快速成长。

3. 成熟期

考察企业的演变史，能够发现进入成长期的企业本来就为数不多，而能够成长为成熟企业并得以留存的更是凤毛麟角，许多企业在成长过程中已经被淘汰。在成熟期，企业的发展速度有所放慢，产品标准化有所提高，经营领域有所拓宽，管理走向正规化，企业产品的知名度和市场占有率都有很大的提高，并且通过各种媒体渠道在公众中树立了形象。显然，企业产品进入了成熟期，但许多企业的发展对某一产品的依赖性很强，成熟期后，再过一段时间必然会出现衰败，就有可能使企业发展后劲受到影响，导致创新精神减退。这是因为，企业经过孕育期、高速成长期的艰苦奋斗、勇往直前后，往往会在环境相对舒适的成熟期中趋向保守，缺乏对新事物的敏感性和强烈的改革要求。成熟期创新精神减退的问题还与企业规章制度的健全有关。创新强调变化，而制度要求遵守，再加上成熟期企业的规章制度已经较为健全，各级人员只按规定办事。但市场是变化的，企业创造力沉睡时间过长，就会影响到满足顾客需要的能力，企业的市场竞争力也就随之下降。成熟期企业的最大风险是成熟期过于短暂。成熟期是企业生命周期中的最理想阶段，进入成熟很困难，要想停留在成熟期就更为困难。如果能够一直停留在成熟期，对企业来说就是再好不过了。但问题是在现实中，只要企业一不留神，就马上陷入衰退期。

4. 衰退期

成熟期的企业如果未能实现后期成熟化或蜕变演变，则进入衰退期。衰退期是指企业的发展在走下坡路，面临衰亡。存在两种情况的衰退：一种情况是受到产业寿命周期的影响，如果该产业已到了衰退期，自然影响到企业，使企业跟着衰退；另一种情况可能是该企业患了衰退症。处于衰退期的企业大多是大企业，很容易患“大企业病”，主要表现在官职增多、官僚主义横行、妨碍联系的本位主义、企业家精神的泯灭、部门之间责任的推诿、士气低落、满足现状、应变能力下降等。

衰退期企业的生命还是有延长的可能性的。只要企业进行蜕变，成功地转换产品，灵活地转换企业形态，准确地选择新的产业领域，企业就可能重获新生。在衰退期考虑蜕变，时间上已经晚了点。其实，企业在成熟期的后期发现开始下滑或上升缓慢时，就应该考虑蜕变的事情了。

7.3.3 新企业容易遇到的管理问题

创业名言

创业初期假如面对着好景气，往往就会丧失了警觉性，因而忽略了治理上的重要性；假如初期并不怎么顺利，或许反要让大家一起去拼命地干活，必须以创业时的血盟精神作为企业经营的基础。

——行业名言

案例分析 7–3

新媒体公司

在这个互联网发达的时代，万众创新、大众创业成为潮流，大学生小管作为一个新媒体项目的发起人，因为偶然的机会他接触到了新媒体的引流带货的领域，觉得这个是可以发展的市场，于是说干就干，他号召了几个舍友一起运营，利用空余的时间来执行项目计划，如果有不懂的地方，宁可花钱去请教别的成熟的机构，跟着别的公司学习，来弥补自己团队的不足。

起初，小管以为新媒体好做，无非就是拍个视频，然后让更多的人去观看，从而达到引路带货的效果，但是他错了，后来他才知道，原来有账号定位、账号包装、垂直领域、怎么去吸粉、怎么去提高自己账号的权重、在建立账号初期该注意什么事项，这些都是不可忽视的小细节，自从那时候开始，他开始不断地学习，不断地去充实自己，让自己的知识领域更加扩大，自己遇到难题就可以解决，采用多种方案去应对即将可能面临的问题，发现问题去解决问题，一步一个脚印地走着，团队也开始慢慢地制定相应的规定去限制公司的规章制度，让团队的成员执行力高起来，让大家的积极性更强。

现在，小管的团队已经初步有了雏形，慢慢地步入正轨，而在步入正轨的同时也在与外面的公司加强合作，学习外面公司的经验，利用到自己的公司上，从团队建设到团队运营操作，仅仅用了四五天的时间，后期的话就是账号的定位，以及对 KOL 的选拔，随之开始运营，团队初期确实很难做，他们齐心协力都挺过来了，他深知新媒体最难做的是前期起步和中后期的操作。他不断地学习，让自己的团队更加成熟，最后他觉得学校的平台确实是适合大学生创业的平台。并且学校给予更多方面的支持，提供各方面的帮助，助力大学生团队的建设及运营，是学校给予一群年轻人的创业机会和平台。

课堂思考与讨论：

1. 分析小菅的新媒体公司的案例，你认为新创企业容易遇到哪些管理问题？
2. 小菅的新媒体公司如果成功上市，企业会顺利发展吗？

在企业初创阶段，由于往往是瞄准某一市场空白点，如果推销工作做得好，企业的成长性往往很好，投资回报率相对于其他阶段要高出许多，企业销售收入能够获得快速增长。由于已有资源不多，企业觉得承担风险的代价不大，勇于冒险，创业者充满了探索精神；创业者充满对未来的期望，往往能够容忍暂时的失误，因此这一时期的创业者对未来的期望值大于已有成就，内部结构简单，办事效率较高等，都是创业初期的典型优势。但也正是因为这些优势，当企业由小到大快速成长之后，随着人员的膨胀、市场的扩展等，一些管理问题随之而来。

1. 资金不足

低估对现金和经营资金的需要是初创企业中较为普遍的现象，这源于创业者典型的热情心态。对于确定所要承担的义务而言，热情可起到一定作用，不可或缺，而对资金需要的客观看法却与这种富有幻想的热情不相容。这种倾向实际上就是把成功的目标定得很高，而低估了对资金的需求。并且，企业的产品销量越大，出现资金不足问题的可能性就越大。一个企业的平均年销售增长若超过 35%，企业的自有资金一般就不足以支撑这种增长，此时就难免遇到资金周转的困难。为获得资金，企业常常犯一些基本的错误，如把短期贷款用于较长时间才能产生效益的投资。

创业者应该逐渐重视企业的现金流量、贷款结构和融资成本等，必须要有符合实际的经营计划，而且要以“周”为单位来监控现金流量。记账的重点是现金流量，权责发生制会计虽有利于纳税和盈利分析，但对于及时监控企业生存却不见得有利。严格监控应收账目周转率和存货周转率也是防止经营资金不必要增加的基本手段。

2. 制度不完善

创业初期，企业要不断面对意外出现的各种问题，如顾客投诉、供货商令人不满、银行不愿贷款、工人磨洋工等。由于没有先例、规章、政策或经验可资借鉴，就产生了企业的行动导向和机会驱动，这也意味着给规章制度和企业政策所留的空间很小。此时的企业正在试验、探寻成功的含意。一旦把成功的内涵搞清楚了，就会通过制定规章制度和政策来保证今后能取得同样的成功。这一阶段制定规章制度和政策有可能扼杀满足顾客需求的机会。但缺乏规章和政策，为了获取现金而过于灵活、采取权宜之计，又会使企业养成“坏习惯”。习惯成自然，而且这种习惯会持续到未来，对将来造成影响。

对于培育期的企业而言，这类坏习惯的代价不高、收益不小。但随着企业员工和客户的增加，坏习惯的价值下降了，代价却直线上升。这样的例子比比皆是。例如，为争取到订单，企业会千方百计去满足客户的需要，但随后却可能造成创业者对企业失控。在这种情况下，签订风险很高的大宗合同之后，结果可能是巨大的损失。没有规章和政策，企业的管理就会混乱。虽然这对培育期的企业而言是正常的，但却使企业非常脆弱、易受挫折，问题常常演变成危机，这种状况把管理人员变成了消防队员。公司的管理也就只能是由危机到危机的“救火”管理。

3. 因人设岗

培育期的企业，人们所承担的责任和义务是重叠交叉的。例如，总经理可能既管采购，又管销售，还兼管设计；销售人员可能要承担一部分采购工作；会计人员有时又是办公室主任。这时的企业是围绕人来组织的，而不是围绕工作本身进行组织。企业按照缺乏规划的方式在成长，它只是对各种机会做出反应，而不是有计划、有组织、定位明确地去开发利用自己所创造的未来机会。

对于培育期的企业而言，事事优先是正常问题，当企业不断成长，不可避免地犯了一些错误之后，就逐渐学会了哪些事不能去做。这是一个不断试错的学习过程，当培育期企业出现了大的失误，如损失了市场份额、失去了大的客户或赔了一大笔钱时，企业就被推入了下一个生命阶段。

企业培育期成就越大，自满程度越高，所出现的危机就越大，推动企业变革的作用力也就越大。此时，企业终会认识到，自己需要一整套规章制度来明确该做与不该做的事情。规章制度的完善表明企业强调管理子系统的急迫性，这时企业过渡到下一个发展阶段。如果没有出现这种强调管理制度的情况，企业就会陷入被称为“创业者陷阱”或“家族陷阱”的病态发展之中。爱迪思认为，企业培育期出现的问题有些属于正常现象，随着企业的成长会慢慢解决；而有些则属于不正常现象，需要尽力避免。两类现象如表 7-2 所示。

表 7-2　创业初期企业出现的正常与非正常现象

正常现象	不正常现象
所承担的义务没有因风险而丧失	风险使承担的义务消失殆尽
现金支出短期大于收入	现金支出长期大于收入
辛勤的工作加强了所承担的义务	所承担的义务丧失
缺乏管理深度	过早授权
缺乏制度	过早制定规章制度和工作程序
缺乏授权	创业者丧失控制权
“独角戏”——但愿意听取不同意见	刚愎自用，不听取意见
出差错	不容忍出差错
家庭支持	缺乏家庭支持
外部支持	由于外部干预而使创业者产生疏远感

7.3.4　新企业成长的管理技巧与策略

新创企业成立之初往往都是白手起家。但小企业并不是规模小的大企业，尽管从规模、资金、员工人数等数量指标上能够区分小企业和大企业，但这些指标并不能够从本质上揭示两者之间的区别。

新创企业通常缺乏制定计划的能力，也不存在大量数据资料作为决策参考。因此，小企业往往没有像大公司一样的长远计划。但小企业经营者为了提高企业生命力，可能更加关注市场变化，更加贴近顾客，更加注重短期的快速反应能力和适应外部动荡不定的商业环境。由此看来，小企业并不是规模小的大企业，所以不能简单地把大企业成功的管理经验应用于小企业。

1. 创业初期的营销管理

创业初期，销售是此时最重要的任务。创业初期的销售有时甚至是不赚钱的，为了吸引顾客从消费其他人的产品和服务转移到消费自己的产品和服务上，即使不赚钱，甚至赔钱也卖。所以，创业初期的销售收入增长很快，但由于成本增加更快，制定的价格往往在成本附近，所以造成销量很大，但却没有利润。

随着企业的逐渐成熟，要对已有的销售行为进行规范，要对客户进行筛选和细化管理，要对产品售前、售中、售后整个过程进行监控，整合所有销售的相关资源，把销售工作当成经营来做，逐步使销售收入与利润实现同步增长。

2. 创业初期的人力资源管理

创业初期的人力资源管理的主要特点体现在，由于企业规模小，组织结构简单，决策权在主要创业者手中，决策简单，只需经营班子定出可行性方案，执行层次迅速；决策与执行环节少，使得决策集中、高效，执行快速有力，对于市场变化能够迅速做出反应；在用人机制上，创业企业有充分的用人自主权，能够吸引大批的人才加盟。

创业初期的人力资源规划，主要应该从业务发展的层面（包含技术、生产、营销等几个主要方面）及企业整体运营进行思考，同时结合企业的长远发展来进行规划。

企业需要开展什么业务？需要成立哪些机构或部门？需要配备什么样的人才？需要配备多少这样的人才？需要的人才来源在哪里？如何才能引进这样的人才？如何才能让这些人才在企业中安心工作并发挥作用？企业在人才方面所做的预算是多少？一般员工的数量、来源、工作分配是怎样的？企业的薪酬福利制度是怎样的？如果创业初期老板们能够把这些问题思考清楚，能够系统性地把这些问题归纳到一起来处理，相信很容易能找到答案。

3. 创业初期的其他职能管理

初创企业的系统相对集权，有可能使子系统之间严重失衡，缺乏计划和控制系统下高度的灵活性甚至是随机性，没有实施专业化管理的土壤，如果各个部门之间的协调不好会降低工作的效率。在计划方面，创业初期的企业更多注重对市场机会的开发、把握，以现有可以利用市场的机会确定经营方向，包括远景目标（3～20 年）和实现远景目标战略（1～3 年）；在领导方面，通过与所有能互相合作和提供帮助的人们进行大量的沟通交流，并提供有力的激励和鼓舞，率领大众朝着某个共同方向前进；在控制方面，初创期企业应尽量减少计划执行中的偏差，确保主要绩效指标的实现。

总之，对创业初期的职能管理而言，没有规范化的管理方式，只有经过大量的实践后，才能结合企业实际情况，形成符合自身特点的管理风格。用人来定制度，然后再用制度来管理人。企业秩序的实现主要靠人员的主动性和自觉性，即以“人治”为主。

综上所述，在创业初期，企业的管理者要对公司运作和管理有正确的理解和思考方向。在制定各种规章、制度的同时，更应清楚任何企业管理目标一定是使公司运作如何更加有效，能帮企业获得经济效益，而非做表面文章或者形式架构做得如何漂亮，它的衡量标准是成果而非过程。所以，一切的管理应该考虑的是公司如何能够盈利、企业如何能够生存下去、如何能够取得自身独特的竞争优势等。另外，建立一套规范的管理体系并非一朝一夕就能完成，需要通过长期持续的磨合才能形成。在目前市场竞争日益激烈、产业模式不断更新换代的时期，众多行业利润不断被压缩，企业运营模式不断被新技术和新方法冲击或替代，企业内部管理的精细化和系统协调性的提高成为企业发展的必然要求，也更是创业期企业生存的基本条件。企业建立健全管理制度，提高自身水平的措施，再加之对企业发展过程中问题的解决，技术创新程度的提高，产业结构的调整，企业组织水平和产业化水平的提高，对社会经济的发展都将起到巨大的推动作用。

思考与训练

1. 思考并回答以下问题

（1）请简述新企业注册的程序与步骤。

（2）新企业容易遇到哪些管理问题？应该如何应对？

2. 分析以下案例并回答问题

不同地段、不同租金的建材店

孙毅和刘立在大学毕业后一起到上海创业，并同时担任一家建材企业的驻沪代表。货源不成问题，也不需要占用自己的资金，但是厂家规定要自负盈亏，就是经营期间的费用，如水电费、人员工资和房租，都要自己挣出来。因为人生地不熟，朋友们给他们推荐了宜山路建材市场和一家市区工厂旁的两个店面。位于建材市场内的摊位比较贵，小孙害怕生意做不出而选择了便宜的路边店面；而小刘比较大胆，租下了建材市场昂贵的店面。

一年以后，小刘的销量和利润已经远远超过了小孙，并且开了分店。

【问题】

分析本案例，为什么租金便宜的反而不如租金贵的挣钱呢？